Julia Scharnowski

Wie du mit den Gefühlen VERSTEHEN deines Kindes umgehen NICHT und eure Bedürfnisse BESTRAFEN leichter erfüllen kannst

humboldt

INHALT

VORWORT

Es ist nicht immer leicht, hinter dem, was unsere Kinder tun und sagen, das zu sehen und zu fühlen, worum es wirklich geht. Es ist nicht immer leicht, ruhig zu bleiben, nicht zu schreien, der eigenen Wut und Hilflosigkeit freien Lauf zu lassen und dem Verhalten unseres Kindes „Konsequenzen folgen zu lassen“. Es ist vermutlich eines der schwersten Dinge unseres Elternseins – und eines der wichtigsten. Denn alles, was unsere Kinder tun oder lassen, alles, was sie sagen und wie, hat einen Grund. Sie können es nicht anders ausdrücken.

Es läuft oft wahnsinnig vieles gleichzeitig ab, wenn wir mit unseren Kindern in Konflikte geraten. Es passieren Dinge im Außen, in unseren Kindern spielen sich emotionale Feuerwerke ab und auch in uns toben Gedanken- und Gefühlsstürme. Ehe wir uns versehen, sagen wir Dinge, die wir später bereuen und die sich wie dunkle Wolken über unsere Familienbeziehungen schieben. Da ist es leichter gesagt als getan, kindliches Verhalten wie einen Code zu lesen, zu entschlüsseln und zu übersetzen. Doch es ist so lohnenswert und wir werden darin auch immer geübter, je mehr wir uns wie Detektive auf Spurensuche im Alltag machen. Je mehr wir die Situationen unter die Lupe nehmen und ein Hinweis sich zum anderen fügt, bis sich ein Gesamtbild zusammensetzt, das plötzlich Sinn ergibt und du verstehst, warum dein Kind sich so verhält.

Dieses Einfühlen, Aufspüren und Verstehen ist unendlich wertvoll. Denn es ebnet uns den Weg in ein Familienleben mit echter Nähe und Beziehungen, die unsere Kinder ein Leben lang tragen – auch dann, wenn wir nicht mehr jeden Tag persönlich an ihrer Seite sind.

Mit diesem Buch möchte ich dich darin unterstützen. In dem Kapitel „Werkzeugkasten für eure Beziehung“ gebe ich dir starke Instrumente an die Hand, um dein Kind gelassen durch seine Entwicklung zu begleiten. Ich verweise immer wieder auf diese Werkzeuge, daher solltest du dieses und das erste Kapitel zu Anfang lesen. Danach kannst du das Buch in deiner eigenen Reihenfolge lesen.

In diesem Buch steckt eine einmalige Mischung meiner Erfahrungen und meines Wissens aus meinen zahlreichen Beratungsgesprächen sowie aus meinem eigenen Familienalltag mit drei Kindern. Du kannst mir nicht nur bei meiner Arbeit und in meiner Mamarolle über die Schulter blicken. Ich gebe dir bei jedem Schritt wertvolle Anregungen an die Hand, die dich in dein eigenes Familienleben begleiten.

Konkrete Übungen und Impulse findest du in den Kästen. Hier warten praktische Alltagswerkzeuge auf dich und Möglichkeiten, deine Perspektive und dein Mindset zu verändern. Unterstützend dazu stelle ich dir im gesamten Buch immer wieder Hördateien und weiteres Zusatzmaterial zur Verfügung, mit dem du dein Wissen vertiefen kannst. Folge dazu einfach mit deinem Smartphone den QR-Codes.

Wenn wir die Sprache des Verhaltens unserer Kinder verstehen lernen, werden Strafen überflüssig. Uns bleibt mehr Kraft, weil wir uns Kämpfe ersparen und unsere Beziehungen vertiefen sich. Ich wünsche dir viel Freude mit all deinen Erfahrungen und Schritten, die du mit diesem Buch gehst.

Hinweis: Ich verzichte in diesem Buch auf geschlechterspezifische Formulierungen – gemeint sind immer alle Geschlechter. Ich nutze die kostbaren Zeilen lieber, um mehr Gelassenheit in dein Familienleben zu bringen und bleibe bei der einheitlichen Form.

WAS STRAFEN BEI DEINEM KIND BEWIRKEN

Viele von uns werden von der Sorge getrieben, unseren Kindern nicht genug mit auf den Weg zu geben, wenn wir sie nicht stets dazu bringen, die Dinge zu tun, die wir für richtig halten und die wir sowie die Gesellschaft von ihnen erwarten. Der Druck, der dadurch in uns Eltern entsteht, belastet die Beziehungen in der Familie. Wir und unsere Kinder distanzieren uns voneinander. Geraten wir Eltern in einen Kampf mit ihnen, werden wir dabei immer überlegen sein – solang die Kinder klein genug sind.

Kinder sind psychisch, körperlich und wirtschaftlich abhängig von uns Eltern. Doch im Laufe ihres Heranwachsens schwinden unsere elterlichen Einflussmöglichkeiten – und ganz ehrlich: Wollen wir Beziehungen, die allein auf Macht beruhen und die durch Angst und Gehorsam funktionieren? Drohungen, Belohnungen, logische Konsequenzen und Strafen führen vielleicht an der Oberfläche zunächst zu dem Ergebnis, das du dir für den Moment wünschst: Dein Kind putzt sich die Zähne, schaltet den Fernseher aus oder lässt sein Geschwisterchen in Ruhe.

Auf der Ebene eurer Beziehung und mit dem Selbstwert deines Kindes geschieht aber etwas Fatales: Sein Vertrauen in dich wird erschüttert, ihr entfernt euch emotional voneinander. Sein Selbstwertgefühl wird verletzt – dazu noch von einer seiner engsten Bindungspersonen, das ist eine einschneidende negative Beziehungserfahrung, die nur schwer zu reparieren ist. Kinder lernen dadurch, dass sie so, wie sie sind, nicht richtig sind. Sie kommen so entweder in die Überanpassung und entfernen sich von ihren eigenen Gefühlen und Bedürfnissen oder sie begehren auf in Wut und Frust.

Strafen: Große Risiken, fatale Nebenwirkungen

Die Psychotherapieforschung hat in den letzten Jahrzehnten viele Studien geliefert, die beleuchten, warum Menschen seelisch krank werden, gesellschaftlich nicht zurechtkommen oder Schwierigkeiten haben, liebevolle und nahe Beziehungen aufzubauen. Ich möchte dazu an dieser Stelle gar nicht weiter in die Tiefe gehen, denn entscheidend finde ich folgenden Punkt: Wenn unsere Kinder klein und stark von uns abhängig sind, mögen Konsequenzen und Strafen nach außen hin funktionieren. Wir zerstören aber damit das wichtigste Gut, auf das wir als Eltern angewiesen sind, wenn Kinder mit Beginn der Pubertät und ihrer Abnabelung von uns unabhängiger werden: ihr Vertrauen zu uns. Nur, wenn dieses Band des Vertrauens zwischen uns wachsen und stark werden darf, wenn es aus unserer elterlichen Verantwortung heraus in der Baby-, Kleinkind- und Grundschulkindzeit umsorgt und genährt wird, werden unsere Kinder es in der späteren Zeit ihres Heranwachsens nutzen. Nämlich dann, wenn sie und wir darauf angewiesen sind. Wenn sie in Schwierigkeiten geraten und unsere Hilfe brauchen. Und diese Zeiten werden kommen – auch wenn wir uns das als Eltern jüngerer Kinder nicht vorstellen möchten.

Einfluss von Belohnungen, Strafen und Konsequenzen

Belohnungen: Wenn du meine Anforderungen erfüllst, bekommst du etwas von mir. Erfüllst du sie nicht, bleibt diese Bestätigung aus, was wiederum wie eine Strafe funktioniert. Belohnungen schwächen die intrinsische Motivation von Menschen, sodass diese immer abhängiger werden von äußeren Anreizen.

Bestrafungen: Du verhältst dich nicht so, wie ich es sage oder erwarte, deswegen nehme ich dir etwas, das dir wichtig ist und verletze deinen Selbstwert, um dich anzupassen. Ich glaube nicht, dass du aus dir selbst heraus gut und kooperativ bist.

Logische Konsequenzen: Wenn du dein Zimmer nicht aufräumst, darfst du nicht fernsehen. Logische Konsequenzen erwecken den Anschein, als implementierten sie eine für die Kinder gute Entscheidungsmöglichkeit. Sie sind jedoch künstlich gesetzt und ebenso wie bei einer Verhaltensanpassung über klassische Strafen kommen Eltern nicht dahinter, worum es bei dem Verhalten ihres Kindes wirklich geht und was das Kind braucht.

Natürliche Konsequenzen: Wenn es regnet, wird man nass. Wenn es kalt ist und man keine Jacke anzieht, kann es sein, dass man friert.

Verzweiflung und Ohnmacht als Auslöser

Alle Eltern, mit denen ich in meinen Beratungen und Coachings spreche, schildern ausnahmslos, dass es sich für sie falsch und schlecht anfühlt, ihre Kinder zu bestrafen. Dass sich nach ausgesprochenen Drohungen oder umgesetzten Konsequenzen Schuldgefühle und Zweifel einschleichen. Genauso erzählen sie auch alle, dass sie in den Momenten, in denen sie drohen und ihre Kinder unter Druck setzen, innerlich mit dem Rücken an der Wand stehen. Sie berichten, dass sie sich vollkommen überfordert und verzweifelt fühlen und sich einfach nicht mehr anders zu helfen wissen. Es geht ihnen dann ähnlich wie ihren Kindern, die sagen: *„Wenn du mir das Spielzeug nicht gibst, darfst du nicht mehr mitspielen!“* Auch hier wissen Menschen sich nicht anders zu helfen – allerdings sind diese Menschen noch sehr klein und es fehlt ihnen noch an Hirnreife, vollzogenen Entwicklungsschritten, kognitiven Fähigkeiten und Erfahrungen.

Ich weiß, dass du in Not bist, wenn du drohst und dass dich deine eigenen starken Gefühle zu überwältigen drohen. Vielleicht fehlen dir Alternativen, um anders zu handeln. Vielleicht hast du aber auch durch den inneren Stress keinen Zugriff auf neu erlernte Strategien. Das ist eine normale Stressreaktion deines Gehirns und deswegen werde ich dir in diesem Buch zeigen, wie du dich selbst und deine Gefühle beruhigen kannst. Wenn du noch tiefer einsteigen möchtest, kannst du auch mein vorheriges Buch lesen, in dem ich dir viele wertvolle Tools für deine Gelassenheit an die Hand gebe.

BERUHIGE UND STÄRKE DICH SELBST

Wenn wir als Eltern im Umgang mit unseren Kindern in starke Gefühle der Ohnmacht und Hilflosigkeit rutschen, hat das eigentlich immer etwas damit zu tun, wie wir selbst uns als Kinder gefühlt haben. Wir waren in gewissen Situationen verletzt und überfordert und unsere seelisch-emotionalen Systeme versuchen unbewusst, die Zustände zu vermeiden und ihnen so schnell wie möglich zu entkommen. Schon sind wir Eltern im „Wenn-dann“-Modus: Wir drohen mit einer Konsequenz, wenn unser Kind nicht tut, was wir verlangen.

Wenn du diese Gefühle bei dir bemerkst, versuche Tempo aus der Situation zu nehmen, indem du tief und gleichmäßig atmest. Mache dir bewusst, dass du kein Kind mehr bist und dass du erwachsene und konstruktive Strategien hast oder entwickeln wirst, die dir helfen. Du bist nicht ausgeliefert, allein die Alarmanlage deines Gehirns will dich vor der Wiederholung einer schmerzhaften Erfahrung schützen.

Ich möchte mit dir in diesem Buch Strategien entwickeln, die dir weiterhelfen, wenn du das Gefühl hast, mit dem Rücken an der Wand zu stehen. Damit du besser verstehst, was in solchen Augenblicken in deinem Kind – und in dir – los ist. Damit du dich sicherer, zuversichtlicher und gelassener fühlen kannst. Denn dadurch lichtet sich der Nebel aus Hilflosigkeit, Überforderung und Angst und du kannst wieder dein Kind vor dir sehen anstelle eines Gegners: dein Kind, das dich liebt, das von dir abhängig ist, das deine Hilfe braucht und das mit dir zusammenarbeiten möchte.

Stell dir vor, du müsstest so leben

Deine Erwachsenen-Fähigkeit, dich in andere Menschen und Situationen hineinzuversetzen, ist eine Superkraft, die wir in diesem Buch immer wieder einsetzen werden, damit du dein Kind und sein Verhalten besser nachvollziehen kannst. Lass uns damit direkt einmal beginnen.

Stell dir vor, du bummelst mit deinem Partner an einem sonnigen Tag durch die Stadt. Du hast zwar nach dem Mittagessen zum Nachtisch bereits ein Eis gegessen, hast aber jetzt angesichts deines Lieblings-Eiscafés noch einmal Appetit auf eine süße Erfrischung. Du steuerst die Eisdiele an, doch dein Partner hält dich am Arm fest und sagt mit strenger Stimme zu dir: *„Nein, du hattest heute schon ein Eis. Jetzt ist Schluss, das reicht!“* Irritiert blickst du ihn an. Vielleicht beginnst du, dich zu ärgern, versuchst, seinen Griff abzuschütteln und sagst: *„Lass mich!“* Dein Partner wird lauter, sein Griff fester: *„Hör mal, mein liebes Fräulein, jetzt reicht es aber wirklich! Bleib auf der Stelle stehen, sonst gibt es morgen kein Eis und Fernsehen ist heute Abend gestrichen!“* Wie geht es dir bei diesem Gedankenexperiment? Vielleicht musst du ein wenig schmunzeln, ganz sicher spürst du aber auch Unbehagen und Entrüstung. Würde sich ein erwachsener Mensch in einer Beziehung so behandeln lassen und würden Passanten ein solches Verhalten unkommentiert lassen? Bei unseren Kindern wird es hingegen sogar gutgeheißen und empfohlen. Befändest du dich in einer Beziehung, die sich so repressiv und toxisch gestaltet, hättest du die Möglichkeit, dich zu trennen und zu gehen. Unsere Kinder haben diese Möglichkeit nicht.

RAUS AUS ALTEN DENKMUSTERN

Kinder brauchen Grenzen und Regeln – das hören Eltern fast schon vor der Entbindung. Ja, alle Menschen haben und brauchen Grenzen und Absprachen und Regelungen helfen uns, im Zusammenleben miteinander zurechtzukommen. Doch bietet unser familiäres und gesellschaftliches Zusammenleben ausreichend natürliche Grenzen und Gelegenheit, um den Umgang mit ihnen zu lernen und immer wieder Wege zu entwickeln, die uns und unseren Kindern Orientierung geben. Obendrein noch Grenzen künstlich zu erschaffen, indem dein Kind etwa auf Kommando tut, was du verlangst, oder sich mit blindem Gehorsam an deine Regeln hält, ist ziemlich anstrengend für alle Beteiligten und auch nicht förderlich für das Selbstwertgefühl deines Kindes. Denn so erlebt es permanent, dass nur „die Großen“ etwas zu sagen haben und die eigenen Bedürfnisse nicht zählen.

Drei Bilder, die dein Familienleben verändern

Aus meiner Arbeit als Eltern- und Familienberaterin sowie aus meinem eigenen Alltag mit drei Söhnen weiß ich nur allzu gut, wie anstrengend und fordernd es mit Kindern oft zugeht und wie schwierig uns ihr Verhalten zuweilen erscheint. Ich möchte dir hier drei Bilder mit auf den Weg geben, die dir zeigen, was es mit den Verhaltensweisen deines Kindes auf sich hat.

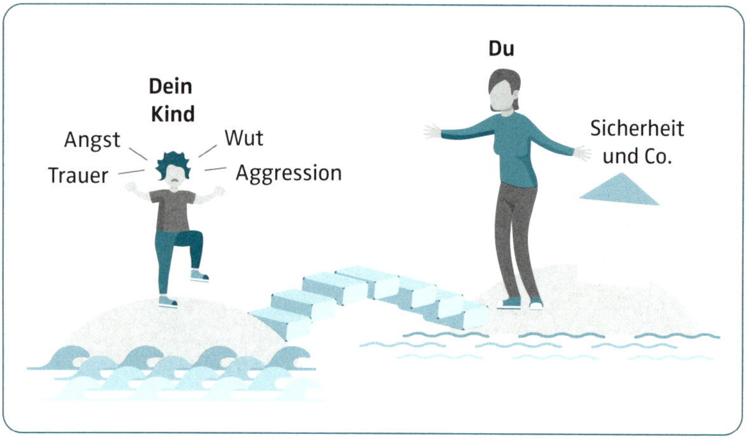

Stell dir vor, dein Kind befindet sich auf einer einsamen Insel. Es ist dort gestrandet, kennt sich nicht aus und ist in Not. Du wiederum bist auf deiner eigenen Insel. Sie ist schon größer, verfügt über eine gute Infrastruktur aus vielen Erfahrungen und stabilen Netzwerken deines ausgereiften Gehirns. Du verfügst auf deiner Insel über allerhand technisches Equipment, mit dem du durch Gefühlsstürme segeln und mit dem du Brücken zu anderen Inseln bauen kannst. Nun denke an dein Kind – vergiss nicht, ich habe dir eben erzählt, dass es in Not ist, so ganz allein dort. Das, was wir Erwachsenen als schlechtes Benehmen oder störendes Verhalten empfinden, sind die Signale deines Kindes. Mit ihnen versucht es verzweifelt, dich auf seine Situation aufmerksam zu machen und bittet dich um Hilfe. Vielleicht nutzt es im übertragenen Sinne Leuchtsignale, Warnschüsse und springt wild auf und ab, damit du es in seiner Not wahrnimmst. Das alles geschieht unbewusst, weil dein Kind noch keine anderen Strategien hat. Wenn du beginnst, dieses Verhalten als Zeichen für seine Gefühle und inneren Konflikte zu sehen, kannst du beginnen, von deiner Insel aus auf dein Kind zuzusegeln oder eine Brücke zu bauen, damit es mit seiner Not nicht länger allein ist.

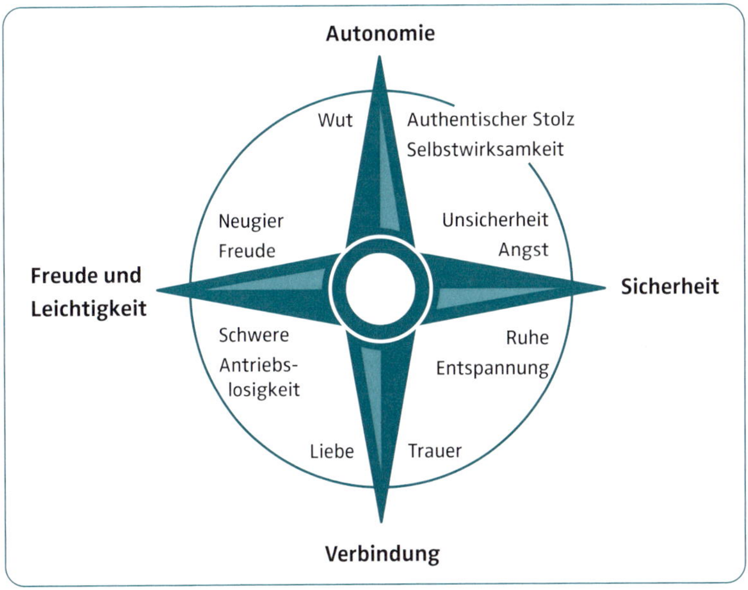

Ich möchte dir außerdem näherbringen, was es mit seelischen Bedürfnissen auf sich hat. Wie körperliche Bedürfnisse, zum Beispiel Nahrung, Schlaf und Trinken, sind sie absolut überlebensnotwendig für uns Menschen. Wir alle haben dieselben Bedürfnisse und Gefühle – und es sind auch gar nicht so viele. Du kannst dir das vorstellen wie bei einem Kompass (vgl. auch den Motivkompass von Dirk Eilert) und den vier Himmelsrichtungen, die er anzeigt. Entsprechend Norden, Süden, Osten und Westen unterscheiden wir vier seelische Grundbedürfnisse: Sicherheit, Autonomie, Verbindung und Freude/Leichtigkeit. Unbewusst streben wir alle danach, uns diese Bedürfnisse zu erfüllen und sie im Gleichgewicht zu halten.

Für unsere körperlichen Bedürfnisse haben wir zuverlässige Anzeiger: etwa Hunger, Müdigkeit und Durst. Genauso zuverlässig zeigen uns unser seelisches System und unser Körper an, wenn unsere seelischen Grundbedürfnisse nicht erfüllt sind. Fehlt es uns an Sicherheit, fühlen wir Unsicherheit und Angst. Wenn uns Autonomie fehlt, verspüren wir Wut. Fehlt uns Verbindung, empfinden wir Trauer. Mangelt es uns an Freude und Leichtigkeit, empfinden wir beispielsweise Niedergeschlagenheit, Langeweile und Desinteresse. Insgesamt unterscheiden wir zwölf sogenannte Primäremotionen, die unterschiedliche Funktionen haben und uns Auskunft über unsere Bedürfnisse und unsere innere Verfassung geben.

Möchtest du tiefer in das Wissen über seelische Grundbedürfnisse einsteigen? Über diesen QR-Code kannst du dir ein Audio zu diesem Thema anhören.

www.momtowow.de/bonus

Stell dir einen Baum vor, um das Verhalten deines Kindes und die dahinter verborgenen Bedürfnisse zu erkennen: Über der Erde sind der Baumstamm und Äste mit Blättern und Zweigen. Dieser sichtbare Bereich steht für das Verhalten deines Kindes, das du siehst: Hauen, Schreien, Verweigerung, aber auch Kooperation. Doch gehört zu dem Baum noch viel mehr. Unter der Erde befinden sich zahlreiche Wurzeln und Verzweigungen. Dieser unsichtbare Bereich stellt bei deinem Kind und bei allen anderen Menschen die Gefühle und Bedürfnisse unter der Oberfläche dar.

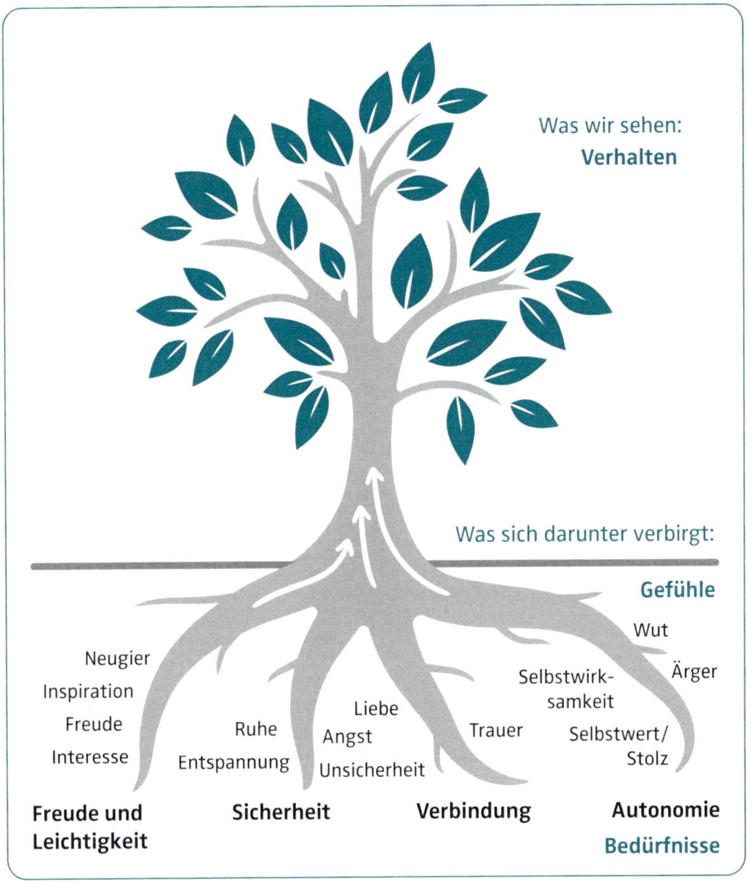

Das Gehirn von Kindern befindet sich in der Entwicklung. Außerdem fehlen deinem Kind noch viele Erfahrungen und erlebte Zusammenhänge. Deswegen braucht es dich als Erwachsenen mit deinem ausgereiften Gehirn, deinem Nervensystem und deinen Erfahrungen, damit du erkennst, wie es ihm geht und was es braucht. Du darfst lernen, die Sprache seines Verhaltens zu entschlüsseln, zu verstehen und darauf einzugehen. Ich helfe dir dabei und freue mich auf unseren Weg zu mehr Leichtigkeit und Nähe im Alltag mit deinem Kind.

WERKZEUGKASTEN FÜR EURE STARKE BEZIEHUNG

Wenn wir Kinder ins Leben begleiten und sie bei ihren Entwicklungen und Herausforderungen gelassen und liebevoll unterstützen wollen, dann benötigen wir starke Werkzeuge für dieses Abenteuer. Das Gute ist, dass diese uns Menschen grundsätzlich längst zur Verfügung stehen und wir sie ohnehin in uns tragen. Dieses Kapitel hilft dir dabei, sie (wieder) zu entdecken und sie auf deinem Weg zu benutzen.

Ich stelle dir hier im Buch Techniken vor, die dich dabei unterstützen, das Verhalten deines Kindes zu entschlüsseln und gemeinsam mit ihm neue Wege zu entwickeln. Außerdem zeige ich dir Strategien, mit deinen eigenen Gefühlen umzugehen. So kommst du mit deinem Kind und dir selbst immer wieder in einen tieferen Kontakt. Denn dieser ist wichtig, um von einer strafenden, manipulativen Erziehung zu einer nahen, liebevollen und wertschätzenden Beziehung zu deinem Kind zu kommen. Übe dich in den Techniken und nutze sie. Ich leite dich an den entsprechenden Stellen im Buch immer wieder hierhin zurück.

Bitte bedenke bei all den Techniken und Werkzeugen, dass sie möglicherweise ein wenig Zeit und Ausprobieren benötigen, bis ihr das Richtige für euch gefunden habt oder sich die Situation entspannt. Es gibt nicht immer den einen Hebel, den wir betätigen, und dann ist alles anders. Doch es gibt viele kleine Chancen und Gestaltungsmöglichkeiten.

Wir alle sind mit unseren Familiensituationen einzigartig. Wir leben in einer Gesellschaft, in der wir immer noch vor allem funktionieren sollen – auch unsere Kinder. Wenn wir jedoch anerkennen, dass wir Menschen mit Bedürfnissen und Gefühlen sind, die sehr unterschiedlich und nicht perfekt sind und sein müssen, können wir unser Leben umso gesünder gestalten.

Techniken für dich und deine Gefühle

Vermutlich hast du schon einmal etwas von Achtsamkeit gehört. Sie begegnet uns in Magazinen und Zeitschriften, sozialen Medien, Apps und Büchern. Ich sage das über wenige Dinge, aber bei Achtsamkeit ist dieser vermeintliche Hype absolut berechtigt. Ich wünsche mir, dass Achtsamkeit keine Trenderscheinung bleibt, sondern wir Menschen ihren Wert für unser Leben und unsere Beziehungen begreifen und anfangen, sie so selbstverständlich in unseren Alltag einzubauen und ernst zu nehmen wie regelmäßige Mahlzeiten und Zähneputzen.

Verlangsame innere Abläufe

Neben meinem Schreibtisch in meinem Arbeitszimmer hängt eine hübsche Makramee-Deko. Ein aus naturfarbenem, dicken Faden geknüpftes Ornament. Gehalten ist es von einem Holzstab, auf dem sich die Knüpfmaschen dicht an dicht aneinanderreihen. Wenn ich mit Eltern über die Wirkung von Achtsamkeit spreche, greife ich immer zu diesem kleinen Gegenstand. Ich zeige die eng aneinander liegenden Maschen. *„Das ist die Kette von Reiz und Reaktion"*, sage ich dann. *„Der Reiz ist beispielsweise dein Kind, das nicht hört oder dich beschimpft. Deine Reaktion ist vielleicht, dass du sofort wütend wirst, zurückschimpfst und deinem Kind drohst."* Ohne Achtsamkeit bleiben die Reiz-Reaktions-Maschen so dicht aneinander, dass wir uns nicht bewusst dazu entscheiden können, etwas anderes zu machen, als etwa laut zu werden. Regelmäßig praktizierte Achtsamkeit bringt Lücken zwischen die einzelnen Maschen und lässt Raum zwischen Reiz und Reaktion entstehen. Diesen Raum – ich rede natürlich in Wahrheit von deinem Nervensystem und nicht von Knüpfmaschen – kannst du aktiv nutzen. Zum Beispiel, um deine eigenen Gedanken und Gefühle zu überprüfen und eine Technik zur Selbstregulation anzuwenden. Wenn ich von „regelmäßig" spreche, meine ich jeden Tag. Du benötigst dafür nicht viel Zeit.

NIMM DIR MINUTEN DER ACHTSAMKEIT

Setze dich jeden Morgen still drei Minuten hin und richte deine Aufmerksamkeit immer wieder auf deinen Atem. Wiederhole diese Übung mittags für eine bis drei Minuten und idealerweise vor eurer Abendroutine. Das sind nicht einmal zehn Minuten. Sie werden dein Leben verändern und euren gesamten Familienalltag.

Denn diese Minuten der Achtsamkeit verändern dein Gehirn. Sie stärken den präfrontalen Cortex. Das ist der Teil des Gehirns, der dir hilft, rationale Entscheidungen zu treffen und deine Gefühle zu beruhigen. Diese Übung stärkt das Mitgefühl für dein Kind und dich selbst.

Achtsamkeit hat noch viele, viele weitere unfassbar gesunde Vorteile, deren Auflistung ganze Bücher füllt. An dieser Stelle reicht es zu sagen: Vertrau mir, mache sie zu deinem Freund und pflege sie jeden Tag. Sie ist dein stärkstes Werkzeug, um wirklich nachhaltig etwas zu verändern. Erste Wirkungen zeigen sich nach einer täglichen Routine schon nach etwa drei Wochen. In meinem Buch „Einatmen. Ausatmen. Mutter sein“ gehe ich noch intensiver darauf ein und begleite dich zudem dabei, deine persönliche Achtsamkeitsroutine zu finden.

Deine Notfallwerkzeuge für stressige Momente

Die tägliche Achtsamkeit hilft dir, mittel- und langfristig gelassener zu werden und Dinge in eurem Alltag bewusst anders zu gestalten. Jetzt zeige ich dir Werkzeuge, mit denen du dich in akuten Stresssituationen und bei Konflikten mit deinem Kind selbst herunterfahren kannst. Ich nenne sie die Notfallstrategien.

Über diesen QR-Code kannst du dir einen Hörkurs zu den Notfallstrategien herunterladen:

https://www.momtowow.de/bonus

Die tägliche Achtsamkeit hilft dir, früh genug zu bemerken, wann du sie brauchst und sie auch tatsächlich zu benutzen. Bei all dem möchte ich dich ermutigen, dranzubleiben. Mit jedem Mal veränderst du bewusst Nervenbahnen in deinem Gehirn und gestaltest gezielt Handlungsalternativen. Es lohnt sich!

Nutze deine Atmung

In Stresssituationen atmen wir Menschen weniger tief und unsere Energie wird nur noch in die Regionen geschickt, die wir zum Kämpfen oder Flüchten benötigen. In stressigen Situationen mit deinem Kind brauchst du jedoch einen möglichst kühlen Kopf. Wenn du tief und gleichmäßig atmest, schickst du deinem Nervensystem das Signal, dass alles in Ordnung ist und du in Sicherheit bist – es entspannt sich und fährt die Stressreaktion herunter. Dadurch hast du wieder besseren Zugriff auf deinen klaren Verstand. Nutze dafür bestimmte Atemtechniken.

STRESSLEVEL RUNTER MIT DER RESONANZ-ATMUNG

Du brauchst jeweils nur drei bis fünf Atemzüge zu machen, um körperlich spürbar entspannter zu sein. Bei der Resonanz-Atmung atmest du fünf Sekunden lang ein und fünf Sekunden lang auch wieder aus. Oder du versuchst die 4-7-8-Atmung: Atme komplett aus, atme dann vier Sekunden lang ein, halte die Luft für sieben Sekunden an und atme dann acht Sekunden lang aus.

Stelle eine Verbindung zu deinem Körper her

Das menschliche Gehirn ist ein faszinierendes Wunderwerk und gleichzeitig auch ziemlich simpel gestrickt – zumindest in seiner abstrahierten Funktionsweise. Wenn du in einer akuten Stresssituation bist, versuche bewusst deinen Körper oder einen bestimmten Teil deines Körpers zu spüren. Nimm zum Beispiel deine Fußsohlen auf dem Boden wahr oder die Wärme zwischen deinen Handflächen, wenn du sie aneinander reibst. Durch das bewusste Wahrnehmen bekommt dein Steuerungszentrum im Stirnlappen deines Gehirns eine Aufgabe. Damit wird dem limbischen System, das für die Stressreaktion zuständig ist, die Energie abgegraben und aufgewühlte Gefühle beruhigen sich.

Nutze bewusst deine Sinne

Diese Technik arbeitet ebenfalls mit deiner Wahrnehmung und deinem Körper – genauer gesagt mit deinen Sinnen. Wenn du spürst, dass die Stress- oder Genervtheitswelle über dir zu brechen droht, benenne etwas in deinem Umfeld, das du sehen kannst. Dann benennst du etwas, das du hörst, danach etwas, das du spürst und vielleicht noch etwas, das du riechst. Wiederhole diese Schritte, bis du ruhiger geworden bist. In der Regel brauchen wir nicht mehr als drei bis vier Runden, um uns deutlich entspannter zu fühlen. Du musst nicht laut benennen, was du wahrnimmst, es reicht, wenn du das in deinen Gedanken tust. Du kommst so wieder im Hier und Jetzt an und unterbrichst die Stressreaktion deines Körpers.

Bring Bewegung rein

Wie bereits beschrieben, macht sich unser Körper bei einer Stressreaktion kampf- oder fluchtbereit. Dazu werden bestimmte Stoffe ausgeschüttet – zum Beispiel Adrenalin und Cortisol. Wenn unsere steinzeitlichen Vorfahren dann flüchten oder kämpfen mussten, wurden diese Stoffe durch die körperliche Aktivität abgebaut und damit auch ihre Wirkung auf unser Entscheidungs- und Handlungsvermögen. Heutzutage reagiert unser Körper immer noch genauso, doch werden die Botenstoffe oft unzureichend abgebaut. Denn selten müssen wir einen Angreifer abwehren oder vor einem Raubtier davonlaufen – zum Glück. Für den Fall, dass wir einem schnell herannahenden Auto oder einem herabstürzenden Ast ausweichen müssen, ist das System dennoch ziemlich hilfreich. Um das überschüssige Cortisol abzubauen, das bei dauerhafter Erhöhung gravierende körperliche und psychische Erkrankungen auslösen kann, hilft Bewegung. Mach 20 Hampelmänner, wenn du total genervt bist, oder tanze zu deinem Lieblingslied. Das hilft nicht nur, den Stress abzubauen und deinen Körper wieder zu aktivieren. Es wird dein Kind auch sicherlich erstmal verblüffen und dann begeistern.

Tools für deine Einstellung und den Blick auf dein Kind

Das ausgereifte Gehirn erwachsener Menschen besitzt vielfältige und faszinierende Fähigkeiten. So sind wir zum Beispiel dazu in der Lage, allein durch die bewusste Veränderung unseres inneren Blickwinkels unser Erleben und unsere Realität zu verändern. Vereinfacht gesagt kennst du das vielleicht aus der Redewendung *„Alles hat immer zwei Seiten“*. Mindestens. Diese Fähigkeit, Situationen und Zusammenhänge aus verschiedenen Perspektiven zu betrachten, können und sollten wir als Eltern bewusst nutzen. Sie hilft uns, uns in unser Kind hineinzuversetzen und das Verhalten aus seiner Perspektive heraus zu verstehen. Außerdem nutzen wir unsere mentale Kraft. Unsere Gedanken haben Einfluss darauf, wie wir uns fühlen und dadurch auch auf unser Handeln. Als erwachsene Menschen können wir unsere Gedanken nicht nur bewusst wahrnehmen. Wir können sie auch überprüfen und verändern. Damit verändern wir auch unsere Gefühle und Handlungsmöglichkeiten. Unsere Denkprozesse und unsere Vorstellungskraft können wir darüber hinaus auch bewusst nutzen, um uns zu stärken, eine neue Perspektive einzunehmen, Verbindung herzustellen oder uns abzugrenzen. Ich zeige dir an dieser Stelle, wie du all das gezielt für deinen Familienalltag nutzen kannst.

Finde eine konstruktive Haltung zu Konflikten

Unstimmigkeiten, Konflikte und Diskussionen können wir im Familienalltag nicht vermeiden. Überall, wo Menschen sich nah sind, gibt es Reibung und unterschiedliche Bedürfnisse. Diese immer in Einklang zu bringen, ist nicht in jeder Situation möglich – und das muss auch nicht sein. Wenn die Gesamtbilanz der Bedürfniserfüllung aller Familienmitglieder stimmt und jeder gesehen ist, dann ist das mehr als genug. Viele Menschen haben in ihrem Heranwachsen über die Erfahrungen, die sie gemacht haben, gelernt, dass Konflikte etwas Negatives sind. Sie haben tief verinnerlicht, dass Konflikte nicht sein dürfen, dass sie dafür abgelehnt, bestraft oder alleingelassen werden. Mach dir bewusst, dass das zwar das ist, was du über Konflikte gelernt hast, dass das jedoch nicht der Wahrheit entspricht. Wenn Konflikte wertschätzend und respektvoll geführt werden, dann sind sie wie das Eingangstor zu einer tieferen Ebene unserer Beziehungen. In respektvollen Konflikten setzen wir uns miteinander konstruktiv auseinander, weil wir den anderen, seine Beweggründe, seine Gefühle und sein Verhalten verstehen möchten. Selbstverständlich ist uns auch daran gelegen, selbst besser verstanden zu werden. Wenn wir darüber miteinander in Kontakt kommen, lernen wir einander stärker kennen und wachsen gemeinsam durch Konflikte. Sie sind dann etwas Gutes, durch das wir uns in unseren Beziehungen weiterentwickeln. Insbesondere mit Kindern dürfen wir lernen, Konflikte zu umarmen und als Chancen zu sehen.

Setze deine Forscherbrille auf

Unser Gehirn ist unter anderem dafür da, Situationen und menschliches Verhalten blitzschnell einzuschätzen, zu bewerten und darauf zu reagieren. Im Umgang mit unseren Kindern sorgt das oft für Probleme. Wir sind sehr schnell in unserem Urteil und unseren Gefühlen verstrickt, ohne dass es uns zuvor gelungen ist, das Verhalten unseres Kindes einzuordnen und zu verstehen. Es geht also immer wieder darum, bewusst zu bemerken, dass wir vorschnell urteilen und zurück in eine neutrale Haltung zu kommen. Diese öffnet uns für unser Kind und konstruktive Reaktionen auf sein Verhalten.

Einigen Eltern reicht dieses Wissen, um sich selbst immer wieder beim vorschnellen Bewerten zu erwischen. Sie unterbrechen es mit einem gedanklichen *„Stopp!“* und gehen innerlich noch drei Schritte zurück und beobachten. Du kannst diesen Prozess unterstützen, indem du das Verhalten deines Kindes wie ein neugieriger Wissenschaftler betrachtest. Wissenschaftler sind neutral und offen für alle Ergebnisse. Stell dir vor, wie du innerlich deine neutrale Forscherbrille aufsetzt und das Verhalten deines Kindes betrachtest. Anstatt zu bewerten und zu urteilen, denkst du *„Aha, interessant ... wofür könnte das jetzt stehen? Was mag in meinem Kind vor sich gehen?“* Während Urteile und Bewertungen unseren Blick verengen, öffnet die neutrale Forscherbrille unsere Wahrnehmung und Haltung und erweitert damit auch unsere Reaktions- und Handlungsmöglichkeiten.

Begib dich auf Spurensuche: Zurückspulen und Rauszoomen

Auch bei dieser Technik nutzen wir wieder die Fähigkeiten deines ausgereiften Gehirns. Dein Kind erscheint dir vielleicht gerade angespannter als sonst. Es ist ungeduldiger, schläft schlechter oder reagiert beispielsweise schneller wütend oder traurig als sonst. Du kannst diese Technik bei allen Herausforderungen nutzen, die in eurem Alltag phasenweise und über längere Zeiträume hinweg auftreten. Sie hilft aber auch im Tagesverlauf, um rückwirkend das Verhalten deines Kindes verstehen und einordnen zu können. Ich zeige dir anhand von einem Beispiel aus meinem Beratungsalltag, wie die Technik funktioniert:

Ben ist sieben Jahre alt. Er war den ganzen Nachmittag mit einem Freund und dessen Vater auf dem Spielplatz. Als er abends nach Hause kommt, ist er zunächst sehr fröhlich. Alle erzählen, was sie erlebt haben. Scheinbar plötzlich kippt die Stimmung. Ben geht an seinem sechsjährigen Bruder Anton vorbei, rempelt ihn dabei an und kneift ihn in den Rücken. Anton schreit und haut zurück. Die Brüder liegen sich in den Haaren und die Eltern verstehen die Welt nicht mehr. Alle hatten doch einen tollen Nachmittag, woher kommt nun der Ärger?

In meinem Gespräch mit Bens und Antons Mutter lassen wir die Situation und den Nachmittag gemeinsam langsam rückwärts ablaufen. Wer war wo, was ist wann passiert. Wir zoomen dazu ein wenig aus dem Moment heraus, in dem Ben Anton angerempelt hat und reisen langsam über den Zeitstrahl des Nachmittags. So bekommen wir einen Überblick. Der Mutter der Jungen fällt beim Erzählen ein, dass Anton spontan einen Jungen aus der Nachbarschaft mit zu sich nach Hause genommen hat. Das Kind spielt sonst öfter mit seinem Bruder Ben. Als Ben nach Hause kam, erzählte Anton unter anderem auch davon. Wir haben den Auslöser für Bens Verhalten gefunden. Zwar hatte er eine schöne Zeit. Zu erfahren, dass sein Freund mit dem Bruder gespielt hatte, gab ihm aber offensichtlich einen schmerzhaften Stich und verunsicherte ihn. Aufgrund seiner Entwicklung hat er keine andere Möglichkeit, als so zu reagieren. Er lernt jedoch Schritt für Schritt im Laufe der Zeit andere Strategien, wenn seine Eltern erkennen, was eigentlich los ist und dies für ihn benennen und dadurch verständlich machen.

Anstatt Ben zu bestrafen, können seine Eltern nun sagen: *„Du hast dich gerade geärgert und warst traurig, als Anton erzählt hat, dass er mit Henrik gespielt hat, oder? Du warst dir unsicher, ob du deinem Freund noch genauso wichtig bist wie Anton. Deswegen hast du ihn gehauen, stimmt's?"* Wenn Ben zu diesem Zeitpunkt bereit für ein solches spiegelndes Gespräch ist, wird er vermutlich zustimmen oder eine andere Erklärung nennen. In unserem Fall hat er genickt und ist dann in Tränen ausgebrochen. Seine Eltern haben benannt und für ihn sichtbar gemacht, was er nur schmerzlich empfinden konnte.

Seine Eltern konnten ihn dann trösten, was ihn aufgefangen und beruhigt hat. Schimpfen und Bestrafungen verschlimmern in solchen Momenten die Ängste und Sorgen der Kinder und verstärken ein solches Verhalten eher noch.

SPULE LÄNGERE ZEITRÄUME ZURÜCK

Genauso kannst du auch Wochen eures Alltags zurückspulen und aus Gesamtzusammenhängen herauszoomen. Viele Vorschulkinder werden beispielsweise in den Wochen vor ihrer Einschulung angespannter. Etwa durch den Schulranzenkauf und Fragen Verwandter wird ihnen die nahende Veränderung immer wieder präsent und Gefühle entstehen. Diese wiederum sorgen für ein bestimmtes Verhalten. Die Tage sind in Familien oft turbulent, vieles läuft schnell und wenig bewusst ab, sodass wir auf die Schnelle nicht verstehen, warum es zu gewissen Konflikten und Verhaltensweisen kommt. Uns kognitiv von Situationen und Verhalten zu entfernen, sie langsamer und aus der Vogelperspektive zu betrachten, bringt uns Erkenntnisse, die wir im „Getümmel am Boden" nicht erlangen können.

Gedankliche Fragen, die dir bei der inneren Spurensuche helfen:

- Was ist in letzter Zeit anders?
- Seit wann ist es so?
- Was hat sich im Außen verändert?
- Ist etwas vorgefallen?
- Wann ist es besonders anstrengend?
- Wann ist es entspannter?
- Wann fällt es dir leichter, mit dem stressenden Verhalten umzugehen?

Du wirst nicht nur Antworten finden, die dir Klarheit bringen und dir helfen, das Verhalten deines Kindes einzuordnen. Du wirst darüber hinaus auch erste Hinweise darauf entdecken, was dir hilft etwas zu verändern. Oft können wir die Veränderungen der Gefühlslagen unserer Kinder und ihres Verhaltens an kleineren und größeren Begebenheiten oder Anspannungen festmachen. Wenn du so achtsam die letzten Tage und Wochen Revue passieren lässt, stößt du nicht nur auf wichtige Hinweise. Du wirst vermutlich spüren, dass auch schon eine große Portion deines inneren Drucks und der Anspannung schwindet. Das liegt daran, dass du dich nicht länger einfach nur hilflos fühlst, sondern durch die Spurensuche konkret ins Handeln kommst. Außerdem wird so das Verhalten deines Kindes für dich nach und nach erklärbarer. Du beginnst, Verständnis zu entwickeln und mitzufühlen.

Werde zum Bedürfnisermittler

Benutze den Kompass und den Bedürfnisbaum aus dem Kapitel „Drei Bilder, die dein Familienleben verändern“, um wie ein freundlicher und wohlwollender Detektiv die Bedürfnisse zu ermitteln, die hinter dem Verhalten deines Kindes stecken. Du siehst Wut, folgst der Richtung, die diese Emotionen anzeigen und landest bei der Wurzel Autonomie. Vielleicht wollte dein Kind etwas selbst bestimmen und du hast *„Nein“* gesagt. Dein Kind sagt nicht die Wahrheit, du spürst Unsicherheit und Angst und landest bei der Wurzel Sicherheit. Dein Kind wollte sich vor Ärger, Scham und dem Abbruch eurer Verbindung schützen. Du nimmst Trauer wahr? Spüre auf, wo in eurem Alltag dein Kind die Verbindung zu jemandem oder zu etwas verloren hat. Mit etwas Übung wirst du Verhalten, Gefühle und Bedürfnisse souverän miteinander kombinieren und den Ursachen auf die Spur kommen, die dein Kind bewegen.

Werkzeuge für euren direkten Kontakt

Die vorherigen Punkte waren für den Umgang mit deinen eigenen Gefühlen hilfreich und haben dir außerdem Werkzeuge für deine innere Arbeit vorgestellt. Nun kümmern wir uns um die Strategien, die dir im Alltag immer wieder helfen, aktiv mit deinem Kind in Kontakt zu kommen, Verbindung herzustellen und es zu begleiten.

Komm mit deinem Kind ins Gespräch

Ich werde dich im Laufe dieses Buches immer wieder dazu motivieren, mit deinem Kind über bestimmte Situationen ins Gespräch zu kommen. Manchmal liest sich das leichter als es ist. Insbesondere, wenn Kinder aus dem früheren Verhalten ihrer Eltern eher daran gewöhnt sind, „verhört und überführt" zu werden, wenn es also darum ging, Fehlverhalten zu erörtern, Geständnisse zu hören und zu kritisieren, kann es eine Zeit des Vertrauenfassens brauchen, um Kinder wieder zu öffnen. In diesem Fall können Eltern ihrem Kind generell sagen, dass sie gemerkt haben, dass es der Familie mit dem Weg, den die Eltern bisher gewählt haben, nicht so gut geht. Sie können sagen, dass sie es nun anders machen möchten, dass sie üben und es sich sicherlich oft neu und ungewohnt anfühlt.

Grundsätzlich ist es immer wichtig, einen passenden Moment zu erwischen. Achte darauf, dass dein Kind nicht emotional aufgewühlt, sondern entspannt ist. Gehe in kleinen Schritten und langsam vor. So kannst du zum Beispiel zunächst eine Einladung aussprechen: *„Ich möchte gerne wissen, wie es dir geht. Wir streiten gerade viel und ich kann mir vorstellen, dass du dich damit genauso unwohl fühlst wie ich. Ich hole uns ein paar Kekse* [bitte nimm das, was zu dir und deiner Familie passt], *magst du dich mit mir in die Küche oder ins Wohnzimmer setzen und mir ein bisschen darüber erzählen?"*

Dein Kind wird sich über diese wertschätzende Einladung freuen und ihr habt dadurch schon eine gute Basis. Vielen Kindern fällt es leichter, Gespräche eher beiläufig zu führen, etwa beim Spaziergang, beim Spielen oder Kochen. Darauf kannst du achten:

- Frage zunächst immer erst, ob dein Kind bereit ist, sich mit dir zu unterhalten und ob es okay ist, wenn du etwas von ihm wissen möchtest.
- Sei offen und interessiert daran, wie es deinem Kind in Hinsicht auf die entsprechende Situation geht.
- Dein Ziel ist es, in eine angenehme, vertrauensvolle Verbindung zu kommen, etwas darüber zu erfahren, wie es deinem Kind geht und wo es steht.
- Es geht nicht darum, deine Forderungen und Erwartungen geltend zu machen und dein Kind zu belehren.
- Es geht darum, etwas übereinander zu erfahren. Natürlich geht es dabei auch um dich.
- Sprich in Ich-Botschaften über dich und deine Gefühle: Ich beobachte/Ich empfinde es so/Für mich ist da so ...
- Höre aktiv zu. Wie das geht, liest du im nächsten Abschnitt.

POSITIVE LANGZEITWIRKUNG

Manchmal verzweifeln Eltern, weil Kinder in Gesprächen wenig sagen oder die Gespräche sehr kurz sind. Auch wenn diese Gespräche nicht immer sofort Wirkung zeigen, erlebt dein Kind, dass es dir wichtig ist, dass du es siehst und ernst nimmst. Dein Kind lernt so, über Probleme, Gefühle und Bedürfnisse zu sprechen und dass es wichtig ist, diese für sich selbst und bei anderen zu achten. Auch kleinere Kinder verstehen in solchen Gesprächen schon sehr gut, was wir meinen, wenn wir es einfach und überschaubar halten – selbst, wenn sie es sprachlich nicht ausdrücken können.

Hilfreiche Formulierungen, um ins Gespräch zu kommen, können wie folgt lauten:
„Darf ich dich mal etwas fragen …?“
„Hättest du Zeit für mich? Ich würde gerne mal mit dir sprechen.“
„Mir ist aufgefallen, dass …“
„Darf ich mit dir mal über xy sprechen? Wann wäre es okay für dich?“

Hör deinem Kind aktiv zu

Die einfühlsame und achtsame Kommunikationstechnik des aktiven Zuhörens ist nicht nur in der Psychotherapie, in Beratungen und im Coaching wirksam. Du kannst diese Technik für dein Kind und für alle deine Mitmenschen nutzen. Wenn beispielsweise dein Kind laut wird, beschreibst du, was du wahrnimmst: *„Du bist ziemlich wütend auf mich.“* Damit öffnest du deinem Kind eine Tür, um von sich zu erzählen. Auch schon kleine verbale Reaktionen wie *„Aha …“*, *„Ach so …“* oder *„Okay …“* ermutigen dein Kind, sich dir mitzuteilen. Wenn es dann weiter ausholt, kannst du mit deinen Worten wiedergeben, was du glaubst, daraus herausgehört zu haben.

Wichtig ist dabei, nicht einfach nur das Gesagte des Kindes zu wiederholen, sondern wirklich zu versuchen, sich in seine Lage zu versetzen. Es geht nicht darum zurechtzuweisen, zu maßregeln oder zu überzeugen. Es geht darum, wieder beieinander anzukommen, es deinem Kind zu ermöglichen, sich selbst des Konflikts bewusst zu werden und dazu beizutragen, eine Lösung zu finden. Aktives Zuhören reguliert zudem die Gefühle deines Kindes. Es hilft ihm dabei, sich selbst besser zu verstehen, anzunehmen, eigene Lösungsideen zu entwickeln und wieder ausgeglichener und zufriedener zu werden.

Vielleicht folgen auf dein Wiedergeben Aussagen wie *„Ja, weil du doof bist!“* Nimm das als Information: Dein Kind ist offensichtlich wütend und genervt. Wenn wir das beschreiben, bekommen wir oft schon eine Erklärung geliefert: *„Ich sehe, dass du total sauer auf mich bist.“* Vielleicht darf der Bruder in den Augen deines Kindes immer mehr oder dein Kind hatte Streit mit einer Freundin. Es geht in diesem Moment nicht darum, wie du die Situation einschätzt und empfindest, sondern darum, dein Kind zu verstehen und Verständnis zu signalisieren. Das Gefühl deines Kindes ist subjektiv, es ist seine Wahrheit. Sprich sie ihm nicht ab, es muss nicht deine sein. Wenn du das, was es sagt, in deine Worte fasst, hat es die Möglichkeit, dir zuzustimmen oder zu widersprechen. Egal, in welche Richtung es geht, es bringt euch näher an den Kern des eigentlichen Problems. Hier einige Beispiele:
„Du bist die gemeinste Mama der Welt!“
„Okay …“
„Ja, immer erlaubst du Mia mehr als mir!“

„Ich gehe nicht mehr in die Schule, da ist es voll kacke!“
„Aha …“
„Gestern hat Moritz gesagt, dass ich nie wieder mitspielen darf und mich nur geärgert!“

„Emma nervt mich, sie ist die doofste Schwester der Welt und soll weg sein!“
„Wow, du bist gerade echt wütend auf Emma und wünschtest, du wärst allein mit mir und Papa.“
„Genau, nie hast du richtig Zeit für mich!“

Manchmal kommt man beim aktiven Zuhören schnell zum Kern eines Konflikts. Vielleicht braucht ihr aber auch ein bisschen Zeit und mehrere Anläufe.

Schaffe Bilderrahmenmomente für euch

Es ist für alle Kinder schön, exklusive Zeiten mit ihren Eltern zu haben, in denen diese ganz präsent sind und es um die Wünsche und Bedürfnisse der Kinder geht. Im Alltag ist das nicht immer in der Intensität und in dem Umfang möglich, den Eltern sich vorstellen und Kinder vielleicht brauchen. Natürlich solltest du es im Blick haben, immer ausreichend Verbindungszeit mit deinem Kind einzuräumen. Gleichzeitig kannst du auch die kleinen Momente eures Alltags ganz bewusst nutzen. Ich vergleiche das immer mit einem Foto: Liegt es einfach auf unserem Schreibtisch oder Regal herum, hat es eher wenig Wirkung und man nimmt es kaum wahr. Stecken wir ein Foto, das ohnehin da ist, in einen hübschen Bilderrahmen, hat es eine ganz andere Bedeutung und Wertigkeit.

Transportiere das in deinen Alltag und mache so aus alltäglichen Situationen Bilderrahmenmomente: Dein Kind betritt die Küche. Du schaust ihm bewusst und intensiv in die Augen, berührst es am Arm und sagst voller Wärme: *„Ich freu mich dich zu sehen, schön dass du da bist!“* Nimm die Hand deines Kindes, wenn ihr zum Einkaufen geht und wenn es dein Kind möchte. Sage ihm, wie schön du es findest, jetzt gerade hier mit ihm unterwegs zu sein. Nutze kleine Augenblicke, um deinem Kind bewusst in die Augen zu blicken, ihm etwas Freundliches zu sagen und es liebevoll zu berühren. So stellst du immer wieder Verbindung her und zeigst deinem Kind, wie wertvoll es für dich ist.

Gib spielerisch die Macht ab

Das gemeinsame Spiel mit deinem Kind ist das Wunderwerkzeug für euren Familienalltag. Sicher nutzt du es schon mehr oder weniger bewusst, um die gemeinsame Zeit mit deinem Kind zu gestalten.

Spielen ist vielfältig, ideal, um zu lernen und zu üben, und Spielen hört im Grunde niemals auf. Du kannst es zudem bewusst nutzen, um dein Kind zu stärken und es dabei zu unterstützen, Herausforderungen zu meistern und sich ausgeglichener und wohler zu fühlen.

Kinder erleben jeden Tag in vielen Situationen, dass andere für und über sie bestimmen. Das lässt sich gar nicht vollständig verhindern, ist aber dennoch oft unangenehm für sie. Wenig Raum für eigenes Mitbestimmen, die Gefühle von Ohnmacht, Hilflosigkeit und selbst klein und machtlos zu sein, können Kinder aus der Kooperation bringen und starke Gefühle auslösen.

Sogenannte Machtumkehrspiele sind ein einfaches, spielerisches und praktisches Mittel, deinem Kind immer wieder zu mehr innerem Gleichgewicht zu verhelfen. Die Entwicklungspsychologin Aletha J. Solter empfiehlt Eltern, immer wieder Aktivitäten in den Alltag einzubauen, bei denen sie selbst lustig und übertrieben so tun, als seien sie unterlegen, schwach, ängstlich und tollpatschig. Du kannst zum Beispiel deinem Kind mit übertriebener und bitte eindeutig geschauspielerter Strenge sagen, dass es für die nächsten fünf Minuten das Sofa nicht verlassen darf. Dann drehst du dich langsam um und bei jeder kleinsten Bewegung deines Kindes sagst du, dass Aufstehen verboten ist und versuchst ungelenk, es daran zu hindern. Dein Kind wird versuchen, dich zum Weitermachen zu animieren, indem es immer wieder zu entwischen versucht. Je nach Körpergewicht kannst du es dann schnappen und zurücktragen, es jedoch immer wieder entwischen und dich übertrumpfen lassen. Auch eine spielerische Kissenschlacht, bei der du bei der leisesten Berührung theatralisch zu Boden gehst, wird deinem Kind viel Spaß machen.

Der Alltag steckt voller Möglichkeiten zu Machtumkehrspielen. Mein jüngster Sohn putzt beispielsweise oft die Zähne, wenn ich es gespielt strengstens verbiete und seine älteren Brüder lieben es, sich „verbotenerweise“ den Schlafanzug anzuziehen oder die Gemüsesticks vom Abendbrottisch zu futtern. Egal, was ich tue und wie wachsam ich bin, ich schaffe es einfach nicht, sie daran zu hindern. Dein Kind wird diese Spiele lieben. Sie werden euch gemeinsam entspannen und zum Lachen bringen.

Startet gemeinsame Mini-Projekte

Gemeinsames Tun schafft Verbindung und die Möglichkeit, sich gleichzeitig selbstwirksam zu fühlen. Natürlich ist es toll, wenn ihr gemeinsam etwas für das Kinderzimmer oder eure Wohnung oder Ähnliches entwerft oder baut. Es kann aber auch viel kleiner und weniger aufwendig sein.

Ein gemeinsam gekochtes Essen kann ebenso ein Mini-Projekt sein wie einen Topf Kräuter auszusäen, Pfandflaschen wegzubringen und danach Eis zu essen oder das Auto zu waschen. Überlege gemeinsam mit deinem Kind, was ihr tun könnt und bitte es bei alltäglichen Dingen um seine Unterstützung: *„Hey, hast du Lust mit mir gemeinsam Pfannkuchen zu machen? Es macht mir viel Spaß, das mit dir gemeinsam zu tun und ich kann deine Hilfe dabei gebrauchen.“* Das stärkt dein Kind und eure Verbindung und zudem macht es stolz, denn jeder fühlt sich gerne mal gebraucht.

DEIN ALLTAG – EIN PULVERFASS

Oft erscheint es uns Eltern so, als stecke der gesamte Tag voller Stolperfallen und Konflikte. Ob es morgens ums Aufstehen und Anziehen geht, am Mittag um die Hausaufgaben, um das Benehmen unseres Kindes auf dem Spielplatz oder Absprachen in Sachen Medien – ständig geraten wir mit unserem Kind in den Kampf. Ich möchte daher mit dir in diesem Kapitel durch euren Alltag reisen.

Dazu betrachten wir konkrete Situationen im Tagesverlauf, die immer wieder dazu führen, dass du an deine Grenzen stößt, dich über dein Kind ärgerst und versuchst, Lösungen über das Androhen von Konsequenzen zu erreichen. Auch Themen wie Arztbesuche, die dir nicht jeden Tag begegnen und dennoch schwierig sein können, findest du hier. Mir ist es sehr wichtig, dir immer wieder Hinweise für die Ursachen des Verhaltens deines Kindes zu geben.

Der holprige Start in euren Tag

Der Morgen hat im Familienalltag großes Konfliktpotenzial, denn wir Eltern haben in der Regel vom Aufstehen bis zur Haustür eine Reisebegleiterin im Nacken sitzen, die ganz schön unangenehm werden kann: die Zeit. Für viele Familien zieht sich der Stress sogar bis zur Kita- oder Schultür und ist selbst mit Erreichen des Arbeitsplatzes oder der Care-Arbeits-To-do-Liste nicht abgeschlossen. Und so stoßen wir später wieder gestresst aufeinander, hangeln uns an dünnen Nerven durch den Nachmittag und geraten abends beim Insbettbringen der Kinder erneut aneinander. Puh, nach dem Stress ist vor dem Stress – oder dem nächsten Konflikt. Genau in diesen Konfliktsituationen fühlen wir uns hilflos und überfordert, stolpern in unsere eigene Wut und dann wissen wir uns oft nicht anders zu helfen, als mit Konsequenzen zu drohen. Manchmal purzeln wenig konstruktive „Wenn-dann-Sätze" schneller aus unserem Mund als wir gucken können.

Es lohnt sich, die Engpässe des Morgens, an denen wir stolpern und aneinandergeraten, anzusehen, zu verstehen, warum es hakt und dann in kleinen Schritten zu verändern. Denn ein Morgen für sich erscheint uns wenig. Doch mach dir bewusst: Den Stress des Morgens tragen wir mit in die Kitas, Schulen, unsere Arbeit und den Rest des Tages. So beginnt er, sich wie ein roter Faden durch unser Familienleben zu spinnen, und hey – knüpfe anstatt dieses Stressfadens lieber kleine goldene Beziehungsperlen zu einer starken Kette durch euren Alltag. Die gibt allen Familienmitgliedern Halt, Sicherheit und Freude. Lass uns loslegen!

Ärger an der Bettkante – dein Kind wacht schon wütend auf

Morgen für Morgen trittst du an das Bett deines Kindes, weckst es und direkt schlägt dir schlechte Laune, eine motzige Stimme oder gar eine Beschimpfung in Form von *„Kack Mama"* oder *„doofer Papa"* entgegen. Das ärgert dich, du willst nicht beschimpft werden und wirst selbst öfter wütend, weil du keine Ahnung hast, was deinem

Kind schon am frühen Morgen so schlechte Laune bereitet. Egal, was du sagst und tust, es scheint nichts zu bringen. Heimlich fragst du dich vielleicht sogar manchmal, ob dein Kind dich nicht mag und ablehnt.

Das alles ist nachvollziehbar. In solchen Momenten dürfen wir uns – das wirst du sehr oft in diesem Buch lesen – daran erinnern, dass Kindergehirne noch nicht die gleichen Fähigkeiten haben wie die von Erwachsenen. Sie reifen und entwickeln sich erst. Für solche Situationen wie das Aufwachen bedeutet das konkret: Auch wenn ein erwachsener Mensch ein sogenannter Morgenmuffel ist, können wir von ihm erwarten, dass er uns halbwegs freundlich begrüßt oder es zumindest einigermaßen steuern kann, uns seine Stimmung nicht komplett vor die Füße zu werfen. Erwachsene können das, weil sie gelernt haben, sich in andere hineinzuversetzen und körperliche sowie emotionale Impulse zu kontrollieren. Zumindest theoretisch, denn ehrlich gesagt fällt das oft sogar vielen Erwachsenen schwer.

Bei Kindern sind diese Fähigkeiten noch in der Entwicklung. Alles, was dich jetzt geduldig, gelassen und nachsichtig bleiben lässt – oder was dir hilft, deine Ohren zumindest emotional ein bisschen auf Durchzug zu schalten – ist jetzt angesagt.

GIB DIR EINEN GEDANKEN, DER DICH ERDET

Nimm ein paar tiefe Atemzüge und mache dir bewusst: Dein Kind will dir nicht zeigen, dass es dich nicht mag oder du etwas falsch machst. Es „erzählt" in der Sprache seines Verhaltens etwas über seine Gefühle und seine Bedürfnisse. Denke dir: Ich bin nicht gemeint, mein Kind erzählt etwas über sich selbst.

Finde Ruhe und sorge für dich

Wenn euer gemeinsamer Morgen sonst eigentlich ganz gut gestartet ist, begib dich auf Spurensuche: Seit wann liegt morgens die schlechte Laune neben deinem Kind im Bett? Kannst du es an irgendeinem äußeren Einfluss festmachen? Vielleicht ist es in der Schule gerade stressiger oder in deinem Alltag ist mehr los als sonst? Kann es sein, dass dein Kind sich durch einen Streit mit dir oder einem anderen Menschen aus seinem näheren Umfeld gekränkt fühlt und dieses Gefühl mit in die Nacht und den nächsten Morgen genommen hat? Die Spurensuche findest du im Kapitel „Werkzeugkasten für eure starke Beziehung“ ausführlich erklärt. Sie hilft dir, erste Erklärungen zu finden, die Situation anzunehmen und so aus der Ruhe heraus Lösungen zu entwickeln.

SCHAFFE DIR DEINE BASIS FÜR DEN MORGEN

Verschaffe dir morgens einen kleinen Vorsprung. Stehe früher auf als dein Kind – selbst wenn es nur 10 oder 15 Minuten sein können. Wenn du beispielsweise geduscht und angezogen bist und schon einen kleinen Moment hattest, bei dir und im Tag anzukommen, fällt es dir leichter, dich nicht in die Gefühls- und Stimmungsstrudel deines Kindes hineinziehen zu lassen. Kleine Routinen und Rituale helfen dir, bei Kräften zu bleiben: Finde heraus, was dir morgens guttut, was du brauchst und was zeitlich möglich ist, um am Morgen innerlich ein bisschen ruhiger zu bleiben.

Mach dir immer bewusst, dass du allein schon durch einen guten Start in den Tag deine eigene Zufriedenheit erhöhst und damit etwas veränderst, weil du mit den Stimmungen deines Kindes viel besser umgehen kannst.

Der Morgen beginnt schon am Abend davor

Wenn Kinder morgens schlecht drauf sind, dürfen wir den Auslöser dafür oft am Tag oder Abend zuvor suchen. War dein Kind zu spät im Bett, kann es schon reichen, das Abendprogramm das nächste Mal 15 Minuten eher zu starten. Das lässt euch Luft, den Tag ein bisschen ausklingen zu lassen und gemeinsam zu landen – etwa bei einem kurzen gemeinsamen Spiel, einer Leserunde und einem kleinen Gespräch unter vier Augen im Kinderzimmer oder im Bett, je nachdem, was deinem Kind gefällt und ihm hilft, sich zu entspannen. Hier darfst du ein bisschen ausprobieren, was für euch das Richtige ist. Einige Kinder entspannen sich beispielsweise bei einem Spiel, andere Kinder regen sich dabei vielleicht zu sehr auf, wenn sie frustriert sind. Achte darauf, dass das, was ihr spielt, eine klare Begrenzung hat. Beim Lego bauen verlieren sich viele Kinder und finden auch mit einem Timer kein Ende. Ein, zwei Runden eines Brett- oder Kartenspiels hingegen lassen sich leichter innerlich abschließen.

Richtiger Moment für Bildschirmzeit und Toben?

Wenn dein Kind abends Zeit vor einem Bildschirm verbringt, erleichtert es dir vielleicht die Zubereitung des Abendessens oder ermöglicht es dir, schon mal eure Wohnung aufzuräumen. Allerdings kann Medienkonsum am Abend auch nach hinten losgehen und mehr Zeit und Kraft kosten als du eigentlich hast. Was genau bei Zeit vor dem Bildschirm im Gehirn deines Kindes passiert, liest du im Kapitel „Streit beim Umgang mit Medien“. Jedoch kannst du einmal bewusst beobachten, ob beispielsweise kurz vor dem Schlafengehen wirklich der richtige Moment für Fernseh-, PC- oder Tablet-Zeit ist, wenn ihr danach aneinandergeratet oder dein Kind total aufgeregt ist.

Ähnlich kann es mit dem Toben sein. Manchen Kindern tut es gut, kurz vor dem Schlafen nochmal gemeinsam mit Mama oder Papa Energie abzubauen, zu rangeln, dadurch in einem intensiven Kontakt zu sein und sich selbst zu spüren. Andere Kinder fahren dabei zu sehr hoch und es kann länger dauern, bis die Stimmung wieder ruhiger ist und dein Kind genug hat. Probiere es einfach aus, du kennst dein Kind am besten. Vertraue darauf, dass ihr den Weg findet, der für euch passt.

Gelassen bleiben und über das sprechen, was los ist

Reagiere so gelassen wie möglich auf die schlechte Laune am Morgen. Strategien dafür findest du im Werkzeugkasten in diesem Buch. Es ist nicht immer leicht, selbst ruhig und freundlich zu bleiben, wenn einem geballter Unmut entgegenschwingt. Wenn du aber mit ähnlicher Stimmung antwortest, geratet ihr schnell in ein Gegeneinander, das die Situation eher noch verschärft und sich wie eine Wolke über euren Start in den Tag legt. Bleibst du gelassen und zugewandt, spürt dein Kind, dass du für es da und an seiner Seite bist.

FINDE DEINE STRESSENDEN GEDANKEN UND GEFÜHLE

Nimm dir fünf bis zehn Minuten Zeit: Denke an den Morgen und daran, wie es dir geht, wenn du dein Kind weckst oder zu ihm ins Zimmer kommst und dir die schlechte Laune entgegenschlägt. Was empfindest du dabei? Fühlst du dich verletzt, gekränkt und abgelehnt? Atme tief und gleichmäßig ein und aus und nimm wahr, was du fühlst. Horche außerdem in dich hinein, welche Gedanken gemeinsam mit den Gefühlen da sind und welche ihnen vorausgehen:

Was denkst du über dich und dein Kind, wenn es so unfreundlich zu dir ist? Sagst oder denkst du Dinge wie: *„Wenn du nicht freundlicher zu mir bist, gibt's heute kein Fernsehen?"* Notiere dir, was du beobachtet hast und halte Ideen darüber fest, woher beispielsweise die Sorgen, der Ärger und die Kränkung stammen. Welche Sätze liegen dir für gewöhnlich auf den Lippen und warum? Wie geht es dir nach der Übung? Was hat sich verändert?

Wiederhole die Übung, um weiterzukommen und deine Erkenntnisse zu intensivieren. In einem nächsten Schritt kannst du deine Gedanken überprüfen: Sind sie wahr? Wie berechtigt und wahrscheinlich sind sie? Du kannst diese Reflexion auch auf andere Situationen anwenden, die dich emotional stressen.

Sprich mit deinem Kind über den Morgen – und zwar idealerweise nicht am Morgen selbst, denn dafür ist die Stimmung wahrscheinlich zu aufgeladen. Wähle einen Zeitpunkt, an dem ihr beide entspannt und offen seid, sieh dir dazu auch den entsprechenden Abschnitt im Kapitel „Werkzeugkasten für eure starke Beziehung" an.

Frage dein Kind, wie es ihm mit dem Morgen geht, was es sich wünscht und was du tun kannst, um die Situation zu verändern. Höre dir an, was dein Kind sagt – und blende gegebenenfalls aus, wie es das tut. Denn vielleicht ist es verärgert und gekränkt und zeigt das über einen wütenden Tonfall oder indem es dich beschimpft. Wenn ihr in diesem Moment eine gute Verbindung habt, erzähle auch von dir und dass du dir für euch beide wünschst, den Morgen so zu gestalten, dass es euch beiden gut geht.

PROBIERE GEMEINSAM LÖSUNGEN AUS

Es geht jetzt nicht darum, Verbote auszusprechen und Regeln festzulegen, die dein Kind befolgen soll. Dann habt ihr nämlich unter Umständen den nächsten Kampf eröffnet. Sprich mit deinem Kind, so wie im Werkzeugkoffer erklärt. Findet gemeinsam heraus, wie es deinem Kind mit dem Abend und dem Morgen geht und sprich auch wertschätzend darüber, wie du es empfindest.

Entwickelt gemeinsam Lösungen und Alternativen. Setzt euch beispielsweise eine Probezeit, in der ihr bewusst schaut, ob eine Absprache oder ein Lösungsvorschlag funktioniert und geht dann erneut ins Gespräch. So stellst du Augenhöhe zu deinem Kind her, bist wertschätzend und begleitest es dabei, Stück für Stück zu lernen, auf sich selbst und eigene Empfindungen und Grenzen zu achten.

Lieber langsam starten

Die wenigsten Menschen mögen es, zu abrupt geweckt zu werden. Gestalte das Aufwachen deines Kindes sanft, indem du zum Beispiel schon mal die Tür zu seinem Schlafzimmer öffnest, während du dich für den Tag fertig machst, euren Start vorbereitest oder in der Küche werkelst.

So können die Geräusche dein Kind langsam aus dem Schlaf holen. Natürliches Tageslicht hilft dem Körper außerdem beim Aufwachen. Wenn es draußen bereits dämmert oder hell ist, mach dir das zunutze und öffne im Kinderzimmer die Vorhänge oder das Rollo schon mal ein Stückchen.

Selbstbestimmtes Wecken mit eigenem Wecker

Ist dein Kind gerne selbstbestimmt, gefällt es ihm vielleicht, morgens mehr Verantwortung zu übernehmen. Viele Kinder mögen Wecker, denn es fühlt sich „groß“ und unabhängig an, ihn selbst zu stellen und geweckt zu werden. Uns Eltern blutet dabei manchmal ein wenig das Herz, wenn wir einen hohen Anspruch an uns selbst oder bestimmte Bilder eines harmonischen Morgens im Kopf haben. Allerdings kann das Stellen des Weckers und von diesem geweckt zu werden dein Kind enorm stolz machen und sein Bedürfnis nach Selbstwirksamkeit erfüllen. Du darfst natürlich liebevoll dabei unterstützen, dass es morgens tatsächlich den Weg aus dem Bett findet. Wir unterschätzen solche kleinen Alltagsprojekte oft in ihrer Wirkung auf das Selbstwertgefühl unserer Kinder und unsere gemeinsame Beziehung: Einen Wecker auszusuchen, ihn zu kaufen und auszuprobieren kann euch in Verbindung bringen, Spaß machen und deinem Kind zeigen, dass es für dich wichtig ist und du es ernst nimmst.

Anziehen: immer wieder herausfordernd

Die Hose ist zu eng, das Shirt kratzt und die Socken sind zu klein. Denkst du auch manchmal, du müsstest für dein Kind neue Kleidungsstücke erfinden, weil nichts richtig ist? Vielleicht macht dein Kind aber auch den Eindruck auf dich, als hätte es überhaupt keine Lust, sich anzuziehen und für den Tag fertig zu machen und du stößt auf scheinbar taube Ohren. Du merkst in solchen Momenten, dass dein Stresspegel rasant nach oben schnellt, weil dir selbst die Zeit im Nacken sitzt, du müde bist oder deine Geduld schon aufgebraucht ist. In solchen Momenten geraten wir Eltern unter Druck und wissen uns oft nicht anders zu helfen, als Konsequenzen anzudrohen oder unsere Kinder mit Belohnungen zu „ködern“. Das ist verständlich – genauso wie das schlechte Gewissen, das uns hinterher beschleicht.

Lass uns mal unter die Oberfläche tauchen und schauen, was hinter dem Verhalten deines Kindes in diesen Situationen stecken kann und daraus Lösungen entwickeln.

Gut zu wissen: Aus all den genannten Gründen kann Anziehen auch an anderen Punkten des Tages schwierig werden, nur oft kämpfen wir morgens besonders damit.

Kinderhaut ist empfindlich – Kinderseele auch

Viele Kinder sind tatsächlich sehr empfindlich, was ihre Haut angeht und noch weniger desensibilisiert als wir Erwachsenen. Wir nehmen es oft hin, wenn sich etwas unbequem anfühlt. Eigentlich ziemlich cool, dass Kinder in dieser Hinsicht noch so sehr mit ihrem Körpergefühl und ihrer Wahrnehmung verbunden sind, während wir gelernt haben, unser Gefühl an vielen Stellen einfach zu übergehen und auszublenden. Nicht selten haben Kinder vom Kleinkindalter bis in die Schulzeit hinein eine sehr beschränkte Auswahl an Lieblingskleidungsstücken. Eltern kann das sehr aufreiben. Deswegen nehme ich dich jetzt mit in die Perspektive deines Kindes.

Dein Kind wächst gerade in diese Welt hinein. Vielleicht ist es noch jünger und muss jeden Tag ganz schön innere Arbeit leisten, um uns folgen zu können und in einem Alltag zu leben, den es kognitiv oft noch gar nicht richtig nachvollziehen kann. Oder dein Kind geht bereits in die Schule und muss dort Tag für Tag viele Herausforderungen ohne dich bewältigen. Vielleicht kennst du es von dir selbst: Vertrautes und Kleidung, in der du dich wohlfühlst, können Sicherheit geben. So ist es auch bei deinem Kind. In einer unübersichtlichen Welt kann ihm seine „zweite Haut“ Sicherheit und Stabilität geben und damit sein seelisches Grundbedürfnis danach nähren.

RAUSZOOMEN UND DRAUFSCHAUEN

Wenn es Phasen gibt, in denen dein Kind bei der Kleidungsauswahl sensibler und unentschlossener ist, stell dir vor, du blickst von oben wie mit einer Drohne auf die Situation. Dann schwebst du weiter nach oben und immer weiter, bis du nicht nur diese Situation siehst, sondern euren Alltag in den letzten Tagen und Wochen. Vielleicht siehst du, dass es Neues und eine Veränderung gab. Vielleicht erblickst du einen Streit mit dem besten Freund oder der besten Freundin oder ein Schulprojekt, das schwierig war. All das kann dazu führen, dass dein Kind empfindlicher reagiert und sich unsicherer fühlt.

Die „sichere" und angenehme Kleidung ist eine Strategie, die bei der Bewältigung helfen soll, und gleichzeitig können die Ereignisse dazu führen, dass dein Kind gerade innerlich einfach nicht so flexibel ist wie sonst.

Allein dieses Wissen kann dir dabei helfen, in solchen Momenten mehr Verständnis für dein Kind zu entwickeln und dich nachsichtiger zu machen. Außerdem kannst du jetzt nach Wegen suchen, dein Kind zu stärken und zu unterstützen – einer davon ist übrigens Mitgefühl und Verständnis. Äußere das! Sprich mit deinem Kind über deine Eindrücke und zeige ihm so, dass du da bist.

Wenn dein Kind noch im Kleinkind- und Kitaalter ist, ist es immer hilfreich, die Abläufe um die Verweigerungssituationen herum zu entschleunigen. Uns und unseren Kindern ein kleines bisschen mehr Zeit zu geben, um von A nach B, vom Schlafanzug in die Kleidung zu kommen, kann schon ganz viel verändern und beruhigen.

Macht den Kleiderschrank-Check

Nimm dir gemeinsam mit deinem Kind Zeit, um die Kleider in seinem Schrank unter die Lupe zu nehmen. Das darf auch in Etappen geschehen, wenn dein Kind keine Lust zu einer großen Aktion hat. Aber insbesondere diese Alltagsaktionen bergen eine Vielzahl von Chancen: Ihr tut etwas gemeinsam und seid in Verbindung. Dein Kind übt etwas ganz Praktisches für sein späteres Leben: Abwägen, Priorisieren, in sich hineinspüren, Entscheidungen treffen und Struktur zu schaffen. Es fühlt sich außerdem gesehen und ernst genommen, wenn du dir Zeit nimmst und ihm sagst, warum ihr das tut: weil dein Kind und euer entspannter Alltag dir wichtig sind. Du beziehst es mit ein und es erlebt deine Bereitschaft, dich auf das einzulassen, was es braucht. Genau das gibt Kindern Selbstsicherheit und ein starkes Selbstwertgefühl, denn sie erfahren, dass wir uns ihnen zuwenden, sie ernst nehmen und dass ihre Empfindungen eine Rolle spielen.

Wenn du Kleidung neu anschaffst, lass sie dein Kind anprobieren und mitentscheiden. Auch das zahlt wieder aufs seelische Verbindungs- und Selbstwirksamkeitskonto ein: Selbst entscheiden macht selbstsicher.

DIE KONFLIKTE HINTER DEM KONFLIKT

Oftmals verbergen sich Themen hinter Konflikten, die wir nicht auf den ersten Blick erkennen. So berichtete mir die Mutter eines fünfjährigen Mädchens, dass die Kleine derzeit überhaupt keine Kleidung auf der Haut akzeptiere und nichts anziehen wolle. Als wir die Situation näher beleuchteten, stellte sich heraus, dass das Mädchen vor einigen Monaten eine kleine Schwester bekommen hatte. Die Konflikte ums Anziehen wurden immer dann so drastisch, wenn es darum ging, in die Kita zu gehen und sich von der Mutter zu trennen.

Es ging also gar nicht wirklich um die Kleidung, sondern darum, unbewusst die Trennung von der Mutter zu vermeiden, weil die Fünfjährige durch die Geburt des Geschwisterchens so verunsichert war. Die Familie konnte das Kind dann in anderen Bereichen ermutigen und die Beziehung stabilisieren, sodass das Ankleiden schon nach kurzer Zeit kein Thema mehr war.

Kleinere Schritte gehen

Alle Eltern haben morgens einen Zeitplan im Kopf und sind froh um jede Aufgabe, hinter die sie innerlich einen Haken machen können. Unsere Kinder brauchen Jahre, bis sie die kognitive Fähigkeit haben, solche Pläne zu verinnerlichen, zu überblicken und selbst zu machen. In der Regel erwarten wir viel zu viel von ihnen und sie zeigen uns das unbewusst, indem sie immer langsamer werden oder gar nicht ins Tun kommen. Manchmal sind sie aber auch schlichtweg überfordert mit der Größe einer Aufgabe: *„Zieh dich bitte an"* kann zu komplex sein und sie brauchen kleine Unterschritte und uns dabei an ihrer Seite – nicht, weil sie uns ärgern wollen, sondern weil sie es einfach noch nicht oder aus einem bestimmten Grund in dieser Situation nicht anders können. Alle Kinder sind grundsätzlich dazu bereit, mit uns zu kooperieren. Das dürfen wir uns immer wieder bewusst machen – insbesondere in stressigen Situationen.

Verschaff dir einen Überblick

Wie kann mein Sohn morgens besser mitmachen und wie kann es schneller gehen? Mit dieser Frage kam die Mutter eines knapp vierjährigen Jungen in meine Mentoringsprechstunde. Wir sahen uns zunächst den genauen Ablauf des Morgens an – dabei stellten wir fest, wie unglaublich kooperativ der Kleine ist und dass er alles mitmacht, was die Eltern von ihm verlangen, dass allein das Tempo nicht immer das ist, was sie sich wünschen. Das gemeinsame Frühstück allein dauerte oft etwa 30 bis 45 Minuten. Es stellte sich heraus, dass dies offenbar die favorisierte Beziehungsinsel des Kindes ist. Hier tankt er Verbindung und Liebe auf, bevor sich Eltern und Kind für Arbeit und Kita trennen.

Allein diese Perspektive einnehmen zu können, hat in der Mutter sehr viel bewegt. Sie konnte diese gemeinsame Zeit wertschätzend anerkennen und bewusst nutzen. Wir sahen uns im nächsten Schritt alle einzelnen Etappen des Ablaufs an und experimentierten mit anderen Reihenfolgen. Das gemeinsame Frühstück konnte so eine Sogwirkung für das Kind entwickeln, sodass fortan bis auf das Zähneputzen zuvor bereits alles andere erledigt war, was den Ablauf beschleunigte und gleichermaßen entspannte.

WELCHE REIHENFOLGE ERGIBT AM MORGEN SINN?

Nimm dir 30 bis 45 Minuten Zeit und zeichne eine Linie auf ein großes Blatt Papier oder mit einem abwaschbaren Marker auf ein Fenster. Du kannst alternativ auch eine große Tafel oder ein Whiteboard nutzen. Das Aufstehen ist der Startpunkt, das Haus zu verlassen das Ziel. Dann schreibst du alle Dinge, die du und dein Kind innerhalb dieses Zeitraums erledigen müsst, auf kleine Klebezettel.

Fülle die Strecke mit diesen Klebezetteln. Nimm das Ergebnis genau unter die Lupe: Wo entsteht Druck und warum? Wo braucht es ein paar Minuten mehr Zeit, wo ist vielleicht zu viel Zeit und dein Kind verliert sich beispielsweise im Spiel? Welche Punkte sind eher lästige Pflichtpunkte und wo sind schöne Inseln, auf denen dein Kind auftankt? Welche Elemente sind flexibel und können auch an anderer Stelle stattfinden, wenn es erforderlich ist? Du gewinnst so einen Überblick über die Situation insgesamt und über alle kleinen Meilensteinchen, die du und dein Kind Tag für Tag darin erreichen dürft. Du kannst besser planen und umplanen und vielleicht auch Punkte ganz loslassen. Diese Übung kannst du auch gut mit deinem Partner oder deiner Partnerin gemeinsam machen.

Anziehen – ein komplexer Prozess

Wir alle wünschen uns, dass unsere Kinder eigenständig werden. Das wünschen wir uns für sie und ihr späteres Leben – und das wünschen wir uns auch für uns selbst, da wir jeden Tag alle Hände voll zu tun haben und uns nach Erleichterung sehnen. Das ist verständlich und gleichzeitig führt das oft dazu, dass unsere Erwartungen an unsere Kinder zu groß sind. Für uns Erwachsene ist Anziehen schnell erledigt – dennoch fällt es nicht jedem von uns immer leicht. Für dein Kind kann das Anziehen eine große Herausforderung sein.

Es erfordert ein gewisses Maß an Vorausplanung und Konzentration, um die richtige Reihenfolge einzuhalten, Kleidungsstücke richtig herum anzuziehen und um den zeitlichen Aufwand passend einzuschätzen – und die Koordination kommt auch noch hinzu. Einige Kinder überfordert das schlichtweg: Der Berg ist bildlich gesprochen einfach zu groß, um überhaupt loszugehen. Vielleicht kann dein Kind sich theoretisch auch schon allein anziehen, es ist morgens aber einfach noch nicht richtig wach und genug im Tag angekommen, um das zu tun. Einige Kinder sind dann zum Beispiel nach dem Frühstück in der Lage sich anzuziehen.

Helfen hilft, sich geliebt zu fühlen

Jeder Mensch nährt über bestimmte Wege sein Bedürfnis, von anderen geliebt und anerkannt zu sein. Vielen großen und kleinen Menschen bedeutet es viel, Unterstützung zu bekommen. Vielleicht tankt dein Kind innerlich morgens nochmal so richtig viel Verbindung und körperliche Nähe durch deine Hilfe und Zuwendung beim Anziehen. Mach dir bewusst: Hier geht es dann nicht um Verweigerung oder einen Machtkampf.

Dein Kind sorgt unbewusst dafür, dass ein wichtiger Bedürfnis-Akku geladen wird. Ist dieser Akku gut gefüllt, hilft er deinem Kind durch den herausfordernden Abschnitt des Tages zu kommen, der vor ihm liegt: Denn in der Kita und in der Schule muss es viele Stunden ohne dich und eure Verbindung zurechtkommen. Es kann aber ein etwaiges Unbehagen diesbezüglich nicht benennen, das alles geschieht unbewusst. Deinem Kind beim Anziehen der Kleidung, der Jacke oder der Schuhe zu helfen, kann ab jetzt ein Weg für dich sein, seelische Grundbedürfnisse zu erfüllen.

AUCH EIN BISSCHEN UNTERSTÜTZUNG IST UNTERSTÜTZUNG

Wenn du etwa mit anderen Aufgaben und Geschwisterkindern in solchen Momenten sehr ausgelastet bist, teilt euch auf, was zu tun ist: *„Ich ziehe dir den einen Socken an, zieh du dir den anderen an. Ich helfe dir beim T-Shirt, schlüpf du in die Hose."*

Fühl mal in dich hinein: Entspannt es dich nicht schon ein bisschen, dir bewusst zu machen, was für ein komplexer Prozess das Anziehen für dein Kind ist, wie viel am Morgen für alle in eurer Familie los ist und dass es einen Grund hat, wenn dein Kind gewisse Dinge nicht tut oder kann – und nicht, weil es dich ärgern will?

So wird Anziehen spielend leicht

Eine Anziehkiste ist eine gute Möglichkeit, den Morgen schon am Vortag vorzubereiten, dein Kind eigene Entscheidungen treffen zu lassen und gleichzeitig etwas gemeinsam zu tun – ein weiteres Mini-Projekt, aus dem dein Kind viel ziehen kann. Lass dein Kind seine Anziehsachen am Abend vor dem Schlafengehen selbst aussuchen und in eine Box legen, die eigens dafür gedacht ist. Ihr könnt das gemeinsam tun oder wenn dein Kind gerne besonders eigenständig ist, kann es das auch ohne dich erledigen.

Die Kiste steht morgens bereit und kann dein Kind motivieren, sich selbst anzuziehen. Selbst wenn es dann dabei noch Unterstützung braucht, habt ihr wenigstens bereits alle Kleidungsstücke zusammen und bestenfalls fühlt sich dein Kind mit der Entscheidung vom Vorabend wohl und sicher.

WÄRME DIE KLEIDUNG VOR

Wenn es zur Jahreszeit passt, leg die Kleidung deines Kindes morgens einen Moment auf die Heizung. Viele Kinder mögen es, morgens vorgewärmte Hosen und Shirts anzuziehen.

Die Anziehstraße

Unterwäsche, Hose, T-Shirt, Socken – Erwachsene ziehen sich mit schlafwandlerischer Sicherheit in der richtigen Reihenfolge an. Kindern fehlt diese Klarheit oft noch. Weil sie überfordert sind, dauert das Anziehen entweder eine gefühlte Ewigkeit oder sie fangen erst gar nicht damit an, weil es sie frustriert. Du kannst diesen Stresspunkt spielerisch lösen: Lege eine Straße aus den einzelnen Kleidungsstücken. Die einzelnen Stationen wie Unterhose, Unterhemd, Shirt und so weiter führen dein Kind beispielsweise vom Bett bis ins Badezimmer, einfach nur quer durch den Raum oder bis in die Küche.

Die Anziehstraße macht nicht nur Spaß und baut Stress ab. Du gestaltest durch diesen Ablauf und die Bewegung in die nächste Situation hinein auch den Übergang für dein Kind. Es kann dadurch zum Beispiel leichter werden, nicht nur in die Klamotten zu kommen, sondern auch an der nächsten Station des Morgens anzukommen. Auch vielen älteren Kindern macht dieses Spiel noch Spaß.

Oft erleichtert es den Familienalltag, sich außerhalb der Stresssituation einmal kurz Zeit zu nehmen und zu überlegen, ob es eine spielerische und kreative Lösung gibt, anstatt Tag für Tag auf Konfrontation zu gehen. So verringerst du nicht Streit und Stress. Du machst daraus kleine gemeinsame Momente, die euch mehr Freude, Leichtigkeit und sogar Rituale, wie das hier beschriebene, bringen können. Dann werden nervige Situationen zu den Details, an die sich unsere Kinder später gerne erinnern – und wir auch. Das ist pures Gold für unsere Beziehungen.

Ich finde es für Eltern immer wichtig, zwar Strategien zu haben, Situationen kreativ und spielerisch zu lösen. Gleichzeitig sollten wir aufpassen, dass wir uns selbst nicht damit überfordern, dass jede Pflicht in ein Spaß- und Spielprogramm verpackt werden muss. Überprüfe dich hier auch selbst, ob du das nur tust, um Konflikten aus dem Weg zu gehen.

Sorge für Überblick und Orientierung

Kinder müssen erst noch die Fähigkeit entwickeln und stärken, einen Überblick für bestimmte Abläufe und Routinen zu bekommen und zu behalten. Hier können Checklisten und Tages- oder Wochenpläne unterstützen. Anhand dieser Listen oder Pläne kann dein Kind im Vorfeld sehen, was ansteht und zu erledigen ist – das schafft Klarheit, Orientierung und Sicherheit. Zudem veranschaulichen diese Pläne, was zu tun ist und dein Kind muss nicht alle Schritte behalten. Wichtiger Aspekt: Benutze diese Hilfsmittel nicht als Belohnungssystem, da diese Systeme die intrinsische Motivation hemmen und auf ein Leistungsstreben konditionieren, das den Selbstwert nicht konstruktiv und nachhaltig speist.

Dein Kind wird trotzdem einen Anreiz haben, die Punkte zu erledigen, da das menschliche Gehirn einfach so funktioniert, dass es mit großer Vorliebe „offene Kreise" schließt. Außerdem unterstützt die Übersicht dein Kind dabei eigenständig zu sein – was alle Kinder anstreben. Ihr könnt den Plan oder die Liste auch gemeinsam gestalten oder aufhängen und ein Projekt daraus machen, das euch Verbindungszeit schenkt und Spaß macht.

Das Problem mit Körperpflege und Zähneputzen

Ich bin ganz offen zu dir: Ich habe noch kein Kind im Kita- oder Grundschulalter getroffen, das wirklich einen Sinn für Körperpflege, geputzte Zähne und saubere Kleidung hatte. Sie spielen für unsere Kinder einfach keine Rolle – und das ist auch gar nicht verwunderlich. Die Gehirne von uns Erwachsenen haben die Fähigkeit, Wissen, Erfahrungen und mögliche Folgen in unsere Entscheidungen einfließen zu lassen. Das alles wird benötigt, wenn wir uns beispielsweise zum Zähneputzen motivieren oder auf saubere Hände und Kleidung achten. Auch dir ist all das während deines Heranwachsens irgendwann wichtiger geworden. Das immer wieder gedanklich zu berücksichtigen, kann enorm helfen, nachsichtiger mit unseren Kindern zu sein. Das bedeutet nicht, dass sie sich dann nicht waschen und die Zähne nicht putzen müssen. Aber eine nachsichtige Haltung beendet Machtkämpfe und schafft Raum für Wege, die für alle funktionieren.

Kommt es dir aktuell wie der immergleiche Kampf vor? Dein Kind will sich partout nicht die Zähne putzen, es kommt nicht, wenn du es dazu rufst, lässt dich nicht nachputzen und verweigert sich? Auch Händewaschen und Co. sind immer schwierig. Lies dazu auch das Kapitel „Dein Kind macht nicht mit“. Gleichzeitig betrachten wir hier die Situation ganz praktisch. Ich fokussiere mich hier vor allem auf das Zähneputzen. Die Herangehensweisen und die Haltung dazu lassen sich aber auch auf andere Situationen der Körperpflege übertragen.

Empfindlicher Kindermund

Kinderzahnfleisch ist sehr empfindlich und Zahnbürstenköpfe sind hingegen oft ziemlich hart. Das Gefühl im Mund deines Kindes kann schlichtweg ziemlich unangenehm bis schmerzhaft sein. Wenn wir als Eltern dann noch nachputzen, gelingt es uns mit Sicherheit nicht immer, hinreichend vorsichtig und sanft zu sein. Diese Situation kann einfach beklemmend für ein Kind sein, zumal sie oft auch konträr zum Autonomiebedürfnis der Kinder verläuft: Ich möchte selbst entscheiden und ich möchte über meinen Körper bestimmen.

Da ist es nicht verwunderlich, dass Zähneputzen echt unbeliebt ist. All das kannst du in dem Konflikt darum ein bisschen mitdenken, mitfühlen und vor allem auch verständnisvoll äußern. Allein wenn dein Kind spürt, dass du es ernst nimmst und mitfühlst, was es selbst fühlt, kann das die Situation schon entspannen und deinem Kind mehr Kooperation ermöglichen.

Macht es euch so angenehm wie möglich

In vielen Momenten kann es helfen, die lästige Pflicht zu einem Spiel zu machen. Dazu braucht es oft gar nicht viel. Ihr könnt das Setting wechseln und am Fenster Zähne putzen, euch dabei in Zeitlupe bewegen, gegenseitig die Zähne putzen oder auf einem Bein stehen. Sicherlich hat dein Kind auch eigene gute Ideen dafür. Frag es in einem entspannten Moment danach und nicht, wenn ihr schon ums Zähneputzen oder Waschen diskutiert. Manchmal kann es auch helfen, dein Kind Zahnbürste, Zahncreme, Waschlappen und Duschgel oder Badezusatz selbst aussuchen zu lassen. Auch ein Spiegel in Kinderaugenhöhe und ein Hocker vor dem Waschbecken helfen vielen Kindern, die Abläufe interessanter und selbstbestimmter zu gestalten.

Dein Kind ist in einer Situation überhaupt nicht zum Waschen oder gar Zähne putzen zu bewegen? Lass los und nimm den Druck raus. Einmal ungewaschen aus dem Haus oder ins Bett zu gehen bedeutet keine gesundheitliche oder hygienische Katastrophe. Zudem klappt es vielleicht in zehn Minuten, wenn du die Zeit dafür hast. Du kannst sonst auch einfach einen feuchten Waschlappen und die Zahnbürste in einer Brotdose mitnehmen. Wenn der Stress vorüber ist und ihr in einer anderen Situation seid, ist es oftmals viel leichter. Ich kann dir sagen, dass ich schon sehr oft mit verschiedenen Waschutensilien das Haus verlassen habe. Je älter meine Kinder wurden, desto seltener wurden auch diese Momente.

Konfliktpunkt Familientisch

Mahlzeiten mit Kind können anstrengend sein. Insbesondere das Frühstück ist für viele Eltern eine Herausforderung. Hier geraten wir schnell zeitlich unter Druck, wenn die Kinder pünktlich in Kita oder Schule und Eltern bei der Arbeit sein möchten. Doch auch zu anderen Zeitpunkten kommt es am Familientisch und beim Thema Essen oft zu Konflikten.

Wir blicken jetzt auf Situationen, die zu Ärger und Streit führen können, und beleuchten, was dahinterstecken kann und wie du damit umgehen kannst.

Nichts schmeckt

Dein Kind nimmt am Esstisch Platz. Doch anstatt dass eure gemeinsame Mahlzeit entspannt beginnt, wird es schwierig. Dein Kind kann sich entweder nicht entscheiden, was es essen möchte oder es hat an allem, was du anbietest, etwas auszusetzen. Du gerätst innerlich unter Stress. Vielleicht machst du dir Sorgen, ob dein Kind gestärkt genug in den Tag geht, oder du befürchtest, es isst sich am Abend nicht satt und kann nicht gut ein- oder durchschlafen. Das ist verständlich und wenn wir ein kleines Stück hinter diese Gedanken und Gefühle blicken, sehen wir oft, dass sie über die Essenssituation hinausreichen: Sie erzählen etwas über unsere eigene Belastung und unseren Wunsch nach Ruhe und Erholung am Abend und in der Nacht. Und auch über die Sorge, ob es unseren Kindern gut genug geht, wenn sie nicht bei uns sind, und ob wir sie gut genug versorgen.

Du siehst, die Mahlzeit ist hier lediglich der Zeitpunkt, an dem tieferliegende Themen an die Oberfläche treten. Wenn wir uns dann nur mit unseren Kindern um Nudeln und Brotbeläge streiten, belasten wir nicht nur unsere Beziehung. Wir lösen darüber hinaus auch nicht die eigentlichen Probleme: zu lernen, mit unserer Zeit und Kraft achtsamer umzugehen und das Vertrauen in unsere Kompetenzen als Eltern zu stärken. Denn wenn wir uns um diese Aspekte kümmern, können wir wesentlich gelassener mit allem anderen umgehen.

DRINGE OHNE DRUCK ZUM KERN DER SACHE VOR

Nimm dir ein paar ruhige Minuten, denk an die Situation, die dich stresst und frage dich: Was steckt dahinter? Was bereitet mir Sorgen? Beobachte, welche Antworten kommen und frage immer weiter nach: Was bereitet mir außerdem Sorgen? Und was noch? Wiederhole insbesondere die „Was noch"-Frage mindestens vier Mal. Dann dringst du zum Kern der Sache vor.

Wenn dir dann beispielsweise bewusst wird, dass eure Streitigkeiten viel mit deiner eigenen Erschöpfung zu tun haben, nimm das erstmal so an. Auch wenn es seltsam klingt: Freu dich darüber, dass du das nun so klar hast, diese Erkenntnis ist viel wert und der Schlüssel zu weniger Streit mit deinem Kind. Überfordere dich nicht sofort mit dem Anspruch, eine Lösung finden zu müssen.

Verabrede dich in einigen Tagen wieder mit dir selbst, stell dir eine Erinnerung in deinem Handy ein oder schreib sie dir in deinen Kalender. An diesem Termin beginnst du dann, Lösungsideen zu sammeln und zu notieren. Stress dich nicht, du musst nicht alles sofort verändern. Suche eher nach den winzig kleinen Veränderungen, die dafür aber machbar sind. Du kannst dazu zum Beispiel die 30-Tage-Challenge aus meinem Buch „Einatmen. Ausatmen. Mutter sein." nutzen.

Ernährung hat auch immer etwas mit unserem seelischen Grundbedürfnis nach Autonomie zu tun: Wir möchten selbst über uns und unseren Körper bestimmen – das gilt auch für unsere Kinder.

Kinder sind in ihrer Entwicklung unter anderem damit beschäftigt, ihre Persönlichkeit auszuprägen, eigenständig zu werden, sich von ihren Eltern zu lösen und zu lernen, ihre Impulse wahrzunehmen und mit ihnen umzugehen. Dafür brauchen sie ihr Bestreben nach Autonomie und eine Verbindung zu sich und ihrem Körper. Dazu gehört es auch, zu merken, wann man Hunger hat und satt ist sowie die Möglichkeit, sich selbst zu entscheiden – beispielsweise fürs Essen.

Fehlt es an Raum für Autonomie?

Vielleicht fühlt sich dein Kind in seinem Alltag aus irgendeinem Grund gerade zu sehr in seiner Autonomie begrenzt. Das passiert ohnehin zwangsläufig, weil Kindern aus unterschiedlichen Gründen noch gar nicht so viel möglich ist wie Erwachsenen. Das ist für Kinder deutlich spürbar und oft frustrierend. Hinzu kommen Verpflichtungen, die aus den Systemen der Erwachsenen stammen: Kita- und Schulbesuch, Tagesabläufe, die sich an Arbeitszeiten ausrichten, Regeln und Vorschriften. Wenn wir genau hinsehen, bleibt manchmal nur noch sehr wenig Raum für autonome Entscheidungen von Kindern. Dann kann es sein, dass sich das Thema an den Familientisch verlagert und Kinder an dieser Stelle beginnen, unbewusst für die Erfüllung ihres Autonomiebedürfnisses zu sorgen. Eigentlich eine sehr kluge Strategie des kindlichen Unterbewusstseins.

Das können die Beweggründe deines Kindes sein. Sie sind deinem Kind nicht bewusst, aber sie können dir helfen, dich besser in dein Kind hineinzuversetzen und für es in Worte zu fassen, was gerade los ist:
„Ich will selbst über meinen Körper bestimmen und darüber, wann ich esse und was.“
„Ich bin überfordert damit, sofort zum Essen zu kommen, wenn du es willst.“

„Ich möchte gerne beim Essen dabei sein, will aber auch selbst entscheiden.“

Oft lösen sich diese Konflikte, wenn wir den Kindern im Alltag anderweitig mehr Raum für eigene Entscheidungen einräumen und Termindruck rausnehmen. Für die Situationen, die die Mahlzeiten konkret betreffen, hilft vor allem erstmal eine große Portion Akzeptanz und Gelassenheit, um nicht in einen Kampf zu geraten, der auf Kosten eurer Beziehung geht, oder Kämpfe zu beenden, die vielleicht bereits entbrannt sind. Äußere das: *„Ich sehe, du kannst oder möchtest gerade nicht anders. Das ist okay.“* Im nächsten Schritt kannst du dann in einer entspannten Situation mit deinem Kind ins Gespräch gehen. Lies dazu auch den Abschnitt im Werkzeugkasten-Kapitel.

IN VERBINDUNG BRINGEN

Mach dir bewusst, dass dein Kind nicht gegen dich arbeitet, sondern im Zweifelsfall für sich und seine Bedürfnisse. Dein Kind möchte mit dir in Verbindung sein, denn auch das gehört zu seinen seelischen Grundbedürfnissen. Lade dein Kind liebevoll an den Tisch ein: *„Es ist okay, wenn du nichts essen möchtest. Ich freu mich, wenn du dabei bist, denn ich habe dich gerne bei mir.“* Dann geht es um die Gemeinschaft und darum, dass ihr füreinander wertvoll seid. Wahrscheinlich wird dein Kind dann am Esstisch Platz nehmen. Selbst wenn das nicht geschieht, hat es gehört und gespürt, dass es dir wichtig ist. Das stärkt eure Beziehung.

Wenn ihr immer wieder morgens aneinandergeratet, weil dein Kind nichts frühstücken möchte, mach dir bewusst, dass es sehr individuell ist, ob man morgens Hunger hat oder nicht. Viele von uns haben im Kopf, dass das Frühstück die wichtigste Mahlzeit des Tages ist. Das macht verständlicherweise Druck, ist aber eine Botschaft, die aus der Werbung stammt. Vielleicht hat dein Kind einfach kurz nach dem Aufwachen noch keinen richtigen Appetit und muss erstmal im Tag ankommen. Möglicherweise könnt ihr erst noch andere Punkte wie Waschen und Anziehen erledigen oder dein Kind kann unterwegs beziehungsweise in der Kita oder der Schule frühstücken. Überprüfe deine Gedanken, Glaubenssätze und Sorgen zum Thema Frühstück und Essen im Allgemeinen und traue dich, sie zu hinterfragen, loszulassen und andere Möglichkeiten auszuprobieren.

Wenn der Druck zu hoch ist

Wenn dein Kind sich bei einer Mahlzeit nicht für etwas entscheiden kann, herrschen vielleicht ein zu großer Druck und zu hohe Erwartungen. Das kann die Mahlzeiten betreffen, weil dein Kind durch vorangegangene Konflikte weiß, wie wichtig dir das Thema ist. Dieser Stress kann sich aber auch aus anderen Lebensbereichen unserer Kinder, wie zum Beispiel der Schule, auf das Essen übertragen. Nimm sein Verhalten als wertvolle Information und halte nach Möglichkeiten Ausschau, den Alltag ein wenig zu entstressen, das Tempo zu senken, mit deinem Kind zu fühlen und dein Mitgefühl zu äußern. Nimm dir hierzu auch das Zurückspulen aus dem Kapitel „Werkzeugkasten für eure starke Beziehung“ zur Hilfe.

Auch trubelige Tischszenarien mit Unruhe, viel Bewegung und Lautstärke können für Kinder so stressig sein, dass sie nicht essen können oder wollen. Frag dein Kind, wie es ihm bei euren gemeinsamen Mahlzeiten geht. Bring mehr Ruhe und Regelmäßigkeit in die gemeinsame Zeit am Tisch, sucht euch ein Startritual, zündet eine Kerze an und überlegt auch gemeinsam in der Familie, wie ihr euch die gemeinsame Mahlzeit wünscht. Vielleicht kommt ihr dabei auf keinen gemeinsamen Nenner. Dann kann es für eine Weile eine

Lösung sein, eben nicht mit allen gemeinsam zu essen, sondern ein wenig entzerrter. Das ist eine Phase, die vorübergehen wird.

DAS BEDÜRFNIS DAHINTER

In meiner Beratung hat mir eine Frau berichtet, dass eines ihrer Kinder während des gemeinsamen Essens der vierköpfigen Familie immerzu auf ihrem Schoß sitzen wollte. Manchmal hielt der Fünfjährige ihr auch den Mund zu. Verständlicherweise war das für die Mutter anstrengend und unangenehm. Wir lenkten dann den Blick weg von ihr und ihrem Gefühl auf ihr Kind: Offenbar suchte da ein kleiner Mensch nach Sicherheit und Verbindung, die durch Nähe zustande kommt, und signalisierte mit seinem gesamten Verhalten, dass es zu unruhig ist.

Wir werden solche Situationen nicht durch Erklären, Auffordern, Locken und Drohen verändern. Wir können nur dann wirklich Einfluss nehmen, wenn wir erkennen, was unsere Kinder allein durch ihr Verhalten zum Ausdruck bringen können und so unter die Oberfläche tauchen.

Überforderung vermeiden

Insbesondere jüngere Kinder sind bei zu großer Auswahl schnell überfordert. Halte das Angebot also überschaubar: Stelle beispielsweise zwei oder drei Beläge zur Auswahl oder lasse etwa zwischen Müsli und Brot entscheiden. Überfordere auch dich selbst nicht: Viele Eltern kommen irgendwann an den Punkt, die Mahlzeiten in erster Linie für sich selbst zuzubereiten und es zu akzeptieren, wenn ihre Kinder dann alternativ ein Brot oder eher die Beilagen essen. Mach dir auch bewusst, dass eine so breite Lebensmittelauswahl, wie sie uns heute zur Verfügung steht, nicht zu dem passt, was evolutionär in uns Menschen verankert ist. In der Steinzeit, die immer noch in unseren Genen und unserem Gehirn festgeschrieben ist, war es sicher, nur Dinge zu essen, mit denen man vertraut war und die man einschätzen konnte. Kinder folgen diesem evolutionären Code oft viele Jahre lang, bis sie ihre Auswahl irgendwann erweitern.

Erinnere dich daran, welche Lebensmittel du als Kind mochtest oder nicht mochtest. Überlege dir dann, wie es heute ist. Mit Sicherheit hat sich der Plan der Speisen, die du zu dir nimmst und die dir schmecken, enorm verändert. Außerdem kannst du dir heute als erwachsener Mensch auch deine Fähigkeit zu rationalen Entscheidungen zunutze machen, die dir vermutlich oft dabei hilft, dich vielseitig zu ernähren. Dein Kind entwickelt und trainiert diese Fähigkeit noch.

MACH AUS SPEISEPLAN UND KOCHEN EIN GEMEINSAMES PROJEKT

Setzt euch in einem ruhigen Moment zusammen und besprecht, was dein Kind mag. Schreibt gemeinsam einen Plan mit Speisen, die es mag, und geht zusammen einkaufen. Du kannst dein Kind auch beim Kochen miteinbeziehen. Schon habt ihr ein gemeinsames Projekt, das euch in Verbindung bringt, bei dem dein Kind wichtige Dinge lernen und üben und bei dem es sich selbstwirksam spüren kann.

Oftmals essen Kinder auch die Speisen eher, die sie selbst zubereitet haben, weil sie Stolz und Freude über ihr Werk empfinden.

Habe Vertrauen: Kinder können körperliche Empfindungen und ihr Hunger- und Sättigungsgefühl noch sehr ungetrübt und deutlich wahrnehmen. Trau deinem Kind zu, zu spüren, wann es was braucht, sei aber auch nachsichtig mit dir selbst: Wir alle geben uns jeden Tag Mühe, unsere Kinder ausgewogen und vielseitig zu ernähren. Das ist ein gutes und wichtiges Ziel, das aber auch ganz schön Stress erzeugen kann.

Wenn du eure Gesamtbilanz in Sachen Ernährung im Blick hast, wird dein Kind ziemlich sicher alle Nährstoffe bekommen, die es braucht, um sich gesund zu entwickeln. Oft essen Kinder in der Kita oder der Schule auch viel besser als zu Hause und probieren dort Speisen, die sie in deiner Gegenwart niemals anrühren würden – freu dich darüber.

Tischmanieren und Benimm

Wenn du mit deinem Kind gemeinsam isst, sitzen oft noch ungeladene Gäste mit am Tisch: Sorgen, Befürchtungen und eigene Erfahrungen von früher. Wenn du dein Kind etwa lustlos im Essen stochern oder mit Nudeln spielen siehst, reisen deine Gedanken zuweilen in die Zukunft, während deine Gefühle aus der Vergangenheit herbeikommen, in denen du selbst Ärger für solches Verhalten bekommen hast. Begegnen dir solche Gedanken?
„Wird mein Kind es jemals lernen?"
„Ich muss meinem Kind doch beibringen, sich gut zu benehmen, sonst wird es oder werde ich abgelehnt."
„Was sollen die Leute denken, wenn sie mein Kind so essen sehen?"

Wir alle haben zu unterschiedlichen Zeitpunkten diese kleine strenge Stimme im Kopf, die uns lenkt und beeinflusst. Doch sie ist nicht immer ein guter Berater, sie ist oft Verursacher von Stress und Druck. Gesellschaftliche Gepflogenheiten sind ein Lernprozess, für den dein Kind Zeit braucht – und vermutlich mehr, als du ihm oft unbewusst zugestehst. Erinnerst du dich vielleicht selbst noch daran,

wie der Rahmen bei euren Mahlzeiten früher war? War er sehr streng und eng und du musstest eine oder mehrere der folgenden Regeln einhalten?
„Sitz gerade und nimm die Ellbogen vom Tisch."
„Beim Essen spricht man nicht."
„Es wird nicht mit den Fingern gegessen."
„Du musst deinen Teller leer essen."
„Du musst sitzen bleiben, bis alle aufgegessen haben."

Wenn das die Regeln sind, die du selbst als Kind befolgen musstest, weil du ansonsten Ärger bekommen hast, ist dein innerer Druck nachvollziehbar. Auch den Wunsch, den du für dein Kind hast, kann ich sehr gut nachvollziehen: Es soll ein anerkanntes Mitglied der Gesellschaft sein, das weiß, wie es sich in Gruppen und gegenüber anderen Menschen verhalten soll.

Du darfst loslassen: Dein Kind möchte das auch, es liegt in ihm. Es lernt durch dein Vorbild von ganz allein, und sein Weg zum Ziel führt über Ausprobieren und liebevolle Beziehungen. Hör auf, dich, dein Kind und eure Familie zu vergleichen. Wenn wir uns vergleichen, wählen wir winzig kleine Momentausschnitte aus dem Leben der anderen, um daraus Maßstäbe für uns zu erschaffen, die für uns einfach nicht funktionieren können. Vergleichen macht in der Regel immer unglücklich – auch in anderen Bereichen der Elternschaft und des Lebens. Ich weiß, wie schwer es ist, insbesondere im Hinblick auf das Essen und den Familientisch loszulassen.

Vertrau dir und deinem Kind. Hinterfrage Regeln und erkläre deinem Kind, warum dir gewisse Punkte wichtig sind. Sei dabei authentisch und sprich von dir: Es ist dann für dein Kind viel leichter dich zu verstehen und mit dir zu kooperieren. *„Mir sind Lebensmittel wichtig, ich möchte, dass wir gut mit ihnen umgehen"* anstatt *„Mit Essen spielt man nicht"*. Dein Kind interessiert sich für dich, wer „man" ist,

ist nur schwer greifbar und nicht authentisch. Überprüfe aber auch deine Erwartungen an dein Kind und ob diese wirklich realistisch sind.

Dein Kind kommt nicht zum Tisch und bleibt nicht sitzen

Du hast gekocht, eine Mahlzeit zubereitet und damit Mühe, Zeit und auch Geld investiert. Anstatt zum Essen zu kommen, wenn du es rufst, spielt dein Kind aber lieber weiter. Wenn es dann am Tisch sitzt, ist die Ruhe nur von kurzer Dauer, es springt schon nach kurzer Zeit wieder auf oder ist so unruhig, dass es dich regelmäßig alle Kraft kostet, nicht laut zu werden. Zunächst einmal vorab: Damit bist du nicht allein. Wir haben in meinem Gruppenprogramm einen extra Themenabend zu dieser und ähnlichen Situationen, weil sie in so vielen Familien zu Konflikten führen.

Das ist nicht verwunderlich, wenn wir uns folgende Aspekte ansehen: Wir alle haben Vorstellungen von gemeinsamen Familienmahlzeiten, die sich aus verschiedenen Quellen speisen. Die eigene Erziehung, Bilder aus den Medien und Erwartungen der Gesellschaft sitzen oft mit uns am Tisch. So entsteht in uns ein Anspruch, dem die Lebensrealität mit Kindern unmöglich gewachsen ist. Wir vergessen über all unseren Sorgen und Ansprüchen zu bedenken, wozu unsere Kinder hinsichtlich ihrer Entwicklung und ihrer individuellen gegenwärtigen Situation überhaupt in der Lage sind.

Sei ganz ehrlich zu dir selbst: Nimmst du es persönlich, dass dein Kind nicht kommt, und empfindest sein Verhalten als Mangel an Wertschätzung und Respekt? Einem Erwachsenen gegenüber wären solche Gefühle nachvollziehbar, da er kognitiv in der Lage ist, einzuschätzen, wie viel Mühe du dir gemacht hast und was dir ein gemeinsames Essen bedeutet. Deinem Kind fehlt dazu einfach die Erfahrung und je nach Alter ist es auch nicht in der Lage, sich in dich hineinzuversetzen.

LEGE DEN FOKUS AUF EURE GUTE BEZIEHUNG

Sag deinem Kind nicht, dass du dich ärgerst, wenn es nicht kommt, sondern, dass du es am Familientisch vermisst und dass du es schön findest, wenn es bei gemeinsamen Mahlzeiten dabei ist. Dann geht es um eure Verbindung und dein Kind erfährt Wertschätzung. Schließlich ist es doch insbesondere das, worum es uns bei Familienmahlzeiten geht: um die Gemeinschaft.

Wenn dein Kind sich regelmäßig festspielt, beginne früher, es auf den Übergang zum Essen vorzubereiten. Gehe zu deinem Kind und nimm Kontakt auf, anstatt es aus der Küche heraus zu rufen. Blick ihm in die Augen, berühre es an der Schulter. Vielleicht fragst du es, was es gerade spielt oder tut, tauche kurz in seinen Kosmos ein. Spielen bedeutet lernen, die Welt entdecken und das Leben „üben". Dein Kind ist immer im Hier und Jetzt und was es in diesem Moment tut, hat absolute Priorität – was für eine großartige Fähigkeit, oder? Wir Erwachsenen müssen uns oftmals sehr bemühen, sie zurückzuerlangen.

Geht es um Verbindung oder um Selbstbestimmung?

Vielleicht wünscht sich dein Kind auch, dass ihr gemeinsam spielt und es kommt deswegen nicht zum Essen. Wenn du spürst, dass für dich dieser Zeitpunkt gerade nur schwer machbar ist, sprich mit deinem Kind: *„Du wünschst dir, dass ich mit dir spiele und wir Zeit miteinander verbringen, deswegen kommst du nicht zum Essen, oder?"*

Wenn dein Kind das bejaht, kannst du über dich sprechen: *„Das kann ich verstehen, ich bin auch gerne mit dir zusammen. Aber ich habe Hunger und möchte mich ums Essen kümmern, damit wir alle essen können. Hast du eine Idee, wie wir das hinbekommen können?“* Möglicherweise bekommst du in diesem Gespräch auch heraus, dass es deinem Kind um Autonomie geht und es selbst bestimmen möchte, wann es zum Essen kommt. Dann könnt ihr auch dafür gemeinsame Überlegungen anstellen.

Kannst du für den Augenblick loslassen? Wenn eure Atmosphäre bei Tisch angenehm ist und Freude bereitet, entwickeln gemeinsame Mahlzeiten eine Sogkraft. Dann kommt dein Kind gerne zum Essen und bleibt länger sitzen, weil es schön ist, mit der Familie zusammen zu sein. Und selbst dann gibt es manchmal Ausnahmen, weil Tage trubelig und Bedürfnisse unterschiedlich sind. Wenn das Thema gemeinsames Essen ohne Druck und Strafe bleibt, wird dein Kind die meiste Zeit vollkommen freiwillig und gern daran teilnehmen. Du hast den Eindruck, es steckt mehr dahinter und dein Kind verweigert sich? Lies dazu auch das Kapitel „Dein Kind macht nicht mit“.

GESTALTET GEMEINSAM EINE MAHLZEIT

Sucht als Familie gemeinsam eine Mahlzeit aus, die ihr am Tag gemeinsam gestaltet. Für viele Familien eignet sich das Abendessen aufgrund von Arbeits- und Betreuungszeiten dafür am besten. Beziehe dein Kind in die Vorbereitungen mit ein: Es kann den Tisch decken und je nach Alter mit oder ohne Fingerschutz Gemüse schneiden. Alle Menschen lieben es, hilfreich zu sein und ihren Beitrag zu leisten – insbesondere Kinder. Das motiviert und ermutigt sie nicht nur, so habt ihr auch Verbindungsmomente und gestaltet gemeinsam.

Süßigkeiten ohne Ende?

Eis vor dem Frühstück, Gummibärchen zwischendurch und direkt nach der Schule etwas zum Naschen – ein Thema, das wirklich viele Eltern in meinen Beratungen bewegt, ist neben dem Umgang mit Medien der Süßigkeitenverzehr. Ich kenne all das auch aus meinem eigenen Familienalltag. Letztendlich darf jede Familie für sich entscheiden, wie sie mit dem Thema umgeht, in welchem Rahmen es Süßigkeiten im Alltag gibt oder ob sie sich komplett an zuckerfreien Alternativen orientiert. Doch spätestens im Umgang mit Verwandten kann der eigene Standpunkt darüber, ob und wie viele Süßigkeiten für dein Kind okay sind, wieder zum Thema werden. Wir schauen uns jetzt beide Aspekte an: die Streitpunkte mit deinem Kind und wie du dich beispielsweise im Kontakt mit deinen Eltern oder Schwiegereltern abgrenzen kannst.

Sicherlich hast du schon bemerkt, dass dein Kind für Argumente und Erklärungen in Sachen Süßkram wenig empfänglich ist. Der gesamte kognitive Überbau, also die Gedanken um Zahngesundheit und gesunde Ernährung usw. ist Erwachsenen-Terrain. Du wirst im Heranwachsen deines Kindes vielleicht feststellen, dass ihm beispielsweise gesunde Zähne wichtiger werden. All das braucht aber viele Jahre an Reifung und Entwicklung. Die Erwartung, dass es mit Erklärungen und Regeln getan ist, ist einfach zu hoch und so werden Gespräche und Diskussionen darüber vermutlich mit euch durch Kindheit und Familienalltag reisen. Insgesamt hat das Thema gesunde Ernährung und der Verzehr von Süßigkeiten für viele Eltern einen hohen Stellenwert – und das ist gut so. Die Frage ist, wie gehen wir im Alltag damit um?

Wenn das Naschen ein Punkt ist, der dir sehr wichtig ist und der dich stark unter Druck setzt, mache dir zunächst deine Beweggründe klar. Wie bei einigen anderen Familienthemen auch, werden Süßigkeitenkonsum und Ernährung schnell zu Maßstäben, an denen Eltern unbewusst die Qualität ihrer Erziehung messen: *„Ich bin eine Raben-*

mutter/ein Rabenvater, wenn ich zu viel davon erlaube", *„Ich mache das nicht gut genug und richtig"* sind hier oft Druck erzeugende Gedanken. Selbstverständlich ist es wichtig, einen Blick auf die Ausgewogenheit unserer Ernährung zu haben. Gleichzeitig ist es wenig hilfreich, wenn Ansprüche und innerer Druck sich zwischen dich und dein Kind stellen und sich Fronten bilden, die sich verhärten.

Also werde dir zunächst deiner eigenen Glaubenssätze zum Thema Süßigkeiten bewusst und finde deinen Standpunkt. So kannst du mit Klarheit an der Seite deines Kindes sein. Bedeutet das, dass ihr nie wieder darüber streiten und diskutieren werdet? Natürlich nicht, aber du wirst dabei gelassener sein können, weil du dich sicherer und klarer fühlst. Fragen, die dir dabei helfen:

- Was sind deine Gedanken und Gefühle in Bezug auf Süßigkeiten?
- Woher stammen deine Gedanken und Vorstellungen zu diesem Thema?
- Was hast du selbst als Kind erlebt und inwiefern beeinflusst das deine Gedanken und Gefühle?
- Was möchtest du? Wie ist das Bild, das du vom Umgang mit Süßigkeiten in eurer Familie hast?

DARUM FRAGT DEIN KIND NACH SÜSSEM

Wann in deinem Kind der Reiz nach Süßigkeiten wach wird, kann ganz unterschiedlich sein. Zunächst einmal dürfen wir festhalten, dass allein auf der stofflichen Ebene Zucker für unseren Körper und unser Gehirn einen stark Reiz darstellt. Süßes in Form reifer Früchte und Beeren war in der Steinzeit nicht so unbegrenzt verfügbar, wie es heute in Form von Naschereien der Fall ist. Damals bedeutete das eine gute Gelegenheit, in kurzer Zeit an viel Energie und viele Vitamine zu kommen. Das menschliche Gehirn reagiert aber noch immer so versessen auf diese Möglichkeit.

Wir Erwachsenen dürfen uns auch immer bewusst machen, dass wir letztendlich diejenigen sind, die beispielsweise die Kekse oder Gummibärchen gekauft und in den Schrank gestellt haben, nach denen unsere Kinder ständig fragen. Oft ist es uns in den Situationen und der Menge nicht recht, doch die Kaufentscheidung haben wir getroffen. Wenn wir weniger Süßes in unseren Familien wollen, dürfen wir das vorleben. Natürlich bleibt das eine Herausforderung, da allein schon bunte Verpackungen, Werbebotschaften und das Umfeld Kinder immer wieder mit dem Süßigkeiten-Reiz konfrontieren.

Idealerweise können wir Erwachsenen uns da gut regulieren. Vielleicht weißt du aber selbst, wie verlockend die Tafel Schokolade in der Schublade oder die Tüte Chips im Schrank sein können – ich definitiv. Wie viel schwerer fällt es da unseren Kindern?

VIEL MEHR ALS NUR ERNÄHRUNG

Bereits die erste Nahrung unserer Kinder ist durch die Mutter- und die ihr nachempfundene Pre-Milch tendenziell eher süß. Außerdem bedeutet Stillen und Fläschchengeben unweigerlich noch so viel mehr als nur Ernährung. Babys mit Milch zu versorgen, bedeutet Nähe, Kuscheln, Sicherheit, Antwort auf das Bindungsbedürfnis, Beruhigung und so weiter. Wir dürfen uns also bewusst machen, dass Ernährung für uns Menschen nur schwer komplett von unseren Emotionen zu trennen ist und dass ein Prägen auf Süßes schon vom ersten Lebensmoment an geschieht.

Beobachte die Situationen in eurem Alltag, in denen dein Kind nach Süßigkeiten fragt. Wahrscheinlich wirst du mit der Zeit folgende Zusammenhänge feststellen:

- Dein Kind ist müde und möchte unbewusst die Erschöpfung kompensieren bzw. es benötigt einen Energieschub. Hier bewegt es sich im Feld des Sicherheitsbedürfnisses, zu dem auch Ruhe und Erholung gehören.
- Dein Kind weiß gerade nicht so genau, wohin mit sich und ist eigentlich auf der Suche nach Verbindung oder einer Beschäftigung. Hier geht es um Verbindung – entweder mit dir, sich selbst oder einem anderen Menschen.
- Dein Kind ist gestresst, frustriert und ihm fehlt unbewusst die Selbstwirksamkeit. Nun möchte es wenigstens über den Süßigkeitenkonsum bestimmen und so dafür sorgen, dass es ihm besser geht. Hier bewegt es sich im Feld des Autonomiebedürfnisses.
- Dein Kind hat Hunger. Es geht also um das konkrete körperliche Bedürfnis.

Eigentlich ganz kluge Strategien vom Unterbewusstsein unserer Kinder sich unerfüllte Bedürfnisse zu erfüllen, oder? Wenn du erkennst, worum es wirklich geht, kannst du das Verhalten deines Kindes lesen und auf einer tieferliegenden Ebene damit umgehen. Du kannst deine Vermutung benennen und ein Angebot machen: *„Ich habe den Eindruck, du weißt gerade nicht genau, was du machen sollst. Sollen wir etwas gemeinsam spielen?“* So lernt dein Kind mit der Zeit nicht nur den eigenen inneren Zustand zu erkennen und zu benennen, sondern lernt mit dir gemeinsam alternative Strategien, um damit umzugehen.

Ich persönlich finde es immer wichtig, nicht total dogmatisch zu sein, denn das wirft schnell Fragen auf und setzt unter Druck: Dürfen wir uns dann nie mit einem Stückchen Kuchen aufs Sofa kuscheln, wenn wir nach einem langen Tag in der Schule und bei der Arbeit erschöpft sind, weil wir dann abhängig davon werden, uns nur mit Süßem zu erholen? Das klingt vielleicht überspitzt, doch kommen solche Unsicherheiten schnell auf bei Eltern, die alles oder möglichst vieles richtig machen wollen. Bitte, entspannt euch unbedingt mit Kuchen auf dem Sofa, wenn euch danach ist, und feiert eine geschriebene Klassenarbeit mit einem Eis. Denn das, was im Mittelpunkt dabei steht, ist das gemeinsame Tun und das bewusste Zelebrieren des Augenblicks. Mach dir immer bewusst, wie wertvoll es allein ist, das Bedürfnis deines Kindes hinter seinem Verhalten zu erkennen und wie gut dir das bereits gelingt.

Wohlmeinenden Schenkern Grenzen setzen

Ich mache es mal ganz kurz und deutlich: deine Familie, deine Regeln. So klar und selbstbewusst darfst du für dich und dein Kind sein und es wird Momente geben, in denen du diese Klarheit benötigst. Mach dir innerlich bewusst, dass du nun die Erwachsene oder der Erwachsene bist, der sich beispielsweise von den eigenen Eltern abgrenzen darf. Du darfst deine Verwandtschaft mit auf deine beziehungsorientierte Reise nehmen. Schließlich steht bei ihnen vermutlich hinter der Idee, Süßigkeiten zu schenken, der Wunsch, deinem Kind eine Freude zu bereiten und schließlich auch das Bedürfnis, geliebt zu werden.

Insbesondere älteren Menschen fehlen oft Ideen, wie sie mit Kindern in Verbindung kommen können, wenn sie das Gefühl haben, nicht mehr mit ihnen toben und auf allen Vieren über den Boden krabbeln zu können. Hier darfst du unterstützen und es kann sehr bereichernd und verbindend sein, über die Wünsche und Bedürfnisse des Schenkenden ins Gespräch zu kommen und Alternativen zu finden. Denn

Kindern bedeutet Zeit, die sich Erwachsene für sie nehmen, und echtes Interesse viel mehr als jede Süßigkeit. Es ist die Beziehung, die zählt, ermutige eure Verwandtschaft, diese zu pflegen.

Du kannst dafür zum Beispiel sagen: *„Ich verstehe, dass du Paula eine Freude machen möchtest und mir ist die Gesundheit meiner Familie wichtig. Weißt du, worüber sich Paula freut? Darüber, dass du da bist, dich für sie interessierst, Zeit mit ihr verbringst und mit ihr spielst."*

So deutlich und offen mit deinem Umfeld zu sprechen kann sich ungewohnt anfühlen und dich anfangs ein wenig Mut kosten. Doch schenkst du deinem Kind und deinen Verwandten damit auch eine sehr wertvolle Möglichkeit, ihre Beziehung zu vertiefen und tiefer miteinander in den Kontakt zu kommen. Außerdem positionierst du dich und schützt eure Grenzen.

Du zollst damit nicht nur deinem Selbstwert und euren Werten als Familie Respekt. Du lebst dies deinem Kind damit auch immer und immer wieder automatisch vor – selbst wenn es bei solchen Gesprächen nicht unbedingt dabei ist. Es spürt und erlebt deine Haltung.

Dein Kind will nicht in Schule oder Kita

Aus meiner Arbeit mit Familien weiß ich, dass für die meisten Eltern der Stresspegel sprunghaft ansteigt, wenn ihre Kinder nicht in die Schule oder in die Kita wollen. Es gibt dabei nicht die eine pauschale Situation. Wir dürfen hierbei vielmehr unterscheiden, in welchen Momenten Kinder das äußern und gegebenenfalls auch wieder in die Vogelperspektive gehen, um uns „von oben" die Gesamtsituation anzuschauen.

Umgang mit dem eigenen Druck

Zunächst einmal wird in Momenten, in denen Kinder anscheinend ein Thema mit dem Schul- oder Kitabesuch haben, oft die eigene Belastung sichtbar. Die Erfüllung von Aufgaben, Pflichten und vielleicht auch die eigenen Erholungszeiten geraten in Gefahr. Das erhöht verständlicherweise Druck an Alltagspunkten, die ohnehin schon belastet sind. Zudem haben Eltern von Schulkindern nahezu unmittelbar vor Augen, dass es in Deutschland, Österreich und der Schweiz sowie in vielen anderen Ländern die Schulpflicht gibt – so geraten wir oft noch schneller unter Druck.

Sicherlich werden damit auch Erfahrungen aus der eigenen Schulzeit reaktiviert und Sätze wie *„Den Schulbesuch kann man sich nicht aussuchen“* hallen durch deinen Kopf. Ich weiß, dass es auch noch drastischere Aussagen gibt, die wir möglicherweise selbst gehört haben, die einigen Eltern in ihrer Hilflosigkeit vielleicht selbst schon über die Lippen gegangen sind: *„Wenn du nicht zur Schule gehst, kommt die Polizei und holt dich ab!“* Manchmal sagen Eltern dann auch, dass sie sich strafbar machen oder ins Gefängnis müssen, wenn die Kinder nicht in die Schule gehen.

So sehr ich den eigenen Stress und die elterliche Hilflosigkeit verstehen kann: Ich möchte an dieser Stelle ganz eindringlich davor warnen, die Kinder mit solchen Aussagen zum Schulbesuch zu bewegen. Sie erzeugen Angst, da Kinder nicht einordnen können, wie realistisch das Risiko, die Eltern so zu verlieren oder selbst mit der Polizei in Kontakt zu kommen, wirklich ist. Dadurch, dass die Polizei hier als „Vollstrecker“ der Konsequenz aufgeführt wird, wird das Vertrauen in eine Instanz geschädigt, die Kinder schützen soll und an die sie sich in Notsituationen wenden sollen. Auch wenn Eltern ihren Kindern in solchen Momenten sagen, dass Mama oder Papa dann nicht arbeiten und kein Geld verdienen können, passieren zwei fatale Dinge: Die gesamte Verantwortungslast wird auf das Kind geladen, das weder imstande ist, diese zu tragen noch dafür zuständig ist. Außerdem „behandeln“ wir hier nur das Symptom, ohne herauszufinden, worum es wirklich geht. Die Kinder sind also nicht nur maßlos überfordert, sondern bleiben auch allein mit dem eigentlichen Problem.

SELBSTLIEBE-IMPULS: NACHSICHT MIT DIR SELBST

Vielleicht hast du einen der genannten Sätze in der Vergangenheit schon benutzt. Bitte mache dir deswegen jetzt keinen Vorwurf, denn das verschlimmert deinen inneren Stress lediglich. Ja, für dein Kind und eure Beziehung ist das nicht ideal, aber sei bitte nachsichtig mit dir selbst. Du hast dich hilflos und unter Druck gefühlt. Jetzt findest du neue Strategien. Wenn du nun mitfühlend mit dir selbst bist, ebnest du den Weg dafür, dass du diese viel leichter anwenden kannst.

Tage- oder auch phasenweise Kita- und Schulunlust sind ziemlich alltäglich, schließlich sind wir auch nicht immer total motiviert, unsere Aufgaben und Pflichten zu erledigen. Zudem dürfen wir immer bedenken, dass das Schul- und Betreuungssystem, in dem wir uns gesellschaftlich bewegen, nichts ist, was unsere Kinder sich ausgedacht und ausgesucht haben. Erwachsene haben es ersonnen und bestimmen die Abläufe und die Gestaltung. Es ist also eine riesige Kooperationsleistung unserer Kinder, dass sie mehr oder weniger jeden Tag bereitwillig dort hingehen.

Wenn die Missstimmung wegen der Kita oder der Schule allerdings mit starken Emotionen, Tränen oder körperlichen Reaktionen wie Bauchweh einhergeht oder länger anhält, solltest du genauer hinschauen. Doch egal, in welcher Ausprägung sich der Wunsch zu Hause zu bleiben zeigt, sieh ihn immer als Hinweis auf etwas Tieferliegendes an.

Brücken bauen: Übergang und Abschied vorbereiten

Wenn dein Kind morgens äußert, nicht in die Kita oder Schule zu wollen, darfst du zunächst einmal bedenken, dass es sich hier auch wieder um einen Übergang handelt – und zwar um einen verhältnismäßig großen. Dein Kind verlässt nicht nur das Haus. Es löst sich auch aus eurer engen Verbindung, die Nähe und Sicherheit bedeutet und die dein Kind als sehr schön empfindet. Wenn es ungern in die Kita oder Schule geht, ist das auch immer eine große Zusage an eure Beziehung, denn da fühlt sich dein Kind offenbar am wohlsten und sichersten.

Der näher rückende Abschied kann je nach Tagesform diffuse unangenehme Empfindungen bis hin zu Bauchweh auslösen. Allein schon die Tatsache, dass es selbst nicht bewusst benennen kann, was los ist, macht es für dein Kind in dem Moment unangenehm.

SEI EMPATHISCH UND FÜHLE DICH EIN

Zeige deinem Kind Verständnis und Mitgefühl. Ich hoffe von Herzen, dass du jeden Tag Aufgaben und einer Arbeit nachgehen darfst, die du magst und zu denen du bewusst Ja gesagt hast. Stell dir einmal vor, du könntest dir grundsätzlich nichts von dem aussuchen, weder wo du arbeitest, noch was und zu welchen Zeiten. Vermutlich fühlt sich das ganz schön beklemmend an, oder? Bemerkenswert, wie unsere Kinder das jeden Tag bewältigen. Sag das deinem Kind bei Gelegenheit einmal und berichte ihm auch von dir. Sag ihm, dass es dir manchmal ganz ähnlich geht, und du keine Lust hast oder dich zu müde fühlst. Doch dass es sich gut anfühlt, wenn du dann erstmal da bist, du mit deinen Aufgaben begonnen hast und du dich freust und stolz auf dich bist, wenn du es geschafft hast.

Wenn du als Elternteil weißt, dass Übergänge und Trennungen auf Zeit eine Herausforderung für dein Kind sind, kannst du es dadurch begleiten. Oftmals braucht es dafür nicht mehr, als zu benennen, was dein Kind fühlt und nicht ausdrücken kann: *„Es ist gerade noch so schön hier und du möchtest dich noch gar nicht verabschieden."* Damit gibst du deinem Kind Sicherheit, weil es Orientierung über seine Empfindungen bekommt und sie einordnen kann. So kommt ihr in Verbindung, die du dann weiter stärken kannst: *„Das kann ich gut verstehen, ich finde es hier auch gerade total gemütlich und ich bin auch so gerne mit dir zusammen."* Vielleicht braucht es an dieser Stelle gar nicht mehr und dein Kind entspannt sich.

Ansonsten baust du jetzt noch emotional eine Brücke. Sie beginnt in dem Moment, in dem ihr euch befindet und euch noch habt und führt hin zu dem Augenblick, ab dem ihr wieder zusammen sein könnt: *„Weißt du, jetzt gerade müssen wir uns noch gar nicht verabschieden und haben es noch schön. Und nachher nach der Schule/Kita sehen wir uns wieder, dann hole ich dich ab und wir gehen zusammen auf den Spielplatz."* Du gibst also die Sicherheit, wann ihr euch wiedersehe, und gibst eine Aussicht darauf, was ihr dann gemeinsam tut.

EIN BEGLEITER MACHT ES EUCH LEICHTER

Auch Übergangsobjekte können hier helfen. Dein Kind kann zum Beispiel von zu Hause ein Spielzeug oder etwas, das euch verbindet, mitnehmen: ein Armband, ein Halstuch oder Ähnliches. Oftmals reicht es schon, diesen Begleiter mit auf den Schul- oder Kitaweg zu nehmen, vor Ort wird er dann gar nicht mehr benötigt. Du kannst deinem Kind auch ermutigende Worte auf einen kleinen Zettel schreiben oder ihr gebt euch gegenseitig ein paar Küsse auf die Hand, die mit euch durch den Tag gehen, bis ihr euch wiederhabt. Dieses Ritual verbindet euch und stärkt eure Beziehung.

Wenn du den Eindruck hast, dass mehr hinter der Unlust deines Kindes steckt, suche behutsam das Gespräch. Frage dein Kind, ob etwas passiert ist, was es jetzt so schwer macht, wieder in die Schule oder Kita zu gehen. Vielleicht gab es einen Konflikt mit einem anderen Kind oder einer Betreuungsperson oder es fühlt sich unverstanden und unter Druck. Finde heraus, welcher Stressfaktor es ihm gerade schwer macht. Versuche, eventuelle Konflikte im Gespräch mit Eltern, Erziehern oder Lehrern und den beteiligten Kindern zu lösen. Dein Kind braucht dich als Unterstützer an seiner Seite.

AUS MEINEN BERATUNGEN

In einer der Mentoringgruppen, die ich mit meinem Beraterteam begleite, erzählte einmal die Mutter einer achtjährigen Tochter. Das Mädchen ging nur äußerst widerwillig in die Schule; wenn es dann da war, sprach es mit keinem anderen Lehrer als mit der Klassenlehrerin. Der Mutter gelang es, sehr einfühlsam und wertschätzend mit der Situation umzugehen. In einem Gespräch fasste ihre Tochter ganz wunderbar in Worte, warum sie mit keinem Lehrer redete: *„Ich kenne noch nicht einmal das Lieblingstier von Herrn Müller!"* Wir Erwachsenen haben die Verantwortung, uns um die Beziehungen zu den Kindern zu bemühen, die Verbindung und das Vertrauen herzustellen – und das kann so einfach sein, wie die Worte des Mädchens zeigen. Wenn die Erwachsenen die Beziehungen in Schule und Kita persönlich und bewusst gestalten, gibt das vielen Kindern mehr Sicherheit, sich zu öffnen und mit den Abläufen zurechtzukommen.

Lässt dieser Ort dein Kind gedeihen?

Insbesondere im Schulsystem gibt es eine große Herausforderung. Vorherrschend ist ein Konzept, das mehr als 100 Jahre alt ist. Dieses eine Konzept wird auf Kinder angewandt, die sehr unterschiedlich sind – denn wir Menschen entwickeln uns nicht alle gleich und wir lernen auch nicht alle gleich. All das wissen wir heute und dennoch fehlt es eklatant an Veränderung und neuen Möglichkeiten, Kinder in ihrer Entwicklung individueller unterstützen zu können. Das sorgt für Druck und Frust bei Kindern, Eltern und Lehrern. Leider sind es nach wie vor die Kinder, von denen erwartet wird, sich anzupassen und damit das Problem zu lösen. Es werden Diagnosen gestellt, Kinder verlieren die Freude am Lernen und das Vertrauen in sich selbst. Dabei zeigen Kinder, die in der Schule nicht zurechtkommen, über ihr Verhalten lediglich, dass es ihnen nicht gut geht in einem System. Werden Kinder dafür bestraft und wird der Versuch unternommen, diese Kinder mit Maßnahmen an das System anzupassen, bleiben diese Kinder auf grausame Weise allein.

DEN BLICK AUF DEIN KIND VERÄNDERN

Es gibt die im Erziehungskontext sehr bekannte Analogie zwischen Kindern und Pflanzen. Bei einer Pflanze würden wir niemals der Pflanze die Verantwortung dafür übertragen, wenn sie nicht gut wächst und gedeiht. Wir würden immer die Bedingungen überprüfen: Hat sie so viel Wasser und Nährstoffe, wie sie braucht? Steht sie am richtigen Standort? Bei unseren Kindern geschieht dies leider viel zu selten. Stattdessen schieben wir die Verantwortung dafür, dass sie sich möglicherweise nicht so entwickeln, wie wir es erwarten und verlangen, auf sie – das ist ungerecht und überfordernd, da unsere Kinder dieser Verantwortung absolut nicht gewachsen sind.

Wenn wir uns bewusst machen, dass es grundsätzlich verschiedene Lerntypen gibt, ist es nicht verwunderlich, dass sich nicht jede Schulform für jedes Kind eignet. Mir ist bewusst, dass in der gegenwärtigen gesellschaftlichen Situation mit raren Betreuungsplätzen und komplexen Lebensmustern ein Kita- oder Schulwechsel alles andere als leicht ist. Deshalb ist das für viele Familien eine der allerletzten Lösungen, die im Raum stehen. Ich möchte dir ans Herz legen, diese Überlegung nicht von vornherein abzulehnen. Je nach Situation liegen vielleicht noch einige Jahre – und damit viele, viele Tage, Wochen und Monate – in dieser Schule oder auch in einer bestimmten Kita vor deinem Kind; Zeiten, die euren Alltag und das Leben deines Kindes mitprägen. Ein Kita- oder Schulwechsel kann ein Schritt sein, der vielleicht für einige Wochen euren Alltag auf den Kopf stellt, der deinem Kind allerdings für die folgenden Jahre viel Erleichterung und einen geeigneteren Entwicklungsraum bieten kann.

ÜBERSICHT GEWINNEN

Wichtig ist immer, alle Lösungsmöglichkeiten auf den Tisch zu holen und dann abzuwägen. Eine Visualisierung auf Papier oder bunten Karten kann in diesem Prozess auch helfen, sich alle Optionen vor Augen zu führen und bewusster abzuwägen und zu entscheiden. Manchmal reicht es auch schon zu sehen, dass es andere Möglichkeiten gibt. Dann schwindet dein eigener Druck und du kannst dadurch dein Kind zugewandter begleiten.

Trödeln und Zeit schinden – Stress beim Haus verlassen

Erscheint es uns Eltern nicht manchmal nahezu so, dass je eiliger wir es haben, umso dringlicher ein Termin ist, desto langsamer werden unsere Kinder? Oft entstehen diese zeitlichen Engpässe am Morgen. Doch auch an anderen Stellen des Tages, wie nach der Schule oder der Kita und in der Freizeit, begegnen sie uns wohl allen. Sicherlich fühlst du dich hilflos und ärgerst dich in solchen Momenten. Das ist verständlich, wenn dein Kind deinem Empfinden nach trödelt, sehr viele Aufforderungen benötigt und du dir am Ende nicht anders zu helfen weißt, als ein destruktives „Wenn-dann“ ertönen zu lassen. Immer wieder kommst du dir vor wie ein Antreiber, der nur genervt ist und herumkommandiert. Das ist anstrengend für alle Beteiligten und geht auf Kosten eurer Beziehung.

Langsamkeit als Schutz vor Überforderung

Tatsächlich sind wir Erwachsenen oft zu schnell für unsere Kinder und überfordern sie mit unserem Tempo. Wir vergessen in unserem anforderungsstarken Alltag immer wieder, dass sie kleine Menschen in Entwicklung sind. Viele alltägliche und für uns selbstverständliche Prozesse und Abläufe sind für sie noch nicht so überschaubar, flüssig abruf- und durchführbar wie für uns.

IN DEN PERSPEKTIVWECHSEL KOMMEN

Falls du einen Führerschein hast, erinnere dich einmal daran, wie deine ersten Fahrversuche waren. Vermutlich warst du ziemlich überfordert, es ruckelte an vielen Stellen und du warst froh, deinen Fahrlehrer neben dir zu haben, der dich unterstützt und aufpasst, dass alles sicher ist. Auch als ich schließlich meinen Führerschein hatte, waren meine Fahrten „in Freiheit" längere Zeit noch ganz schön herausfordernd. Unseren Kindern geht es ganz ähnlich und das über viele Jahre hinweg. Mach dir das bewusst, wenn es mal wieder länger dauert oder du bemerkst, dass deine Erwartungen an dein Kind offenbar zu hoch sind.

Wenn Kinder mit unserem Stress und Tempo überfordert sind, kann ihre Langsamkeit sowohl eine unbewusste Schutzstrategie als auch eine Folge des Drucks sein: Sie erstarren innerlich förmlich. Sie brauchen dann uns, die das erkennen, sich selbst regulieren und wieder Verbindung zu ihnen herstellen. Denn dann können wir sie emotional und vielleicht auch äußerlich an die Hand nehmen und gemeinsam aufbrechen – in die nächste Situation oder zur Schule usw. Halte hierfür zunächst inne und atme bewusst langsamer und tiefer.

Vielleicht nutzt du auch eine weitere Strategie aus dem Werkzeugkasten-Kapitel, wie zum Beispiel das bewusste Wahrnehmen deiner Sinne. Darüber hinaus kannst du auch innerlich rückwärts rechnen – zum Beispiel in Fünfer- oder Siebener-Schritten. Auch das beruhigt deine Gefühle.

Gehe dann zu deinem Kind, anstatt es über die Distanz zu rufen oder anzusprechen. Gehe auf seine Augenhöhe, nimm Körperkontakt auf, wenn es für dein Kind okay ist. Sprich sanft und verständnisvoll – wenn du dich vorher gut regulieren und deinen Stress stoppen konntest, ist dir das möglich und sehr hilfreich. Sag, was du beobachtest und vermutest: *„Das geht dir hier alles zu schnell und du kannst gerade gar nicht kommen und tun, was ich verlange, oder? Bitte entschuldige."* Entweder wird dein Kind dir zustimmen, sich etwas entspannen und vielleicht auch wieder den Weg zurück in die Kooperation finden. Vielleicht sagt es dir ansonsten auch, was der eigentliche Grund für sein Trödeln ist.

Du kannst dich dem, was dein Kind gerade tut oder möchte, zuwenden und es wertschätzen und anerkennen. Auch das kann den Weg ebnen, um die Situation zu verlassen und loszukommen.

LASS DEIN KIND SELBST ENTSCHEIDEN

Unsere Gedanken sind oft noch geprägt von Erziehungsansätzen früherer Generationen. Sätze wie *„Wenn du dein Kind damit durchkommen lässt, hast du verloren"* spuken auch durch unsere Köpfe. Oft haben Eltern Angst, ihren Kindern zu viel Mitbestimmungsraum zu geben, weil sie befürchten, dass sie dann rücksichtslos und unsozial werden. Doch um respektvoll und einfühlsam werden zu können, braucht es auch Respekt und Selbstbestimmtheit zu erfahren.

Eltern dürfen viel mehr Vertrauen darin haben, dass ihre Kinder „gut" sind und sich entsprechend entwickeln, wenn sie ihnen starke Vorbilder sind. Lass dein Kind also mitentscheiden, ob es sich eine Jacke anzieht oder nicht oder wann genau im Morgenablauf es seine Zähne putzt. Im Rahmen eures Alltags und der Möglichkeiten deines Kindes eigene Entscheidungen treffen zu dürfen, gehört und akzeptiert werden, zu erleben, dass du ihm und seinen Fähigkeiten – auch seiner Kooperationsbereitschaft – vertraust, ist wichtig und stärkend für dein Kind.

Wenn dir der Wechsel in die Perspektive deines Kindes an dieser Stelle schwerfällt, nutze eine der beiden folgenden Möglichkeiten dafür. Denn dann kommst du ins Mitgefühl und das ist eine Brücke zurück zu deinem Kind.

Erinnere dich an eine Situation mit deinem Kind – oder falls du Mutter oder Vater mehrerer Kinder bist, mit deinen Kindern. Denke an einen Moment, in dem dein Kind oder deine Kinder an dir gezogen haben, auf dich einredeten, gleichzeitig etwas von dir wollten und dir alles auf einmal zu viel und zu nah war.

Wenn dir keine solche Situation einfällt, kannst du auch einmal deinen Partner, deine Partnerin oder einen anderen Menschen, der dir nahesteht, bitten, mit dir diese Übung zu machen: Du stellst dich vor diese Person, entweder frontal oder du kehrst ihr den Rücken zu. Dann berührt dich dein Übungspartner, zieht an deinem Pulli oder deiner Hose, fasst deine Haare an oder sogar in dein Gesicht und das alles in hohem Tempo. Egal, welche Variante du nutzt, spüre danach in dich hinein, was du gefühlt hast. War das angenehm oder unangenehm? Hast du gespürt, dass Ärger, Wut und Hilflosigkeit in dir aufgestiegen sind?

Dieses gedankliche oder praktische Experiment kann dir helfen, dich in die Lage deines Kindes hineinzuversetzen. Wie oft handeln wir „auf die Schnelle", ziehen unsere Kinder ohne Ankündigung an oder aus, kommen ihnen sehr schnell sehr nah und stellen mehrere Forderungen gleichzeitig. Das kann überfordern oder auch grenzüberschreitend sein. Entschleunige dich und kleine und größere Abläufe und Situationen mit deinem Kind. Tue Dinge nacheinander und kündige an, was du machst. Sorge so für Orientierung und Raum, damit dein Kind sich orientieren kann. Gehe respektvoll mit Grenzen um, dann lernt dein Kind mit der Zeit ganz natürlich, dies auch selbst zu tun.

Schwierigkeiten mit Übergängen – oder ist es eine Kränkung?

Viele Kinder haben Schwierigkeiten mit Übergängen zwischen verschiedenen Aktivitäten, Situationen und Orten, sogar, wenn es dabei eigentlich um etwas Schönes geht, auf das sie sich freuen. Sie erwecken dann oft den Anschein, als würden sie nicht auf uns hören, würden trödeln oder sie reagieren sogar mit starken Gefühlen und körperlich sehr impulsiv, indem sie hauen oder treten. Haben sie den Übergang erst einmal bewältigt, ist wieder alles gut – bis zum nächsten Übergang. Das ist übrigens vollkommen entwicklungsgerecht – auch noch im Grundschulalter. Je reifer das Gehirn deines Kindes ist und je mehr konstruktive Erfahrungen es gesammelt hat, desto flexibler kann es reagieren.

BEREITE DEIN KIND VOR

Kündige Abläufe und Übergänge früh genug an und bereite dein Kind so vor – beim Navigationsgerät sind wir schließlich auch überrascht und überfordert, wenn wir zu plötzlich abbiegen müssen. Beachte dabei, das, was gleich geschieht, auch mehrmals hintereinander anzukündigen: *„In zehn Minuten ziehen wir uns die Schuhe an und gehen los."* Und dann wieder: *„In fünf Minuten ziehen wir uns die Schuhe an und gehen los."* usw. Es kann auch helfen, gemeinsam mit deinem Kind zu entscheiden, einen Timer oder Wecker zu stellen. Wenn der dann klingelt, ist der nächste Schritt dran. Sei aber auch hier nachsichtig: Das alles unterstützt dein Kind bei Übergängen und hilft ihm, nach und nach ein besseres Gefühl für zeitliche Abläufe zu entwickeln. Das bedeutet aber nicht, dass es dann immer reibungslos und ohne Konflikte funktioniert. Denn unsere Bedürfnisse sind innerhalb der Familie nun einmal unterschiedlich und nicht immer schaffen wir es sofort, einander entgegenzukommen.

Wechsel und Übergänge sind für viele und insbesondere für jüngere Kinder leichter, wenn sie etwas aus der Situation mitnehmen, in der sie gerade sind: ein Spielzeug, ein Buch, ein Armband von dir zum Beispiel. Dieser Gegenstand begleitet dein Kind dann in die nächste Situation und gibt ihm Sicherheit und eine kleine Rückverbindung zu dir oder an zu Hause.

Wenn dein Kind trödelt, nicht mitwill oder auch richtig wütend und heftig reagiert, ist es vielleicht gekränkt und verärgert und kann deswegen nicht anders reagieren. Dies kann durch zu hohes Tempo geschehen sein, so wie ich es im vorherigen Abschnitt beschrieben habe, oder auch durch etwas, das du gesagt, getan oder nicht getan hast.

SPULE ZURÜCK: WOHER KANN DER ÄRGER KOMMEN?

Denke immer daran, dass Kinder grundsätzlich kooperationsbereit sind und es immer einen Grund für ihr Verhalten gibt. Spule innerlich zurück und halte Ausschau nach den Ursachen. Frage dein Kind, ob und was es so verärgert hat. Manchmal können Kinder es auch schon selbst in diesen Situationen benennen.

Kinder haben feine Antennen, weil sie uns unbewusst von früh bis spät lesen, um auf uns reagieren zu können, um sich anzupassen und zu orientieren und um von uns zu lernen. Deswegen führen sie uns – ebenfalls unbewusst – auch immer wieder Konflikte vor Augen und machen sie mit ihrem Verhalten sichtbar. Sie sprechen damit Einladungen aus, auf uns selbst zu blicken und zu schauen, wo es wirklich hakt und warum. Das muss gar nicht immer etwas mit eurer Beziehung zu tun haben. Manchmal bekommen wir so auch Hinweise auf Punkte, die nur etwas mit uns selbst zu tun haben.

Vielleicht hast du selbst im Laufe deines Heranwachsens verlernt zu trödeln und in den Flow zu kommen mit Dingen, die dir Spaß machen. Dein Kind kann eine große Hilfe sein, deine eigenen alten Muster zu entdecken und dich aus ihnen lösen. Der erste Schritt ist immer, es zu bemerken und anzunehmen.

Ein bisschen mehr Zeit, Verbindung und Vorbereitung

Oft reicht es schon, 10 bis 15 Minuten früher aufzustehen, um den Morgen zu entspannen. Denn so hast du einen kleinen Puffer, um deinem Kind mehr Raum etwa für eigene Entscheidungen und sein eigenes Tempo zu lassen. Oder du kannst sogar noch einen gemeinsamen Moment für Verbindung einbauen, damit dein Kind emotional gestärkt in den Tag ohne dich starten kann.

Spielt dazu ein kurzes, abgeschlossenes Spiel, lest etwas oder kuschelt miteinander. Bereite abends vor, was du vorbereiten kannst: Lege Kleidung heraus, decke den Tisch, checkt, ob für die Schule alles klar ist. Alles, was abends schon erledigt ist, hat morgens nicht die Macht, euch Zeit zu rauben oder die Stimmung zu vermiesen.

Wenn du jetzt denkst, dass ihr morgens eigentlich mehr als genug Zeit habt und es dennoch stressig wird, kann es auch sein, dass es zu viel Zeit ist. Dann vertieft sich dein Kind vielleicht zu sehr in sein Spiel oder eine Beschäftigung oder dir fehlt unbewusst die Ausrichtung auf ein Ziel. Dann werden wir Eltern schnell schwammig und senden nicht die Signale aus, die es braucht, um mit einer bestimmten Energie irgendwann das Haus zu verlassen. Wir fangen vielleicht selbst an, ein wenig zu trödeln und verfallen schließlich in Stress, wenn es Richtung Haustür gehen muss.

Manchmal braucht es ein bisschen, bis wir das für unsere Familie stimmige Maß an Zeit gefunden haben. Zuweilen verändert sich dieses auch, wenn sich unsere Lebenssituationen verändern und unsere Kinder eine neue Entwicklungsphase erreicht haben.

Große Aufgaben in kleine Schritte unterteilen

Selbst wenn dein Kind sich schon eigenständig anziehen und bereit machen kann, das Haus zu verlassen, kann es ihm schwerfallen, diese Gesamtaufgabe zu meistern. Vielleicht ist es manchmal zu müde dazu oder es ist überfordert durch Formulierungen wie *„Mach dich bitte fertig, wir müssen los"*. Selbst im Grundschulalter ist es noch vollkommen normal, wenn wir Kindern eine komplexere Aufgabe in kleine Teilschritte aufschlüsseln müssen, damit sie sie bewältigen können:
„Zieh deine Hausschuhe aus und deine Schuhe an."
„Zieh deine Jacke an."
„Setz deine Mütze auf."

Auf jeden erfolgreichen Schritt folgt eine neue „Aufgabe". Das erscheint dir vielleicht mühsam. Mach dir bewusst, dass es nicht immer so sein wird und du dein Kind damit dabei unterstützt den Zeitpunkt zu erreichen, an dem es die kleinen Schritte nicht mehr benötigt.

Zoff rund ums Autofahren

Wie einfach war früher unser Leben, als wir noch ohne Kinder losgefahren sind. Ein Punkt, der eigentlich nur Eltern tragisch-komisch bewusst ist. Zum Auto laufen, einsteigen, hinsetzen, anschnallen und losfahren: Vielleicht kommt es dir so vor, dass das in eurem Familienalltag niemals glatt läuft.

Achte aber einmal ein paar Tage ganz bewusst darauf, ob es wirklich keine Ausnahmen gibt. Wenn es sie gibt, frage dich, was dann anders ist. Vielleicht stößt du auf erste Hinweise, wie du den Stress lösen kannst.

Vor allem mit jüngeren Kindern in der Autonomiephase erleben wir Eltern es immer wieder: Unser Kind möchte nicht ins Auto einsteigen. Wenn es schließlich alle ins Fahrzeug geschafft haben, möchte dein Kind nicht auf seinem Kindersitz sitzen oder sich nicht anschnallen lassen.

Wenn du dich daran erinnerst, worum es beim Autonomiebedürfnis geht, wird schnell klar, warum Stress und Reibung vor und beim Autofahren so häufig sind. Die Kinder sind eingeschränkt in ihren Bewegungs- und Entscheidungsmöglichkeiten.

Selbst entscheiden dürfen und Einfluss nehmen

Wenn aus irgendeinem Grund in eurem Alltag oder im Ablauf eines bestimmten Tages wenig Raum für das Autonomiebestreben deines Kindes ist, ist es ihm wahrscheinlich schlichtweg nicht möglich, sich an die Anforderungen vor oder während des Autofahrens anzupassen. Vielleicht braucht es in der Situation vor dem Auto ein bisschen mehr Zeit, sich selbst zu entscheiden. Das kann gelingen, wenn es die Möglichkeit hat, *„Nein, gleich …“* zu sagen – in dieser und in anderen Situationen.

Wenn unsere Kinder im Alltag selten die Gelegenheit haben, auch uns mal zu bewegen und auf uns Einfluss zu nehmen, ist das für sie eine Gelegenheit, darin einen Ausgleich zu finden. Denn zu erleben, dass sie Einfluss haben, ist eine existenziell wichtige Erfahrung für die gesunde Entwicklung unserer Kinder. Es ist jedoch auch vollkommen verständlich, dass es dich an dieser Stelle nervt. Achte also in den nächsten Tagen bewusster darauf, wo dein Kind mitmachen muss und wo du mehr Raum geben kannst. In der Situation vor dem Auto kannst du in Worte fassen, was du siehst: *„Du möchtest gerade nicht einsteigen. Ich vermute, dir gefällt es nicht, dass ich bestimme,* *dass du das tun sollst und wir gleich losfahren. Du möchtest etwas anderes.“* Vielleicht bekommst du an dieser Stelle Aufschluss darüber, warum dein Kind nicht einsteigen möchte und was es dafür braucht, es zu können. Vielleicht entspannt sich die Situation aber auch allein schon dadurch, dass dein Kind sich gesehen und verstanden fühlt.

Vielleicht denkst du dir jetzt: *„Ich kann aber nicht immer so lange warten, wenn ich zu einem Termin oder zur Arbeit muss.“* Das ist nachvollziehbar. Und doch kommen wir in solchen Situationen nicht mit Druck ans Ziel, sondern nur in den Machtkampf und Stress.

BIETE ALTERNATIVEN AN

Wenn du weißt, dass dein Kind nicht allzu gerne Auto fährt und es aktuell dabei häufiger kriselt, plane Zeit und Kraft dafür ein. Vielleicht findest du auch Alternativen in einigen Situationen und ihr nehmt das Rad, fahrt Bus oder Bahn oder geht zu Fuß.

Du musst nicht befürchten, dass dein Kind dann „gewinnt" und ihr nie wieder zusammen Auto fahrt. Du kommst ihm entgegen, das stärkt eure Beziehung und schafft Verbindung – auch ganz praktisch, da ihr bei alternativen Verkehrsmitteln ganz anders im Kontakt sein könnt als im Auto. Vielleicht ist dir das Anbieten einer Alternative in einigen Situationen möglich.

Mach dir immer wieder bewusst, dass dein Kind mit dir zusammen an eurem gelingenden Alltag arbeiten möchte. Achte auf den Raum für eigene Entscheidungen und das passende Tempo für dein Kind in eurem Alltag, auch das kann helfen.

Lange im Auto spielen

Kinderzimmer, eure Wohnung, der Spielplatz – all das sind Orte, an denen dein Kind viel Zeit verbringt. Was für ein spannender Ort ist da hingegen das Auto – allein schon dadurch, dass ihr dort verhältnismäßig wenig Zeit verbringt. All die Schalter, Hebel und Knöpfe zu bedienen ist interessant und macht Spaß. Außerdem schlüpft dein Kind dort in eine Rolle, die eigentlich Erwachsenen vorbehalten ist: fahren, steuern, den Weg bestimmen, andere irgendwo hinbewegen. Ich finde es immer hilfreich, kontinuierlich im Alltag darauf zu achten, Kinder im Rahmen der Möglichkeiten mitentscheiden zu lassen, um uns solche akuten Situationen zu ersparen. Kommt es dennoch spitzenweise dazu, bedarf es vielleicht eines Ausgleichs: Spielt im Auto, verbringt Zeit dort, lass im Spiel dein Kind der Fahrer sein. So schafft ihr ein Machtumkehrspiel, das dein Kind stärkt.

Die Fahrtrichtung bestimmen

Manchmal kommt es im Auto auch zu Streitsituationen mit Kindern, die uns fast absurd erscheinen. Sie werden wütend, wenn wir nicht da lang fahren, wohin sie möchten. Müssen wir deswegen jetzt das Geschrei einfach ertragen oder unsere Pläne ändern? Nicht zwangsläufig. Während du den Überblick über eure Vorhaben und über eine Strecke hast, fehlt dies deinem Kind je nach Alter noch. Das ist mitunter verwirrend. Außerdem kann es frustrierend und verunsichernd sein, permanent einfach irgendwohin gefahren zu werden – dir mag das nicht so erscheinen, es kann aber sein, dass dein Kind es so wahrnimmt. Was spricht dagegen, dein Kind ein paar Umwege bestimmen zu lassen, wenn ihr genug Zeit habt? Das wird ihm mit Sicherheit jede Menge Spaß machen und wieder ins Gleichgewicht helfen. Ihr könnt auch ein Spiel daraus machen: Du bist Taxifahrer, Chauffeur oder Busfahrer.

Wenn dein Kind regelmäßig über eure Fahrtrichtung protestiert, achte einmal darauf, ob es immer beim selben Ziel so ist und dein Kind zum Beispiel nicht in die Kita möchte, weil es sich dort aktuell aus irgendeinem Grund unwohl fühlt. Manchmal müssen wir als Eltern um drei Ecken denken, aber es lohnt sich, weil wir unsere Kinder dann da abholen können, wo sie innerlich stehen.

WÄHLE EXTRA-SPIELZEUG AUS FÜRS AUTO

Wenn du das Autofahren für dein Kind interessanter gestalten möchtest, kannst du auch Spielzeug oder Bücher dort deponieren, mit denen es sich eben nur während der Fahrt beschäftigt. Außerdem könnt ihr unterwegs Spiele wie „Ich sehe was, was du nicht siehst" spielen, euch Witze erzählen oder gemeinsam Musik hören und singen. So schafft ihr Verbindung über gemeinsames Tun.

Plätze reservieren oder tiefer liegende Gründe finden

Du bist Mutter oder Vater mehrerer Kinder und regelmäßig gibt es im Auto Zoff? Manchmal streiten deine Kinder schon vor der Fahrt darüber, wer wo sitzen darf? Das ist nicht nur anstrengend für alle, insbesondere während der Fahrt kann das auch gefährlich werden, wenn du dadurch abgelenkt und gestresst bist. Du hast das Gefühl, dass deine Kinder generell viel miteinander streiten? Lies auf jeden Fall dazu auch das Kapitel „Streit unter Geschwistern". Dann kommst du vermutlich der zugrundeliegenden Ursache auf die Spur und kannst dort Lösungsansätze finden. Wenn du außerdem kurz davorstehst, anzudrohen, dass du demnächst über die Platzvergabe bestimmst, kann ich dir aus meinem Familienleben berichten: Unsere Zwillingssöhne hatten unterschiedliche Phasen dieses Konflikts. Je nach Auto war zum Beispiel der Platz hinter dem Fahrersitz sehr beliebt. Wir haben ein Rotationsprinzip eingeführt. Damit dieses für die Kinder besser zu überschauen und einzuhalten war, habe ich Folgendes gemacht: Ich habe Fotos der Kinder in kleine Bilderrahmen mit Kunststoffscheibe gesteckt. Nach jeder Fahrt wurde der Rahmen des Kindes, das beim nächsten Mal auf dem Platz sitzt, auf den entsprechenden Sitz gelegt. So konnten die Kinder vorab schon sehen, wann wer wo sitzt. Das hat ihnen Orientierung gegeben und ihnen darüber hinaus eine tiefere Sicherheit und folgendes Gefühl vermittelt: Ich bin gesehen und ich bin wichtig – hier ist mein Platz.

Denn darum geht es Geschwisterkindern immer wieder: Sich ihres Wertes für die Eltern und des Platzes in der Familie sicher zu sein. Die Bilderrahmen sind mittlerweile Geschichte in unserem Auto und in die Erinnerungskisten der Jungs gewandert. Das Rotationsprinzip besteht aber weiterhin und meistens können sie sich gut daran halten und gemeinsam Lösungen finden.

Streit auf der Rückbank

Du bist mit deinen Kindern im Auto unterwegs und während du versuchst, euch sicher durch den Verkehr zu navigieren, entflammt auf der Rückbank ein handfester Streit: *„Guck nicht aus meinem Fenster!“ „Guck nicht zu mir rüber“ „Ich habe den Kran zuerst gesehen!“* – Ich kenne jeden dieser Sätze nur allzu gut.

Streit und Reibung sind manchmal die einzigen Wege, die Kinder finden, um inneren Druck abzubauen. Wenn es etwa am Morgen viel Zeitdruck gab, kann es sein, dass sie sich so unbewusst ein Ventil suchen, bevor sie in Systemen wie Kita oder Schule ihren Tag verbringen. Das ist anstrengend für dich, jedoch aus kindlicher Perspektive sehr nachvollziehbar. Dort müssen sie Regeln einhalten und haben oft auch weniger enge Bindungen und Bezugspersonen als innerhalb der Familie – das ist einerseits sehr verbreitet und im Aufbau dieser Systeme selbst begründet. Gleichzeitig ist das für mein Empfinden auch sehr bedauerlich. Unsere Kinder verbringen viel Zeit mit ihren Lehrern und Erziehern, die meisten Eltern sind auf die Betreuung angewiesen und es gibt eine Schulpflicht im deutschsprachigen Raum. Es ist längst überfällig, dass wir die Lern- und Betreuungssituationen verändern – für Kinder und für Lehrer und Erzieher, die mehr als gefordert und belastet sind.

Bei ihren Geschwistern und in der Familie fühlen sich deine Kinder sicher. Intuitiv wissen sie, dass die Beziehungen dort stark genug sind, um Konflikte auszutragen. Das ist eigentlich ein ziemlich gesundes Verhalten, oder?

Wirf einen Blick auf den Ablauf

Stress und Zeitdruck lassen sich nicht immer verhindern. Sei bitte auch nicht so streng mit dir und sage dir nicht, dass es am Ende allein von dir abhängt, wenn deine Kinder Konflikte miteinander haben. Du kannst aber deine Einflussmöglichkeiten auf diese Situationen wahrnehmen und lernen, sie zu schätzen. Das ist viel konstruktiver, stärkender und öffnet dich für Lösungsideen.

Beobachte für drei Tage eure Abläufe, mache dir dazu mittags oder abends Notizen: Wo gibt es Möglichkeiten, Stress zu reduzieren? Das kann beispielsweise durch bessere Vorbereitung oder etwas mehr Zeit geschehen. Lies dazu auch das Kapitel „Verschaff dir einen Überblick“ zum morgendlichen Ablauf. Oft sind es nur kleine Stellschrauben, die du drehen kannst, um etwas positiv zu verändern.

FINDET GEMEINSAM LÖSUNGEN

Lade deine Kinder zu einem gemeinsamen Familienworkshop ein. Macht es euch gemütlich, esst dabei Eis, Obst oder Waffeln. Überlegt dann zusammen, wie die Autofahrten angenehmer werden können. Ihr könnt zum Beispiel zusammen Musik- oder Hörspiel-Playlisten erstellen und euch Spiele einfallen lassen. Jeder darf etwas beisteuern und seine Ideen und Wünsche einbringen. Probiert dann bei der nächsten Autofahrt aus, was funktioniert.

Zeit- und Streitfalle Hausaufgaben und Lernen

Vor einiger Zeit habe ich mit den Frauen, die ich in meiner Mentoringgruppe begleite, eine Übung gemacht. Wir haben in einer Mindmap aufgezeichnet, für welche Dinge sie im Alltag regelmäßig Zeit und Energie aufwenden. Das ist übrigens eine ziemlich effektive Methode, sich darüber bewusst zu werden, was wir Eltern alles leisten und weshalb wir uns am Ende des Tages – und oft auch bereits am Anfang – so erschöpft fühlen.

Wenn du mehr darüber wissen und die Übung mit der Mindmap ausprobieren möchtest, findest du sie über diesen QR-Code beschrieben.

https://www.momtowow.de/bonus

Bei einem der Punkte war eine Teilnehmerin besonders geschockt: Mindestens 10,5 Stunden verwendet sie jede Woche darauf, ihr Kind bei den Hausaufgaben und beim Lernen zu begleiten. Wenn Hausaufgaben Kindern leichtfallen und sie bereitwillig das lernen, was sie in der Schule aufgetragen bekommen, mag diese Zeit vielleicht nicht weiter ins Gewicht fallen. Doch haben Hausaufgaben und Lernen für die meisten Familien ein großes Konfliktpotenzial.

Wir Eltern geraten unter Druck und fühlen uns angesichts der Pflichten und Erwartungen von außen hilflos. Auch die eigenen Wünsche für die Zukunft unserer Kinder können dabei eine verstärkende Rolle spielen. Wo Druck ist, geraten wir schnell in den Kampf mit unseren Kindern, dann stehen wir auf zwei unterschiedlichen Seiten. Dabei brauchen uns unsere Kinder gerade in Bezug auf die Schule neben sich – anstatt gegen sich. Diese Situationen fühlen sich unangenehm und verfahren an, das hast du sicherlich auch schon gespürt. Lass uns jetzt schauen, wie du den Lern-Stress aus eurem Alltag verbannen und dein Kind gut unterstützen kannst.

DENK AN DEINE SCHULZEIT UND KOMM IN VERBINDUNG

Wenn du Hausaufgaben und für die Schule üben früher auch unangenehm fandest, wirst du dich gut in dein Kind hineinversetzen und nachempfinden können, wie hilflos und allein es sich in vielen dieser Momente fühlt. Überlege dir, was du damals gebraucht hättest, aber nicht bekommen konntest: Geduld? Ermutigung? Zuspruch? Sei damit an der Seite deines Kindes. Wenn du zu den Kindern gehörtest, die früher keine großen Schwierigkeiten in der Schule und mit dem Lernen hatten, denke an eine andere Situation, in der du etwas erreichen wolltest oder solltest, es schwierig war und du dich allein damit gefühlt hast. Überlege dir, was du dir gewünscht hast und wie du darüber mit deinem Kind ins Gespräch kommen kannst. Das verbindet euch und nimmt Druck.

Welche Gefühle gehören zu deinem inneren Schulkind?

Du hast mit deiner inneren Haltung starke Einflussmöglichkeiten auf eure Situation, schauen wir also zuerst auf dich: Wenn Hausaufgaben für dich ein stressendes Thema sind, dann bist du damit alles andere als allein, es geht sehr vielen Eltern so. Vielleicht kannst du dich darüber mit anderen austauschen, allein das kann dich schon entspannen. Wenn Schulthemen dich sehr stressen, wirf einen Blick zurück auf deine eigenen Erfahrungen, um dem Druck auf den Grund zu gehen: Wie hast du selbst die Schulzeit und die Hausaufgaben erlebt? Wie wurdest du begleitet? Was fandest du daran hilfreich und was hättest du als Schulkind gebraucht und dir anders gewünscht? Sind alte Gefühle und Erlebnisse mit im Spiel, die es dir jetzt schwer machen, ruhig zu bleiben? Indem du dir diese Fragen beantwortest, verbindest du dich mit dir selbst, mit den verletzten Gefühlen deines inneren Schulkindes, aber auch mit deinen Ressourcen. Außerdem verbindest du dich auch mit der Situation deines Kindes. Mach dir darüber hinaus bewusst, dass dein Kind seine eigenen Erfahrungen macht, anstatt deine zu wiederholen.

Wenn es um uns und unsere eigenen Gefühle geht, können die meisten von uns sehr hart zu sich selbst sein. Vielleicht sagst du dir, dass es nun einmal so ist und dass Hausaufgaben, Schulstress und Konflikte zum Mamaleben dazugehören. Entscheidend ist hier, wie du mit dir selbst sprichst. Appellierst du an dich, dich zusammenzureißen und dich nicht so anzustellen? Dann wiederholst du innerlich vielleicht genau das, was du früher im Zusammenhang mit der Schule gehört hast. Nimm die Schärfe aus deinem inneren Selbstgespräch. Ja, Konflikte und auch Schulstress gehören für viele Eltern dazu. Dennoch darfst du eine riesige Portion Mitgefühl für dich selbst haben. Schule kann eine große Herausforderung sein – für Kinder und uns Eltern.

Erlaube dir, dass dich das Thema belastet und du noch keine Lösung dafür hast. Stell dir vor, du oder eine andere Person, die du magst und schätzt, würde dir liebevoll den Arm um die Schulter legen und dich ermutigen: Du machst das großartig! Übe, dir das selbst zu sagen, so oft es geht. Wenn es sich anfangs seltsam anfühlt, das zu tun, mach einfach weiter, du bist auf dem richtigen Weg, dich und dein Kind zu stärken.

ERDE DICH

Bevor es losgeht mit den Aufgaben für die Schule, erde dich und schöpfe Kraft. Nimm dir ein paar Minuten für dich selbst. Schließe die Augen und atme tief ein und aus. Nimm deinen Körper wahr und was du spürst: Wo sind Druck und Enge? Schicke deinen Atem an diese Stellen und achte auch auf die Bereiche deines Körpers, die sich gut anfühlen. Mit diesem kleinen Check-in bei dir selbst beruhigst du dein Nervensystem und regulierst deine Gefühle. Unterbrich die Hausaufgaben-Begleitung, wenn du merkst, dass dein Stresslevel steigt und kehre zu der Übung zurück. Du kannst sie auch für andere aufwühlende Momente nutzen.

Wenn Hausaufgaben immer wieder in Machtkämpfe ausarten, schadet das der Beziehung zwischen deinem Kind und dir – damit zahlt ihr einen viel zu hohen Preis. Versuche, innerlich etwas Abstand zu gewinnen. So wird dir bewusst, wie deine Einstellung zu der Situation ist und ob sie dir wirklich dient oder ob du sie verändern möchtest, indem du deine Perspektive veränderst. Diese Fragen helfen dir dabei:

- Wie wichtig sind dir gemachte Hausaufgaben und gute Noten und warum?
- Geht es darum, dass dein Kind Freude dabei empfindet, Neues zu lernen?

- Bist du gedanklich bei seinen Chancen für die Zukunft?
- Empfindest du Angst, von Lehrern bewertet und abgelehnt zu werden?

Dir deines Standpunkts bewusst zu sein ist wichtig, denn nur so kannst du ihn verändern und nur so kannst du authentisch darüber mit deinem Kind ins Gespräch kommen.

Wie geht's deinem Kind beim Hausaufgaben-Stress?

Wir Eltern neigen dazu, viel über unsere eigenen Erwartungen, Gedanken und Gefühle zu sprechen, wenn wir mit unseren Kindern reden und etwas bewirken möchten. Das darfst du auch tun, doch nicht direkt zu Beginn eines Gesprächs – oder mehrerer Gespräche, die euch den Hausaufgaben-Stress nehmen sollen. Denn sonst kommst du nicht mit deinem Kind in Verbindung. Lass dich von dem entsprechenden Abschnitt im Kapitel „Werkzeugkasten für eure starke Beziehung" für euer Gespräch inspirieren. Mache dir zuvor bewusst: Es geht nicht darum, sofort eine Lösung zu finden und dein Kind dazu zu bewegen, das zu tun, was du oder die Lehrer erwarten. Es geht um dein Kind und wie es ihm mit der Situation geht, wie es sich fühlt und ob es Ideen hat, was ihm jetzt gerade helfen könnte – helfen sich besser zu fühlen und den Druck zu nehmen, nicht die Hausaufgaben zu machen, ein Schritt nach dem anderen.

Zunächst dürft ihr aus dem Kampf kommen. Dein Kind braucht einen Verbündeten und Verständnis – das bedeutet übrigens nicht, dass du dich damit abfinden musst, dass dein Kind nicht übt oder keine Hausaufgaben macht. Aber Verständnis holt dein Kind von seiner einsamen inneren Insel und zeigt ihm, dass seine Gefühle nachvollziehbar und okay sind. Das ebnet den Weg für gemeinsame Veränderung. Wenn es darum geht, konkretere Schritte zu entwickeln, ist es wichtig, die Ideen deines Kindes zu hören, ernst zu nehmen und ihnen eine Chance zu geben. Denn dein Kind ist in einem Alter, in dem es keine vorgefertigten Lösungen braucht und will. Eure Schritte haben nur dann die Möglichkeit, hilfreich zu sein, wenn dein Kind sie mitentwickelt.

EIN HILFREICHER GEDANKE

Wenn du dein Kind bei der Lösung von Herausforderungen miteinbeziehst, anstatt Vorgaben zu machen, die es erfüllen soll, lernt dein Kind etwas sehr Wichtiges: Es macht Erfahrungen darin, Herausforderungen mit eigenen Strategien zu bewältigen, diese zu erproben, zu reflektieren und weiterzuentwickeln. Das ist natürlich ein jahrelanger Prozess, den du aber so hilfreich unterstützt.

Gebt dem Lernen einen persönlichen Sinn

Besprich gemeinsam mit deinem Kind, worum es bei den Hausaufgaben überhaupt geht. Welchen Sinn sieht es darin und sind sie ihm wichtig? Wenn wir Menschen keinen Sinn in unserem Tun empfinden, ist es schwer, sich dazu aufzuraffen, das kennen wir Erwachsenen selbst.

Es kann motivieren zu wissen, wofür man ein bestimmtes Wissen braucht. Vielleicht ist es für dein Kind uninteressant zu rechnen, es mag aber in der Eisdiele selbst bezahlen oder sich ausrechnen, wofür es sein Taschengeld verwenden kann. Vielleicht mag es nicht Vokabeln lernen, liebt es aber zu reisen und die Welt kennenzulernen. Dabei sind Fremdsprachen sehr nützlich. So könnt ihr gemeinsam Bezüge zu den Interessen und zum Alltag herstellen, die für eine intrinsische Motivation sorgen.

Vielleicht stellt ihr dann auch fest, dass es viel leichter ist, praktisch im Alltag Dinge zu üben: Briefe schreiben, Straßenschilder lesen, mit einer Tante im Ausland auf Englisch telefonieren usw. Mach dir auch bewusst, dass dein Kind noch gar nicht in der Lage ist, sich permanent ins Bewusstsein zu rufen, dass das, was es gerade tun muss und was jetzt gerade anstrengend und langweilig ist, später nützlich ist. Es ist schwer, sich zu etwas zu motivieren, was nicht sofort Nutzen oder ein Ergebnis zeigt, insbesondere, wenn die kognitiven Fähigkeiten dafür noch in Entwicklung sind. Sei nachsichtig mit deinem Kind.

Sorgt für die richtige Lernumgebung

Schaffe gemeinsam mit deinem Kind eine Lernumgebung, die für dein Kind passt. Arbeitet es lieber ungestört in seinem Zimmer oder in deiner Nähe im Esszimmer? Braucht es absolute Ruhe oder kann es bei leiser Musik im Hintergrund besser lernen? Möchte es lieber in Ruhe gelassen werden oder sollst du dabei sein? Braucht es Bewegungspausen oder ein Stehpult?

Vielleicht setzt sich dein Kind für die Hausaufgaben auf den Fußboden oder liegt dabei lieber auf dem Bett. Versuche dabei möglichst, Zweifel, Skepsis und deine Vorstellungen von „richtigem“ und „gutem“ Lernen auszuschalten, denn das gibt es nicht. Erlaube deinem Kind, Routinen auszuprobieren und zu experimentieren.

Besprecht nach einem bestimmten Testzeitraum, ob es funktioniert und wie es deinem Kind und dir dabei geht. Das, was für dich funktionieren würde und passend erscheint, muss nicht auch zwangsläufig das Richtige für dein Kind sein. Sprich ihm Kompetenz zu in diesem Bereich, das motiviert und macht selbstbewusst.

MINDSET: DEIN KIND TRÄGT SELBST DIE VERANTWORTUNG

Die Verantwortung für die Hausaufgabe bei deinem Kind zu lassen, bedeutet nicht, dein Kind damit allein zu lassen. Du kannst es begleiten, indem du dich auf seine Seite stellst. Ihr seid ein Team und keine Gegner. Du kannst dein Kind fragen, was es von dir braucht und deine Unterstützung anbieten. Du darfst aber auch die Zügel aus der Hand geben und dein Kind Erfahrungen sammeln lassen. Sage dir immer, dass ihr gemeinsam Wege finden werdet und dass du deinem Kind vertrauen darfst.

Sich zu einem selbstständigen und verantwortungsbewussten Menschen zu entwickeln, dauert länger als viele Eltern annehmen. Sei der Partner deines Kindes und unterstütze es auch in der Kommunikation mit Lehrern.

Dein Kind hat die Hausaufgaben nicht geschafft oder nicht erledigt, es hat etwas vergessen? Vielleicht hast du die Idee, es könne für dein Kind eine lehrreiche Erfahrung sein, das in der Schule selbst ausbaden zu lassen. Dein Kind wird eine Erfahrung machen, so viel steht fest. Jedoch ist das vermutlich nicht die Art von Erfahrung, die du dir für dein Kind wünschst. Denn wahrscheinlich wird es sich hilflos, beschämt, allein gelassen und bestraft fühlen. Für sein Selbstwertgefühl, die Motivation und für das Vertrauen in dich, die Lehrer und das System Schule ist das absolut ungesund.

Vielleicht wird es darüber hinaus auch noch von seinem Lehrer dafür bestraft, was den negativen Effekt noch verstärkt. Vielleicht wird dein Kind diese Erfahrung so treffen, dass es sich mehr Mühe gibt, nicht noch einmal in eine solche Situation zu kommen. Und es lernt, dass es Angst haben muss und keine Unterstützung bekommt. Wie ehrlich kann dein Kind zukünftig dann noch zu dir sein, wenn es diese schmerzhafte Erfahrung macht? Wenn du deinem Kind in diesen Situationen so weit zur Seite stehst, wie es sich das wünscht und zulässt, wird es wesentlich mehr lernen, als wenn du es „die Konsequenzen spüren" lässt. Es lernt, dass ihr euch in eurer Familie gegenseitig unterstützt, dass niemand perfekt sein muss und dass es in Ordnung ist, Fehler zu machen. Hab keine Angst: Alle heranwachsenden Menschen wollen eigenständig werden.

Vom Druck in die Freude

Ich verrate dir an dieser Stelle etwas ganz Persönliches: Ich war keine besonders gute Schülerin. Mir fiel es schwer, mich zu konzentrieren, still zu sitzen und leise zuzuhören. Ich sprach viel zu gerne mit den anderen Menschen, bewegte mich und erkundete aktiv. Die Schulen, die ich besuchte, waren dafür nicht ausgelegt. Die Freude und der Stolz, mit dem ich in meine Schulzeit gestartet bin, verwandelten sich in Demotivation, Widerstand und Selbstzweifel. Ich wurde als faul und störend empfunden, für viele Jahre wurde das Teil meines Selbstbildes. Es waren harte Jahre, für meine Lehrer, für meine Eltern und für mich. Mit viel innerer Arbeit habe ich dieses Bild von mir verändert.

Folgende ermutigende Dinge nehme ich aus meiner Schulzeit und der Veränderung danach mit:

1. Ja, meine Eltern und ich haben viel gestritten darüber. Dennoch haben sie mich auch mindestens genauso viel unterstützt und ich erinnere sehr intensiv, dass sie immer im Rahmen ihrer Möglichkeiten an und auf meiner Seite waren.
2. Wann immer ich auf Lehrer traf, denen es gelang, die eigene Begeisterung für ihr Fach zu transportieren und wertschätzende Beziehungen herzustellen, war ich Feuer und Flamme und es fiel mir leicht zu lernen.

3. Heute lerne ich mit großer Begeisterung und mühelos: die Dinge, die mich begeistern, die ich brauche, die mich in meiner Arbeit weiterbringen. Ich gehe auch Themen an, die ich persönlich ziemlich ungemütlich finde: Buchhaltung, Steuern und Co. Weil ich die riesige Motivation habe, so vielen Familien wie möglich dabei zu helfen, sich näher zu sein und mehr Freude und Leichtigkeit zu empfinden. Ich habe dorthin zurückgefunden. Vertraue dir und deinem Kind. Es wird seinen Weg finden.

Auch du musst es nicht allein schaffen

Wenn es immer wieder hakt, dein Kind über- oder unterfordert ist, nimm Verbindung zur Schule auf. Gib wertschätzendes Feedback, sprich über deine Beobachtungen und hol dir den Lehrer ins Boot. Ihr habt beide das gleiche Interesse: dein Kind gut durch die Schulzeit zu begleiten. Du kannst in einem solchen Gespräch Erwartungen klären, Sorgen schildern und ihr könnt gemeinsam nach Lösungen suchen. Gehe davon aus, dass ihr Teampartner seid, die um gute Lösungen bemüht sind.

Vielleicht benötigt ihr auch Unterstützung von außen. Es gibt kompetente Lerncoaches, Nachhilfelehrer und außerschulische Angebote, die euch durch diese herausfordernde Zeit begleiten können. Auch im Internet, in Podcasts und Blogartikeln finden sich mittlerweile zahlreiche Angebote von Experten, die dir weiterhelfen können, und auch mein Team und ich stehen vielen Eltern zur Seite, bei denen der Schulbesuch und Lernen belastende Themen sind.

Konflikte vorprogrammiert: Aufräumen und im Haushalt helfen

Aufräumen, Staubsaugen, Wäschefalten – wir haben oft das Gefühl, in Sachen Haushalt gegen Windmühlen zu kämpfen und der Arbeit niemals ganz Herr zu werden. Du wünschst dir vermutlich genauso dringend Entlastung wie viele andere Mütter und Väter. Gleichzeitig ist es dir wichtig, dass dein Kind lernt, Ordnung zu halten, auf seine Sachen zu achten und den Anstrengungen anderer mit Respekt zu begegnen. Verständlicherweise möchtest du, dass dein Kind lernt, auch in Sachen Haushalt und Ordnung zu eurem Familienleben beizutragen. Doch allzu oft stößt du auf taube Ohren und es funktioniert nur mit Druck und der Androhung von Konsequenzen. In Sachen Ordnung und Sauberkeit stoßen in Familien viele individuelle Bedürfnisse aufeinander – da sind Konflikte vorprogrammiert. Wie kannst du also konstruktiv mit ihnen umgehen?

Unterschiedliches Timing von Eltern und Kindern

Oft haben wir ein unterschiedliches Timing. Wir Erwachsenen fordern Mithilfe und eigenständiges Aufräumen in der Regel dann ein, wenn es zu unserem Zeitplan und unserer Struktur passt oder wenn uns von einem Moment auf den anderen herumliegendes Spielzeug, abgestreifte Strümpfe, leere Teller und verstreute Krümel zu viel werden. Das ist verständlich und legitim. Auf der anderen Seite stehen die Bedürfnisse unserer Kinder: Während wir Eltern uns nach dem Spielen Ordnung wünschen, braucht dein Kind vielleicht Erholung. Völlig wertfrei betrachtet ist keines dieser Bedürfnisse besser oder schlechter, falsch oder richtig. Trotzdem stellen wir Erwachsenen unsere Bedürfnisse oft über die unserer Kinder – ohne es bewusst zu hinterfragen. Immerhin möchten wir ja auch erreichen, dass sie eigenständig werden.

SO KÖNNTE ES SICH FÜR DICH ANFÜHLEN

Stell dir vor, ihr hattet gerade Besuch und du hast dich für einen Moment hingesetzt, bevor du den Tisch abräumst. Dann kommt dein Partner ins Zimmer. Er sieht dich dort sitzen und sagt: *„Räum jetzt den Tisch ab und das Geschirr in die Spülmaschine."* Du bist vielleicht ein wenig irritiert, möglicherweise ärgerst du dich auch. Dann sagt er: *„Wenn du jetzt nicht sofort aufräumst, kannst du das Treffen mit Britta morgen vergessen!"* Vielleicht musst du bei der Vorstellung ein wenig schmunzeln. Wahrscheinlich merkst du aber auch, wie schlimm es wäre, wenn jemand, den du liebst, dich so behandeln würde. Du würdest dir das wahrscheinlich nicht gefallen lassen und dir Wertschätzung, Vertrauen und Respekt wünschen. Unsere Kinder wünschen sich das Gleiche.

Komm von der Bewertung des Verhaltens deines Kindes ein bisschen mehr auf die Sachebene und in die Beobachtung deiner inneren Prozesse. Mach dir dazu erst einmal deine Gedanken und deine Gefühle bewusst. Dabei hilft es, tief ein- und auszuatmen und achtsam deinen Körper wahrzunehmen. Vielleicht geht es dir so: *„Ich ärgere mich, mein Kind ist so faul. Ihm ist völlig egal, wie viel Arbeit ich habe. Wie soll es so nur Respekt und Ordnung lernen?"*

Da kommt ganz schön viel zusammen. Du fühlst dich nicht wertgeschätzt und allein mit der Arbeit. Das kränkt und ärgert dich. Außerdem ziehst du aufgrund seines Verhaltens Rückschlüsse auf den Charakter deines Kindes und bewertest es. Deine Gedanken reisen zudem in die Zukunft und sorgen für Angst. Komm zurück ins Hier und Jetzt und nimm dir selbst den Druck. Nur weil dein Kind jetzt gerade nicht aufräumt, bedeutet das nicht zwangsläufig, dass es in dieser Hinsicht später nicht gut für sich und andere sorgen kann.

Erinnere dich einmal an deine eigene Kindheit: Ging es dir nicht auch so, dass du nie nachvollziehen konntest, warum deine Eltern sich wegen der Unordnung so aufregen? Entweder hast du sie gar nicht wahrgenommen oder sie hat dich einfach nicht gestört. Trotzdem bist du heute sehr wahrscheinlich ein erwachsener Mensch, der Wert auf Sauberkeit und Ordnung legt. Mach dir außerdem bewusst, dass dein Kind gerade ein anderes Bedürfnis hat als du, das ist okay. Du kannst das ansprechen: *„Du möchtest gerade nicht aufräumen, ich sehe, dir ist etwas anderes wichtig."* Vermutlich wird dein Kind dir dann sagen, ob es sich ausruhen oder etwas anderes tun möchte. So kommt ihr miteinander ins Gespräch anstatt in den Kampf. Du kannst dann sagen, was dir wichtig ist und was du dir wünschst. Bedenke dabei aber auch, dass du als Erwachsene selbst dafür die Verantwortung trägst, dass deine Bedürfnisse erfüllt werden, nicht dein Kind.

KOMPROMISSE TREFFEN

Vielleicht kennst du das auch: Ihr kommt aus der Schule oder vom Spielen nach Hause und dein Kind „fällt" im Flur aus Schuhen und Jacke, alles liegt im Weg. Bei mir und meinen drei Söhnen war das ziemlich oft der Fall. Weil ich gesehen habe, dass wir uns an meiner Aufforderung, ihre Sachen aufzuhängen und ihre Schuhe wegzustellen, begannen aufzureiben, haben wir uns einen Kompromiss überlegt: Ich will nicht, dass alles im Weg liegt und ich mich nach ihren Jacken bücken muss. Sie sind meist zu müde oder zu aufgeregt, um die Dinge so wegzuräumen, wie ich es möchte. Auf ihren Vorschlag, ihre Sachen auf die Bank im Flur zu legen, konnte ich mich einlassen. Von da aus räume ich mit wenigen Handgriffen alles weg und wenn ich dazu nicht direkt Lust oder freie Hände habe, mache ich es später. In den allermeisten Fällen halten sich die Kinder an diesen Kompromiss, den sie selbst mitentwickelt haben.

Neutralisiere im nächsten Schritt die Bewertung deines Kindes und sieh das Positive darin: Dein Kind ist mit seinen Gefühlen und Bedürfnissen verbunden, es sorgt für sich und übergeht sich nicht. Weil du ja weißt, dass dein Kind grundsätzlich kooperiert, kannst du dich entspannen und darauf vertrauen, dass ihr eine gemeinsame Lösung finden werdet. Dies geschieht vielleicht nicht sofort und allein deinen Vorstellungen folgend, doch gehört es ja auch zu einem Kompromiss dazu, sich anderen anzupassen. Lebe diese Bereitschaft deinem Kind vor. Ohnehin lernen Menschen zu großen Teilen durch Nachahmung – auch in Sachen Ordnung und Werte. Doch all das braucht Zeit und liebevolle Unterstützung.

Wie wir die Mithilfe unserer Kinder verhindern

Ich habe es in diesem Buch schon häufiger geschrieben: Jedes Kind ist grundsätzlich dazu bereit, zu kooperieren. Vielleicht fragst du dich, ob vielleicht ausgerechnet dein Kind eine Ausnahme ist. Ich kann dich beruhigen: Auch dein Kind bringt das Bedürfnis mit, es dir recht zu machen und seinen Beitrag zu eurer gelingenden Beziehung zu leisten. Leider übersehen wir im Alltag sehr oft all die Bemühungen unserer Kinder, Dinge zu übernehmen und zu erledigen. Außerdem sind wir selbst oft diejenigen, die diese Bemühungen unbedacht und aus eigentlich guten Motiven im Keim ersticken.

Je jünger dein Kind ist, desto größer ist der Wunsch mitzumachen und zu helfen. Allerdings verschafft uns diese Form der Hilfe zunächst einmal mehr Arbeit. Wenn dein Kind die Blumen gießt, musst du danach aufwischen. Wenn es fegt, musst du noch einmal fegen und beim Abspülen gehen hin und wieder Dinge zu Bruch. Kinder müssen all das viele Male üben, bevor es wirklich reibungslos läuft. Weil wir unter Zeitdruck stehen, erledigen wir die Aufgaben oft lieber schnell selbst und beschäftigen unsere Kinder anderweitig. Für den Moment erscheint uns das am sinnvollsten. Doch mit der Zeit erlahmt dadurch leider die Lust deines Kindes an diesen Dingen, da seine Versuche vergeblich sind und es irgendwann das Interesse verliert und das Gefühl entwickelt, es könne das vielleicht nicht gut genug und sei lästig in seinen Nachfragen.

Wenn wir unsere Kinder dann etwas tun lassen, greifen wir ein, geben Ratschläge, verbessern und weisen darauf hin, wie etwas zu tun sei. Unser Ansinnen ist ehrenhaft: Wir möchten, dass unsere Kinder lernen, es richtig zu tun, wollen ihnen die Lernprozesse erleichtern und verkürzen. Doch verfehlen wir damit eher unser Ziel. Fragen unsere Kinder nicht von sich aus nach unserer Anleitung oder Unterstützung, werden ihnen unsere gutgemeinten Bemühungen das Gefühl geben, es nicht gut genug zu können. Wir verunsichern sie und nehmen ihnen die Lust, diese Dinge zu erledigen. Unsere Absicht ist durchweg gut, doch kommunizieren wir damit ungewollt eine negative Bewertung ihres Tuns.

DIE ROLLEN TAUSCHEN

Stell dir vor, du probierst etwas zum ersten Mal aus oder machst etwas, das du noch nicht so oft getan hast. Vielleicht möchtest du etwas malen oder ein Regal zusammenbauen. Dann wirst du plötzlich darin von jemand anderem unterbrochen, derjenige nimmt dir etwa den Pinsel aus den Fingern und malt für dich oder führt ungefragt deine Hand über das Blatt. Oder jemand steht die ganze Zeit neben dir und weist dich darauf hin, dass du den Schraubendreher nicht optimal hältst und dass es so nicht funktionieren wird. Sehr wahrscheinlich fühlst du dich dabei kleingemacht und empfindest das Verhalten und die Belehrungen als übergriffig und lästig. Wie wahrscheinlich ist es, dass du damit weitermachst, wenn dir das immer wieder passiert?

Lass deinem Kind Raum für eigene Erfahrungen. Sei an seiner Seite, wenn es dich aktiv um Hilfe bittet. Wenn du es ermutigst, seine Bemühungen anerkennst und dich für das Bestreben, seinen Beitrag zu leisten, bedankst, wird es mit der Zeit bereitwillig und gerne Aufgaben und Verantwortung übernehmen. Denn das ist in jedem von uns so angelegt. Das zarte Pflänzchen darf gepflegt werden.

Unterschiedliche Wege führen zur Ordnung

Mal abgesehen davon, dass die Auffassung von Ordnung etwas sehr Individuelles ist, müssen bestimmte Teile des menschlichen Gehirns in ihrer Entwicklung vollständig ausgereift sein, damit wir Menschen sie schaffen und selbstständig halten können. Wenn dir Ordnung wichtig ist, kann ich sehr gut verstehen, dass du dir Unterstützung bei der Umsetzung im Familienalltag wünschst. Mache dir aber bewusst, dass es dabei vordergründig um deinen Wunsch und dein Bedürfnis geht und dass die Verantwortung für dessen Erfüllung bei dir liegt. Die Wege zu dieser Erfüllung können von Familie zu Familie sehr unterschiedlich sein. Die einen holen sich den Partner ins Boot, andere engagieren eine Reinigungskraft, wenn die wirtschaftlichen Ressourcen dafür verfügbar sind. Darüber hinaus lohnt sich auch immer, einen Blick darauf zu werfen, wie viele Dinge wir eigentlich besitzen, die wir nicht brauchen, und von denen wir uns trennen können.

Es ist für alle Beteiligten wesentlich leichter, aufzuräumen und Ordnung zu halten, wenn möglichst wenig Kram in der Wohnung vorhanden ist. Oft ist allein schon das Kinderzimmer mit Spielzeug überfüllt. Wie alle Kinder wird auch deines viele Wünsche haben, die du ihm sicherlich zum angemessenen Zeitpunkt gerne erfüllst. Dennoch sind es im Endeffekt wir Eltern, die zustimmen, regelmäßig mehr und mehr Dinge anzuschaffen. Mehr und mehr Dinge, die unseren Wohn- und Spielraum anfüllen, die wir oft allerdings nicht wirklich brauchen.

WERDET GEMEINSAM AKTIV

Sortiert gemeinsam als Familie aus. Geht dabei Zimmer für Zimmer oder Bereich für Bereich vor. Seht euch an, was ihr besitzt, und besprecht, was wirklich gebraucht wird. Dafür überlegt ihr euch gemeinsam feste Aufbewahrungsplätze. Mach das zu einer regelmäßigen Aktivität und finde mit deinem Kind gemeinsam Ideen, was mit den Dingen passieren darf, die ihr nicht mehr braucht. Einige Kinder mögen es, Spielsachen an bedürftige Kinder zu verschenken oder Aussortiertes auf dem Flohmarkt zu verkaufen. So entwickelt ihr gemeinsam funktionale Strategien und sammelt Erfahrungen, von denen dein Kind auch später noch ganz praktisch profitieren kann. Darüber hinaus fühlt sich dein Kind selbstwirksam und ihr habt gemeinsame Momente.

Aufgaben überschaubar machen

Wenn es ans Aufräumen geht, beachte, dass es für unsere Kinder zumeist schöner ist, die Dinge gemeinsam zu tun. Sei also an der Seite deines Kindes und sorge dafür, dass sich das Aufräumen so gestaltet, dass es dabei nicht überfordert wird: Mache die Aufgaben also überschaubar: Kaum ein Kita- oder Grundschulkind kann auf die Anweisung *„Räum dein Zimmer auf"* wirklich ins Handeln kommen. Denn für Kinder ist eine so gestellte Aufgabe viel zu abstrakt. Ihnen fehlen Bilder wiederholter Erfahrungen und einzelner Handlungsschritte, die in ihrer Summe zum Endergebnis „aufgeräumt" führen.

Also macht kleinere Häppchen daraus, diese sind viel konkreter, verständlicher und leichter zu bewältigen:

- Lege die Autos in ihre Kiste.
- Stell die Bücher in das Regal.
- Räume deine Schulsachen in den Tornister.
- Setzt die Kuscheltiere aufs Bett.

Kinder stehen sonst vor einer riesigen Aufgabe und sie wissen nicht, wo und wie sie anfangen sollen. Die Überforderung lässt sie erstarren, bevor sie überhaupt begonnen haben.

Während du für deine Bedürfnisse selbst die Verantwortung übernimmst, kannst du dich zudem darin üben, die Verantwortung in gewissen Bereichen bei deinem Kind zu lassen: Möglicherweise ist für dich der Zustand eines unaufgeräumten Kinderzimmers nicht so einfach auszuhalten. Vielleicht bringst du ein aufgeräumtes oder schön eingerichtetes Zimmer insgeheim mit deinen Qualitäten als Mutter oder Vater in Verbindung und denkst im Umkehrschluss, dass du deinen Elternjob nicht gut genug erfüllst, wenn es dort aussieht wie in einer Fundgrube oder nach einer Wohnungsdurchsuchung.

Frag dein Kind, wie es ihm damit geht, ob es sich etwas anderes wünscht und ob es deine Unterstützung möchte. Wenn es das ablehnt, versuche dich innerlich abzugrenzen und diesen Bereich wirklich deinem Kind zu überlassen. Lass dein Kind in diesem geschützten Rahmen mit deiner verfügbaren Unterstützung seine eigenen Erfahrungen machen. Das kann übrigens auch für dich ein wirkungsvolles Übungsfeld sein, ein gewisses Maß an Unordnung auszuhalten und Kontrolle loszulassen.

Jeder tut, was ihm liegt

Wenn ihr mit der ganzen Familie eine Aufräumaktion startet, achtet darauf, dass ihr die Aufgaben so verteilt, wie sie zu den Beteiligten passen. Einem meiner Söhne gefiel es schon im Kleinkindalter, mit Sorgfalt kleine Dinge nach Farbe und Größe zu sortieren. Er kümmert sich gerne darum, Kleinteiliges zu ordnen und wegzuräumen. Sein Zwillingsbruder mag es dynamisch: Er düst mit dem Wäschesack durch die Wohnung und sammelt Kleidungsstücke ein, wohingegen der Jüngste gerade am liebsten die Spülmaschine ausräumt. Denke daran: Kinder möchten ihren Beitrag zum Familienleben leisten, sie wollen mitmachen und uns helfen. So lange wir als Eltern uns aber nur beschweren und Druck ausüben, ihre Bemühungen hingegen nicht wertschätzen, wird es schwierig, sie dazu zu motivieren. Achte also zum einen darauf, wie oft dein Kind im Rahmen seiner Möglichkeiten mithilft und kleine Aufgaben erledigt, um die du es bittest.

Mache dir aber auch bewusst, dass du ein wichtiges Vorbild bist: Wenn du bereitwillig aufräumst und es als etwas betrachtest, das du gerne für dich selbst tust, prägt das die Haltung deines Kindes mit. Das ist nichts, was plötzlich über Nacht mit einer ambitionierten Aufräumaktion geschieht, sondern eher durch langfristiges Vorleben. Wenn wir Erwachsene uns aber auch stets stöhnend und seufzend mit Besen und Wischer durch die Wohnung quälen, ist es sehr wahrscheinlich, dass auch dein Kind daran keine große Freude haben wird. Das bedeutet nicht, dass Putzen und Ordnung schaffen dir auf Knopfdruck ein Lächeln ins Gesicht zaubern sollen. Jedoch verinnerlicht dein Kind das, was es tagtäglich erlebt. Sehr wahrscheinlich hat auch die Fähigkeit deiner Eltern Ordnung zu schaffen und zu halten im Rahmen ihrer individuellen Ausprägung Einfluss auf dich gehabt. Vielleicht hast du als Erwachsener dies dann verändert und erweitert, so wie es zu dir passt.

Das Aufräumen angenehm gestalten

An manchen Tagen kann es helfen, das Aufräumen spielerisch und damit angenehmer zu gestalten: Werft Bausteine in die Kiste, macht Musik oder ein Hörspiel an, übt, Bücher nach Farben zu sortieren oder lasst die Kuscheltiere mit dem Spielzeugauto zurück an ihren Platz fahren. Dann steht nicht mehr das Aufräumen im Vordergrund, sondern das gemeinsame Tun. Hilfreich kann auch sein, Aufräumen plausibel zu machen: Wer die Eisenbahn aufbauen möchte, braucht Platz auf dem Fußboden. Soll das Puzzle vollständig bleiben, ergibt es Sinn, alle Teile wieder in die Schachtel zu räumen. Wer Dinge sucht, findet sie leichter, wenn sie einen festen Platz haben. Beachte jedoch: Auch das ist Übungssache und zudem kein Patentrezept. Diese Zusammenhänge und Gewohnheiten müssen viele, viele Male wiederholt und eingeübt werden und werden nicht mit Druck oder dem Androhen von Konsequenzen erreicht. Bleibe nachsichtig und sanft, insbesondere, wenn es mal nicht einfach so funktioniert.

Keine Lust, sich allein zu beschäftigen

Alle Eltern wünschen sich, dass sich ihre Kinder auch gut allein beschäftigen können. Wir halten das für eine gute Fähigkeit, die uns zuversichtlich stimmt, dass unsere Kinder auch später gut für sich selbst sorgen und einstehen können, das ist nur allzu verständlich. Gleichzeitig erhoffen wir uns von dieser Eigenständigkeit aber auch konkret etwas für uns und unseren Familienalltag. Denn das Leben mit Kindern ist anstrengend. Wir Eltern sind heute mit so vielen Aufgaben belastet und erfahren gleichzeitig sehr wenig Unterstützung. Wir sehnen uns nach ein paar ruhigen Augenblicken, in denen wir unseren Kaffee frisch und heiß trinken oder ohne unterbrochen zu werden eine Spülmaschine ausräumen können. Wir wünschen uns einerseits Verschnaufpausen. Andererseits würde es uns so guttun, mal eine Sache zu Ende zu machen, ohne unterbrochen zu werden und ein sichtbares Ergebnis zu haben – das ist verständlich.

Dich selbst im Blick haben

Viele Mütter, mit denen ich in meinen Beratungen zusammenarbeite, sagen, dass sie erst dann innerlich entspannen können, wenn es um sie herum aufgeräumt ist. Das führt oft dazu, dass sie die Momente, in denen sich ihre Kinder ohne sie beschäftigen oder die Schlafzeiten dafür nutzen, für Ordnung und Sauberkeit zu sorgen, anstatt sich selbst aufzutanken.

„Wer soll es denn sonst tun?“, schreit es jetzt vielleicht in dir. Natürlich, wenn in unseren Familien niemals jemand aufräumt, die Wäsche wäscht usw., fällt uns das an anderer Stelle irgendwann wieder auf die Füße. Doch ist es wichtig unser Gleichgewicht darin zu finden, Aufgaben nach Möglichkeit gleichmäßig zur verteilen und von Moment zu Moment gesunde Prioritäten zu setzen.

SORGE AKTIV FÜR DEINE PAUSEN

Achte darauf, regelmäßig Pausen einzulegen und Dinge nur für dich zu machen. Denn das hilft, das Chaos in der Wohnung und die Anstrengungen des Familienalltags gelassener anzunehmen. Nimm dir vor, dir in den nächsten drei bis fünf Tagen jedes Mal zuerst einen kleinen Moment für dich zu nehmen, wenn sich die Gelegenheit bietet. Vielleicht sind das nur 10 Sekunden, in denen du tief ein- und ausatmest. Ein anderes Mal ist es eine Tasse Tee in Ruhe oder zehn Minuten dösen. So holst du dir Kraft für deinen Alltag. Übe dich darin, die Gelegenheiten wahrzunehmen und zu ergreifen, denn sie schicken uns leider keine Extraeinladung.

Auch ich kenne die Momente, in denen mich das Chaos um mich herum schier um den Verstand bringt und ich das Gefühl habe, gleichzeitig möchte ständig irgendein Kind etwas von mir. Dann gibt es aber auch wieder die Tage, an denen es mir total leichtfällt, die Unordnung zu ignorieren und mich stattdessen den Kinder zuzuwenden. Das sind in der Regel Tage, an denen ich einigermaßen gut geschlafen habe, Energie tanken konnte und gut gelaunt bin. Wahrscheinlich konnte ich dann auch genug für mein eigenes Bedürfnis nach Autonomie und Selbstwirksamkeit tun, sodass ich mich von den Wünschen und Bedürfnissen der Kinder nicht so angestrengt fühle. Wenn ich regelmäßig für mich sorge, dann habe nicht nur ich, sondern auch meine Familie etwas davon. Wenn dir das sehr schwerfällt, findest du viele Strategien dazu auch in meinem Buch „Einatmen. Ausatmen. Mutter sein."

Aufmerksamkeit ohne Ende?

Oftmals erscheint es uns so, als wollten unsere Kinder permanent etwas von uns und wir sollten stets mit unserer Aufmerksamkeit bei ihnen sein. Dabei können zwei Aspekte hilfreich sein: Frage dich ganz ehrlich, ob das wirklich so ist oder ob es sich oftmals nur so anfühlt, da du in den Momenten, in denen dein Kind allein spielt, irgendwelchen Aufgaben nachgehst, anstatt eine Mini-me-Time einzulegen. Mach dir darüber hinaus bewusst, dass es Kindern nie einfach nur um unsere Aufmerksamkeit geht, das greift oftmals zu kurz. Frage dich, welches Bedürfnis hinter den Wünschen deines Kindes steht. Vermutlich ist es auf der Suche nach echter Verbindung und nach Sicherheit, wenn es etwas mit dir tun möchte oder deine Unterstützung braucht. Das macht es dir leichter, das zu beantworten und zu stillen, worum es wirklich geht und es fühlt sich weniger so an, als müsstest du wahllos eine riesige Masse an Aufmerksamkeit aufwenden, um dein Kind zufriedenzustellen.

MACH DEN CHECK: BIST DU WIRKLICH PRÄSENT?

Achte in den nächsten Tagen bewusst darauf, wie präsent du wirklich bist, wenn du mit deinem Kind zusammen bist. Wie ist es, wenn dein Kind auf der Suche nach Verbindung ist, dir etwas erzählen oder zeigen möchte? Bist du dann oft mit deinen Gedanken und deiner Aufmerksamkeit woanders, erledigst nebenbei den Haushalt oder Ähnliches? Unsere Kinder spüren es, wenn wir abgelenkt sind. Das bedeutet nicht, sich nur auf sie zu fokussieren, sondern eher in vielen kleinen Momenten Verbindung zu ihnen herzustellen. Nutze dafür Augenkontakt, ein liebevolles Lächeln, kleine Berührungen und Gesten. Halte dein Wort, wenn du sagst *„Ja, ich gucke gleich."* Wenn es länger gedauert hat, entschuldige dich dafür: *„Es tut mir leid, dass du warten musstest. Jetzt bin ich da."* Das ist respektvoll und wertschätzend.

So fühlt sich dein Kind geliebt

Jeder Mensch hat das seelische Grundbedürfnis nach Verbindung. Dazu gehört, sich geliebt und wertvoll zu fühlen. Kinder ziehen diese Gefühle aus den Beziehungen zu ihren ersten Bindungspersonen – in der Regel sind das ihre Eltern. Du kannst dir das Bedürfnis auch wie einen Tank vorstellen, aus dem dein Kind seinen Selbstwert und seine Zufriedenheit speist, aus dem heraus aber auch das Bedürfnis nach Sicherheit genährt wird.

Wir Menschen bevorzugen unbewusst verschiedene Wege, mit denen wir diesen Tank befüllen. Der US-amerikanische Paar- und Beziehungsberater Gary Chapman bezeichnet diese Wege als die fünf Sprachen der Liebe. Jeder Mensch hat gewissermaßen seinen Lieblingsweg, aus dem er am stärksten und effektivsten das Gefühl speist, geliebt und angenommen zu sein.

Über diesen QR-Code kannst du dir die fünf Sprachen der Liebe herunterladen: Dieser Impuls erklärt dir die unterschiedlichen Wege, wie kleine und große Menschen sich geliebt und gesehen fühlen.
https://www.momtowow.de/bonus

Die einen füllen ihren Tank, wenn sie Hilfe und Unterstützung von anderen bekommen. Das merkst du vielleicht, wenn dein Kind sich eigentlich schon selbst die Schuhe anziehen kann, es aber häufig verlangt, dass du ihm dabei helfen sollst. Einer meiner Söhne empfängt das Gefühl des Geliebtseins am stärksten darüber, das wurde mir deutlich, als er etwa sieben Jahre alt war. Er saß am Tisch, neben ihm standen eine Flasche Mineralwasser und ein Glas. Er hätte sich kaum bewegen müssen, um an etwas zu trinken zu gelangen. Dennoch bat er mich, ihm etwas einzuschenken. Ich sagte: *„Hey, die Flasche steht doch direkt vor dir, kannst du das nicht selbst tun?“* Da antwortete er: *„Es fühlt sich aber so schön an, wenn du das machst.“* Ich musste lächeln, weil er so gut benennen konnte, worum es geht. Wenn es dich also manchmal nervt, dass du Dinge für dein Kind tun sollst, die es eigentlich allein kann, freu dich über diesen einfachen Weg, deine Liebe zu zeigen.

Andere Kinder brauchen die regelmäßige ungeteilte Zeit und Aufmerksamkeit mit einer wichtigen Bezugsperson noch häufiger als andere, damit füllen sie ihren Tank. Das bedeutet nicht, dass du dir dafür zwangsläufig viel mehr Zeit freischaufeln musst. Nutze die kleinen Momente, die ihr ohnehin im Alltag habt: Wenn du es irgendwo abholst, wenn ihr gemeinsame Wege habt oder irgendwo zu Hause aufeinandertrefft. Mache daraus einen „Bilderrahmenmoment“, indem du dem Augenblick Besonderheit gibst. Du kannst zum Beispiel sagen: *„Ich freu mich, dass wir beide jetzt zusammen sind. Es ist schön, nur mit dir hier zu sein.“*

Viele kleine und große Menschen fühlen sich auch geliebt, wenn sie Geschenke bekommen, die von Herzen kommen. Dies sollen bitte keineswegs große Investitionen sein: Blumen, ein Briefchen, ein Stück Kuchen oder eine schöne Muschel können deinem Kind zeigen, dass es wertvoll für dich ist. Eigentlich alle kleinen Kinder speisen ihr Bedürfnis nach Verbindung und dem Gefühl geliebt zu sein über Körperkontakt und Nähe – und dann gibt es eben diejenigen, die noch kuscheliger sind als andere. Ganz ähnlich ist es mit positiven Rückmeldungen und Zuspruch. Alle Menschen wollen sich gesehen fühlen. Doch einige ziehen daraus eben noch einmal mehr.

KINDER SIND OFT NOCH NICHT FESTGELEGT

Kleine Kinder mögen und nutzen oftmals all diese Wege intensiv und erst im Laufe ihrer Entwicklung kristallisiert sich ihre „Hauptsprache" heraus: Die Sprache, in der Menschen Liebe am liebsten empfangen, muss nicht zwangsläufig auch die sein, mit der sie sie zeigen.

Vielleicht ist dir beim Lesen bewusst geworden, in welchen Liebessprachen dein Kind und du empfangt und sprecht, vielleicht darfst du das in nächster Zeit auch noch ein wenig beobachten. Wenn du weißt, wie dein Kind am liebsten Liebe und Zuwendung empfängt, kannst du viel gezielter darauf achten.

Wenn dein Kind oft auf dich wartet

Häufig ist uns gar nicht bewusst, wie oft wir die Bedürfnisse unserer Kinder im Alltag aufschieben. *„Warte kurz"*, *„Jetzt nicht"*, *„Gleich"*, *„Ich kann gerade nicht"* – das hören sie am Tag ziemlich häufig von uns Erwachsenen. Das bedeutet nicht, dass dein Kind nicht auch abwarten darf. Doch du kannst achtsamer sein in diesen Punkten. Dein

Kind braucht dich, um sich seine seelischen Grundbedürfnisse zu erfüllen. Durch deine Zuwendung fühlt es sich geliebt, verbunden und sicher. Wenn du dafür gesorgt hast, dass seine Bedürfnisakkus aufgeladen sind, kann sich dein Kind im Rahmen seiner individuellen und altersbedingten Möglichkeiten auch für eine Weile allein beschäftigen. Das ist natürlich keineswegs eine klar kalkulierbare Konstante. Kinder durchlaufen so viele Entwicklungen und unser Alltag hält so viele verschiedene Herausforderungen für sie bereit. Da brauchen sie uns mal mehr und mal weniger intensiv, um sich geliebt und sicher zu fühlen.

Je unruhiger und angespannter wir Eltern sind, desto näher binden sich unsere Kinder häufig auch körperlich an uns. Mit Blick auf die Evolution ergibt das Sinn. Gerade weil Kinder kognitiv noch nicht vollkommen ausgereift sind, sind sie auf ihren feinen Radar angewiesen, der permanent unbewusst das Verhalten der Eltern scannt und deren Signale auffängt. Wenn wir Stresssignale aussenden, versetzt das unsere Kinder unbewusst in Alarmbereitschaft. Schließlich hat das insbesondere in der Steinzeit immer Flucht oder Kampf bedeutet. Wer überleben und nicht zurückgelassen werden wollte, tat gut daran, nah bei seinen Eltern zu sein. Zwar leben wir nicht mehr in der Steinzeit, aber unser Gehirn und Nervensystem haben sich seitdem nicht maßgeblich verändert. Wir tun also gut daran, uns selbst immer wieder zu regulieren und herunterzufahren, um unsere Kinder ganz automatisch zu entspannen.

Tätigkeit unterbrechen oder benennen, was los ist

Wenn dein Kind dich immer wieder bei Tätigkeiten unterbricht, hast du verschiedene Möglichkeiten. Du kannst gereizt reagieren und mit Konsequenzen drohen. Doch wird sich das für dich vermutlich nicht gut anfühlen. Außerdem lernt dein Kind dann, dass seine Gefühle und Bedürfnisse nicht richtig sind. Die Bedürfnisse, die sein Verhalten auslösen, bleiben zudem unerfüllt, sodass sich das Verhalten eher noch verstärken wird. Du kannst mit dem Wissen, dass es deinem Kind um etwas Tieferliegendes geht, aber auch bewusst umgehen. Vielleicht kannst du das, was du tust, kurz ruhen lassen. Dann lest gemeinsam in einem Buch, du siehst dir an, was dein Kind gebaut hat oder ihr spielt eine schnelle Runde Karten. Denke immer daran, du hilfst deinem Kind gerade, sein Bedürfnis zu stillen. Danach ist es sehr gut möglich, dass du deine Tätigkeit zu Ende führen kannst. Eventuell kannst du dein Kind auch einbeziehen und es mitmachen lassen.

Wenn nichts davon geht, sprich genau das aus: *„Du möchtest jetzt mit mir Zeit verbringen und ich stille gerade deine kleine Schwester. Das ärgert dich und du bist deswegen traurig. Das kann ich gut verstehen, ich würde jetzt auch gerne sofort mit dir spielen. Geh doch schon mal rüber und bau das Spiel auf, dann komme ich gleich zu dir.“* So könnte es sich anhören, wenn du die Gefühle und Wünsche deines Kindes benennst. Weil du auch damit schon Verbindung herstellst und deinem Kind zeigst, dass du es siehst und verstehst, können Gefühle beruhigt und Bedürfnisse gestillt werden.

ES WIRD NICHT EWIG SO SEIN

Wenn ihr gerade in einer herausfordernden Phase steckt und dein Kind viel Zuwendung braucht, mach dir bewusst, dass es nicht ewig so sein wird. Dein Kind entwickelt sich so schnell weiter. Denke an die schlaflosen Nächte der Babyzeit: Vielleicht dachtest du, du würdest nie wieder länger als zwei Stunden am Stück schlafen. Und doch seid ihr dieser Phase längst entwachsen.

Verlieren und nicht Erster sein ist schwer

Ich bin mir sicher, du kennst sie: die Kluft zwischen Vorstellungen eines harmonischen Spielenachmittags mit der Familie und der Realität. Du wünschst dir einen entspannten und fröhlichen Zeitvertreib mit deinem Kind, doch mit jeder Brettspielrunde sinkt die Stimmung. Irgendwann brausen die Gefühle auf wie ein Orkan, die Spielfiguren fliegen durchs Zimmer und dein Kind fegt das Spielbrett vom Tisch. Du bist genervt, weil du möchtest, dass alle Sachen heile bleiben und dein Kind lernt, ein „guter Verlierer" zu sein, zurückstecken zu können und mit Misserfolgen umzugehen.

Vielleicht bist du aber auch angenervt davon, dass dein Kind anscheinend immer das Schnellste, Beste und Erste bei allem sein muss. Ansonsten ist es frustriert und streitet sich mit dir oder anderen. Allmählich fragst du dich, ob es sich zu einem unsozialen Menschen entwickelt, der anecken wird und sich unbeliebt macht. In beiden Fällen kann ich deine Anspannung und Sorge gut verstehen. Lass uns deswegen von der Oberfläche des Verhaltens auf die Wurzeln und die kindliche Entwicklung schauen, um deine Gefühle und deine Reaktion auf dein Kind zu verändern.

Von schlechten Verlierern und Frustrationstoleranz

Grundsätzlich braucht es Frustrationstoleranz, um aushalten zu können, nicht zu gewinnen oder nicht der Erste zu sein. Die Fähigkeit, mit Niederlagen und unangenehmen Gefühlen konstruktiv umgehen zu können, entwickelt sich über viele Jahre. Sie steht in unmittelbarer Verbindung mit der Fähigkeit, Gefühle zu regulieren und emotionale Impulse bewusst zu steuern.

Selbst wenn Menschen bereits Strategien erworben haben, mit Niederlagen und Ähnlichem umzugehen, heißt es nicht, dass sie ihnen immer gleich stark zur Verfügung stehen. Das kennst du von dir selbst vermutlich auch: An einem Tag, an dem du dich gestärkt und fröhlich fühlst, kannst du viel besser mit unangenehmen Angelegenheiten, Unvorhergesehenem usw. umgehen als an Tagen, an denen du gestresst, müde und überlastet bist.

Auch bei deinem Kind sind diese Fähigkeiten nicht immer gleich gut verfügbar. Zudem sind sie noch in der Entwicklung. Wenn dein Kind also beim Spiel verliert und darauf heftig reagiert, dann ist das also grundsätzlich erstmal sehr natürlich. Wie bei allen starken Gefühlen lernen Kinder den Umgang damit am besten, wenn Erwachsene diese Gefühle benennen, Verständnis zeigen und den Kindern helfen sie einzuordnen. Das braucht Zeit und viele gute Erfahrungen mit Menschen, die respektvoll mit dem Kind und seinen starken Gefühlen umgehen.

WÄHLE ANGEMESSENE SPIELE AUS

Damit dir diese Zeit nicht zu lang und zu anstrengend wird, kannst du darauf achten, was ihr spielt. Gibt es viele Regeln, die dein Kind überfordern, oder könnt ihr es einfacher gestalten? Ihr könnt auch zunächst einmal eher Spiele spielen, bei denen ihr gemeinsam eine Aufgabe löst und ein Team seid.

Hilfreich ist auch, vorher noch einmal die Regeln und das Verständnis über den Spielablauf miteinander abzugleichen. Das bedeutet nicht, dass dein Kind sich automatisch und konfliktfrei daran halten kann. Doch es hilft dabei, Missverständnisse im Vorfeld aus dem Weg zu räumen.

Kräfte messen und gewinnen, um sich sicherer zu fühlen

Vielleicht stellst du fest, dass es deinem Kind in manchen Zeiten besonders wichtig ist zu gewinnen, sich an anderen zu messen und dabei möglichst gut abzuschneiden. Gleichzeitig fällt es ihm viel schwerer, Niederlagen und Frust auszuhalten. Vom altersgerechten Entwicklungsprozess deines Kindes einmal abgesehen kann es sein, dass es gerade verunsicherter ist als sonst. Wenn du an den Baum der Bedürfnisse denkst, ist die Wurzel „Sicherheit" betroffen und vermutlich auch die der Autonomie, denn in der ist auch das Selbstwertgefühl zu Hause.

Das bedeutet nicht zwangsläufig, dass dein Kind ein niedriges Selbstwertgefühl hat, denn das Selbstwertgefühl eines Menschen und seine Selbstsicherheit sind auch immer abhängig von dem, was sie erleben und was im Außen geschieht. Grundsätzlich messen sich Kinder im Grundschulalter gerne und oft aneinander. Es hilft ihnen, sich selbst, das eigene Können und die eigenen Kräfte kennenzulernen, einzuordnen und sich selbst zu spüren.

Wenn dein Kind gerade dazu tendiert, sich stark an anderen zu messen und unbedingt gewinnen und stark sein zu wollen, kann es sein, dass es sich innerlich gerade unsicherer fühlt. Wenn du nun innerlich ein wenig zurückspulst und außerdem von oben auf eure aktuelle Situation schaust, wirst du vermutlich Aspekte finden, die das begründen: Macht dein Kind gerade eine bestimmte Entwicklungsphase durch, steht eine Veränderung bevor oder habt ihr als Familie eine solche erlebt? Im Kapitel „Werkzeugkasten für eure starke Beziehung" beschreibe ich genau, wie du diese Technik nutzen kannst.

Spielen gezielt nutzen

In einem Beratungsgespräch berichtete mir eine dreifache Mutter von einem ihrer Söhne. Lasse ist fünf Jahre alt. Er hat einen anderthalbjährigen Bruder, der gerade sehr anhänglich ist. Sein älterer Bruder ist sieben und aktuell sehr bestimmend. Meistens kann Lasse sich mit beidem ganz gut arrangieren, allein bei Gesellschaftsspielen ist er gerade viel empfindlicher als sonst, ärgert sich schneller und reagiert dann extrem enttäuscht und wütend. Einmal abgesehen davon, dass sich Lasses Impulskontrolle noch entwickelt und stärkt, erlebt er an zwei weiteren Stellen Unsicherheit und Frustration: Er passt sich an die Situation mit seinem jüngeren Bruder an und ist gegebenenfalls darüber verunsichert, ob er für seine Eltern ebenso wichtig ist wie der Kleine. Außerdem erlebt er sich in Beziehung zu seinem älteren Bruder derzeit oft als unterlegen und wenig einflussreich. Es fehlt ihm an Sicherheit und Selbstwirksamkeit. Wenn ihm diese Faktoren nun auch noch im Spiel verloren gehen, ist das Maß gewissermaßen voll und Lasse kann nicht noch mehr Frustration ertragen.

Generell sind Gesellschaftsspiele eine gute Möglichkeit für Kinder, in einem sicheren und liebevollen Rahmen zu lernen mit Frust und Niederlagen umzugehen. Lasses Eltern nahmen sein Verhalten nun jedoch erstmal als Hinweis darauf, dass es ihm in anderen Bereichen gerade nicht gut ging. Sie schafften dafür Ausgleich, indem sie das Thema ansprachen und Lasse regelmäßig ungeteilte Zeit mit einem Elternteil zukommen ließen. Bis Lasse sich wieder selbstsicherer und gestärkter fühlte, waren sie nun in der Lage, ihm mehr Verständnis entgegenzubringen. Sie spielten in dieser Zeit eher allein mit ihm und dann solche Spiele, die ihn tendenziell weniger schnell aufregten und wütend machten. Sie waren nachsichtig, wenn er mogelte und die Regeln für sich flexibel auslegte.

DARFST DU DEIN KIND GEWINNEN LASSEN?

Kinder in gemeinsamen Gesellschaftsspielen mit Geschwistern oder Freunden gewinnen zu lassen ist schwierig, da das Spiel sonst für alle sehr wenig zufriedenstellend ist. Wenn du allein mit deinem Kind spielst, darfst du dich in meinen Augen durchaus mal mit dem Gewinnen zurückhalten – insbesondere in Phasen, in denen dein Kind innerlich weniger gefestigt ist. Du kannst auch gezielt ein Machtausgleichspiel aus einem Brettspiel machen und dich eindeutig erkennbar tollpatschig und unterlegen zeigen. Du kannst und solltest deinem Kind nicht jeden Frust ersparen. Dennoch muss es auch nicht auf harte, beschämende und unnachgiebige Weise Erfahrungen sammeln.

So lernt dein Kind beim Spielen das, was du möchtest

In einem Forum las ich eine Diskussion von Eltern über den Umgang mit Kindern, die in ihren Augen nicht verlieren können. Bis auf eine Ausnahme rieten die Teilnehmer im Chatverlauf, konsequent das Spiel zu beenden, wenn das Kind „bockt oder zickt", damit es lernt, dass es damit nicht weiterkommt. Ich verstehe die Sorge dahinter, dass das Kind sich zu jemandem entwickelt, der rücksichtslos ist und keinen Frust aushalten kann. Leider lernen Kinder mit einer solchen Reaktion aber, dass ihre Gefühle, ihre Enttäuschung und ihre Wut ablehnenswert sind. Sie unterdrücken sie dann zwar, wenn sie ansonsten mit einer Strafe zu rechnen haben. Sie lernen darüber hinaus aber keinen gesunden Umgang damit. Das Selbstwertgefühl verringert sich dadurch eher noch.

Ein Vater gestand im Zuge der Diskussion, dass er beim „Mensch ärgere dich nicht" spielen selbst oft noch so wütend werde, dass ihm die Lust daran vergehe. Er konnte sich gut in die Kinder hineinversetzen – und das ist es, was es braucht: Erwachsene, die verstehen können, wie es dem Kind geht, die Worte dafür finden und nach gemeinsamen Lösungen suchen. Das ist manchmal nervig, wenn mehrere große und kleine Menschen gemeinsam spielen. Doch lernen alle etwas dabei: Dass es anderen auch mal so geht, dass Menschen einander entgegenkommen und für diejenigen Mitgefühl aufbringen, denen es gerade nicht gut geht. Starke Gefühle bei Gesellschaftsspielen sind lehrreich für alle, wenn Eltern konstruktiv damit umgehen.

Streit beim Umgang mit Medien

Vielleicht gibt es neben aggressivem und auffälligem Verhalten kaum ein Thema, das für mehr Konflikte in Familien sorgt als der Umgang mit Medien. Ich kann die Ängste und Unsicherheiten, mit denen Eltern auch in meine Gespräche kommen, gut verstehen. Oft gehen sie einher mit Scham und Gedanken, etwas falsch oder nicht gut genug gemacht zu haben als Eltern. Oft steht sogar der Begriff „Mediensucht“ wie ein übles Gespenst mit im Raum. An dieser Stelle möchte ich dir zusprechen, dass du mit deinen Ängsten und Gefühlen nicht allein bist. Vermutlich gibt es heute keine Mutter und keinen Vater mehr, der sich noch nicht mit seinem Kind um Handy- oder Tablet-Nutzung, Serien schauen oder Computerspiele gestritten hat. Bildschirme üben eine magische Anziehungskraft auf Kinder aus – wie auf Erwachsene auch.

Vielleicht hast du den Eindruck, dass auch dein Kind, sitzt es einmal vor einer Serie oder einem Spiel, alles um sich herum vergisst. Anscheinend bekommt es niemals genug – egal, wie viel Zeit du ihm zugestehst, und du hast Angst, dass nichts anderes so wichtig ist wie die Medienzeit. Allein diese Angst reicht schon aus, dich in Windeseile in „Wenn-dann“-Schleifen rutschen zu lassen. Denn sicherlich fühlst du dich in solchen Momenten und mit deinen Gefühlen ziemlich hilflos und überfordert.

AUF DICH SELBST SCHAUEN

Viele von uns stehen unseren Kindern in Sachen Bildschirmaffinität in nichts nach. Sobald wir eine Minute Leerlauf haben, an der Supermarktkasse oder an einer roten Ampel zum Warten verurteilt sind, greifen wir zum Smartphone. TV-Serien sind durch Streaming-Dienste stets in Massen verfügbar und soziale Netzwerke befriedigen immer wieder wie der Tropfen auf dem heißen Stein unseren Durst nach echten Verbindungen. Vielleicht ist dir unbewusst gerade deswegen so wichtig, dass dein Kind lernt, maßvoll mit all dem umzugehen, weil du weißt, wie viel Lebenszeit in den Medienkonsum fließen kann. Und wie schwer fällt es dir vielleicht selbst, immer genau dann auszuschalten, wann du es dir vorgenommen hast.

Angst vor Isolation und Abhängigkeit

Folgende Ängste begegnen mir oft in meinen Beratungssprechstunden: Was ist, wenn mein Kind abhängig wird und seine sozialen Kontakte verliert? Was ist, wenn es zu wenig rausgeht oder durch den Konsum gewisser Spiele den Bezug zur Realität verliert und gegenüber Gewalt abstumpft? Vollkommen unbegründet sind sie nicht, denn Medien üben auf unser Gehirn einen starken Reiz aus. Bilder, mit denen wir uns regelmäßig umgeben, formen automatisch unsere Realität, unsere Wahrnehmung des Normalen mit.

Wenn Bedürfnisse immer wieder unerfüllt bleiben und vom Medienkonsum übertüncht und damit als Ersatz befriedigt werden, ist das mehr als ungesund. Zeit beim Spielen mit anderen Kindern zu verbringen ist die beste Möglichkeit für unsere Kinder, sich zu entwickeln und sich in sozialen Verhaltensweisen zu üben. Sie üben dann, sich zurückzunehmen, genauso wie sich durchzusetzen. Sie lernen, sich Lösungen auszudenken, mit anderen Menschen zu interagieren, die Langeweile zu überwinden und kreativ zu werden.

Gleichzeitig leben wir in dieser Welt mit all diesen Medien und sie und ihre Nutzung durchweg zu verteufeln, halte ich für unangemessen. Wenn wir genauer hinschauen, gibt es auch Computerspiele mit viel Interaktion und Kommunikation, es gibt lehrreiche Videoinhalte, hilfreiche Apps und viele kreative Möglichkeiten, sich mit Medien zu beschäftigen.

Individuelle Regelungen finden

Meiner Erfahrung nach ist es kaum möglich, pauschale Lösungen und Regelungen für die Mediennutzung zu finden. Denn der Umgang damit ist abhängig von euren Werten, eurem Alltag und der Persönlichkeit deines Kindes. Ich höre immer wieder von Kindern, die mehr und solchen, die weniger intensives Interesse an Medien zeigen. Auch das Alter, in dem das Ganze für sie spannender wird, kann sehr unterschiedlich sein. Einige Kinder langweilen sich schnell vor dem Bildschirm oder spüren irgendwann, dass sie genug haben. Hier funktioniert manchmal ein freier Zugang zu altersgerechten Inhalten ganz gut. Das ist aber längst nicht überall so. Oft geben allein die Regelungen schon uns Eltern Halt und Orientierung, sodass es uns leichter fällt, hier im Umgang mit unserem Kind eine liebevolle, zugewandte und verantwortungsvolle elterliche Führung zu übernehmen.

Begleite dein Kind

Auch wenn Medien natürlich immer die Verlockung darstellen, dass wir Zeit für uns und für Pausen finden, brauchen unsere Kinder eine enge Begleitung bei allen Angeboten, die sie nutzen – je jünger, desto intensiver muss diese Begleitung sein. Wir Eltern müssen uns damit auseinandersetzen, was unsere Kinder spielen oder konsumieren, um Bescheid zu wissen, womit sie sich beschäftigen, welchen Bildern und Interaktionen sie ausgesetzt sind.

Insbesondere Computerspiele, die online gespielt werden und bei denen sich eine Kommunikation mit anderen Spielenden über eine Chatfunktion nicht vermeiden lässt bzw. zum Spiel mit dazugehört, bergen gewisse Risiken für dein Kind. Also schau dir offen und interessiert an, was es spielen oder ansehen möchte. Gibt es versteckte oder offensichtliche Werbung, die du unangemessen findest oder die nicht altersgemäß ist und wie reagiert dein Kind auf die Inhalte? Oft haben insbesondere kleine Kinder viel Gesprächsbedarf, um das, was sie sehen und erleben, zu verarbeiten.

PROBIERE AUS, WAS PASST

Wenn du den Eindruck hast, die Bildschirmzeit macht dein Kind zappelig, nervös, aufgewühlt, aggressiver oder antriebslos, probiere aus, welche Zeitspannen und welche Inhalte besser zu euch passen. Je älter dein Kind ist, desto wichtiger ist es, diese Dinge gemeinsam zu besprechen und auszuprobieren, da Regeln, die du machtvoll vorgibst, euch nur in den Kampf bringen und dein Kind nichts über sich lernt und keine echte Medienkompetenz erwirbt.

Sprich mit deinem Kind offen und freundlich darüber, wie es ihm geht, wenn es viel Zeit vor dem Bildschirm verbringt. Frage es, wie es ihm körperlich und mental geht und ob es irgendetwas vermisst. Zeige dich auch interessiert an dem, was dein Kind gerne sieht oder spielt. Warum gefällt ihm genau das? Wenn es dir gelingt, für solche Gespräche einen guten Zeitpunkt und eine einfühlsame und respektvolle Ansprache zu finden – also idealerweise nicht in einer akuten Konfliktsituation mit vorwurfsvollem Unterton – kannst du viel über dein Kind erfahren. Ihr könnt darüber in Verbindung kommen und du unterstützt dein Kind dabei, seine Wahrnehmung für sich selbst zu schulen.

Oft haben Kinder ein erstaunlich klares und gutes Gefühl dafür, was ihnen guttut und was nicht, selbst wenn sie die Unterstützung Erwachsener brauchen, um die Medienzeit passend zu dosieren. Wenn es uns Eltern gelingt, ihnen dabei wirklich offen zu begegnen, verbinden sich unsere Kinder allzu gerne darüber mit uns und teilen vertrauensvoll mit, was sie bewegt. Vertrauen ist in all diesen Belangen der allerwichtigste Aspekt.

Dein Kind schaltet nicht zur vereinbarten Zeit aus

Streit und Machtkämpfe branden oft dann auf, wenn es darum geht, den Bildschirm auszuschalten. Kinder reagieren nicht oder beginnen zu verhandeln. Bei uns Eltern mischt sich dann oft noch der eigene Ärger ein sowie die Sorge, unser Kind lerne nicht, sich an Vereinbarungen zu halten. Ich weiß, wie nervig diese Situationen sein können. Dennoch hat dein Kind langfristig mehr davon, wenn es den Bildschirm selbst ausschaltet und seine Medienzeit beendet. Denn das trainiert die Impulskontrolle und hilft deinem Kind auch später, bessere Entscheidungen in Sachen Medienkonsumzeiten zu treffen. Vielleicht braucht es einige Minuten und Aufforderungen, bis dein Kind so weit ist. In den meisten Fällen bewegen Eltern ihre Kinder aber insgesamt doch recht schnell zum Ausschalten. Achte dabei darauf, dass du zu deinem Kind hingehst und nicht über ein bis drei Zimmer hinweg rufst. Berühre dein Kind an der Schulter und stelle Körperkontakt her. Es ist gut möglich, dass dein Kind wütend und auch impulsiver reagiert als sonst. Es ärgert sich zum einen über die Fremdbestimmung. Außerdem fährt die Funktion des präfrontalen Cortex beispielsweise beim Fernsehen herunter – der Teil des menschlichen Gehirns, der unter anderem für Gefühlsregulation und vernünftige Entscheidungen zuständig ist, geht gewissermaßen in den Schlummermodus.

DEN KINDERWILLEN NICHT ÜBERGEHEN

Eine Mutter fragte mich einmal in meiner Beratung, ob ihre Tochter denn überhaupt lerne, zuverlässig und verbindlich zu sein, wenn sie ihr immer noch ein paar Minuten Zeit Aufschub vor dem Abschalten des Bildschirms gewähre. Ich fragte sie, ob sie denn ihr Ziel, dass das Gerät ausgeschaltet werde, einhalte und erreiche. Das bejahte sie, also wird dieses Ziel zuverlässig und verbindlich erreicht. Auf dem Weg dorthin lernt ihre Tochter, dass ihr Wille nicht übergangen wird, dass ihre Eltern nicht übergriffig sind und ihre Macht missbrauchen und dass sie ein Mitspracherecht hat. Ziemlich wertvolle Aspekte, oder?

Bleibe ruhig, freundlich und gleichzeitig beharrlich. Hilf deinem Kind gegebenenfalls, in die nächste Beschäftigung zu kommen, spielt etwas gemeinsam und hilf ihm durch diesen Übergang. Wenn beispielsweise die gemeinsame Zeit mit uns für die Kinder eine gewisse Sogwirkung hat, wird das ein wenig leichter. Das gestaltet sich bei älteren Kindern schwieriger, wenn die Beziehung bereits sehr von Machtkämpfen geprägt ist. Deswegen tun Eltern gut daran, bewusst von Anfang an in konstruktive, mitfühlende und liebevolle Verbindungen zu investieren.

Verstöße abstrafen oder lieber nicht?

In Bezug auf den Medienkonsum sind Strafen ebenso problematisch wie Belohnungen, da sie Anreize unnatürlich verstärken bzw. Kindern ihre intrinsische Motivation nehmen. Wenn du die Mediennutzung immer und immer wieder einfach verbietest, wird dein Kind früher oder später andere Wege finden und diese wird es vor dir verheimlichen. Schaut dein Kind beispielsweise eine Sendung, die es nicht sehen darf, oder spielt es ein Spiel, das du verboten hast, sei froh, wenn es von selbst mit dir darüber spricht. Schimpfen und Bestrafungen stören das Vertrauen, das dein Kind dir in dem Moment entgegenbringt. Möglicherweise spricht es künftig nicht mehr mit dir über seine Erlebnisse. Das ist aber durchaus wichtig, vor allem, wenn Fremde mit Kindern über bestimmte Onlinespiele in Kontakt treten. Begleite dein Kind, tröste, sei an seiner Seite und kläre über deine Beweggründe auf. Eure vertrauensvolle Beziehung ist hier euer Netz.

Machen Medien süchtig?

Vielleicht kann es dich beruhigen zu bedenken, dass Sucht nicht einfach entsteht, wenn Kinder sich an zu viel Medienzeit gewöhnen. Menschen entwickeln dann Süchte, wenn wichtige seelische Grundbedürfnisse dauerhaft nicht befriedigt werden und wenn sie seelisch verletzt und gedemütigt werden. Wenn eure familiären Beziehungen von Nähe, Zuwendung, Vertrauen, Liebe und Wertschätzung geprägt sind und du darauf achtest, dass dein Kind ausreichend Ausgleich hat und sich viel draußen bewegt und spielt, darfst du diese Angst zur Seite schieben.

Sei achtsam damit, dass Spiele-Apps und Serien nicht die stetige Antwort auf Langeweile, schlechte Laune oder Frust sind, denn dann speichert das Gehirn deines Kindes dies als Strategie zum Umgang mit diesen Gefühlen ab. Wahrscheinlich wird dein Kind umgekehrt zuweilen unbewusst versuchen, diese Zustände mit Mediennutzung zu kompensieren. Erkenne es, wenn diese Stimmungen der Frage nach dem Bildschirm zugrunde liegen, und fasse es für dein Kind in Worte. Unterstütze es dabei, für den Moment eine andere Beschäftigung zu finden, ohne dass du dich damit stresst und zu dogmatisch bist. Schließlich machen Medien auch oft Spaß und gehören mit zu unserem Alltag.

LEBE ES VOR

Wenn wir Erwachsenen in der Familie achtsam und bewusst mit Medien umgehen, ist das ein starkes Vorbild. Legt eure Handys zu Hause auf einen festen Platz. Lasst sie abends beispielsweise nach 19 Uhr ausgeschaltet. Überlegt euch gemeinsam als Familie Regelungen und erinnert euch, sie einzuhalten. Unterscheidet reinen Konsum von nützlichen Aspekten: Mache deinem Kind transparent, welche Apps du gegebenenfalls im Alltag nutzt, um dich zu organisieren. Trennt zum Beispiel die Nutzung von Lernapps, Erklärvideos und etwa das Erstellen eigener Videos von der reinen Konsumzeit ab und verrechnet diese auch nicht miteinander.

Versuche, dich auf Vorschläge deines Kindes zur Mediennutzung einzulassen, probiert aus und bleibt darüber im Gespräch. Wenn dein Kind etwa vorschlägt, direkt nach der Kita oder vor den Hausaufgaben eine Sendung anzuschauen, dann lass es auf eine Zeit des Versuchens ankommen. Wenn du nach einiger Zeit den Eindruck hast, dass diese Regelung für euch nicht funktioniert, sprecht darüber. Ihr könnt außerdem einen zeitlichen Rahmen vereinbaren, bzw. wie viele Folgen einer bestimmten Serie es insgesamt ansehen kann. Hilfreich für dein Kind sind Serien und Spiele, die einen klaren Abschluss haben.

Spielplatz-Krise: Dein Kind will nicht nach Hause

Ihr habt den Nachmittag auf dem Spielplatz verbracht und dein Kind hat sich ausgiebig bewegt und gespielt. Jetzt peilst du den Heimweg an und dein Kind protestiert, läuft davon oder ignoriert deine Aufforderungen. Oft scheinen die anderen Anwesenden noch ganz genau zu beobachten, wie du reagierst und wie du dein Kind zum Mitkommen bewegst – neben Ärger und Hilflosigkeit ein weiterer Druckpunkt, der dich unter Umständen schnell mit einer Strafe drohen lässt.

Einige Eltern lösen das Problem, indem sie ihr Kind einfach auf den Arm nehmen und weggehen oder es in den Kinderwagen setzen und anschnallen. Bis zu einem gewissen Alter und Körpergewicht eines Kindes mag das noch funktionieren. Allerdings ist es nicht unbedingt respektvoll und wertschätzend, wenn du deine körperliche Überlegenheit ausnutzt, um deine Absichten durchzusetzen. Eurer Beziehung tut das auf Dauer nicht gut. Außerdem ist diese Vorgehensweise bei älteren Kindern aussichtslos.

Die Ankündigung: *„Dann gehe ich eben ohne dich“* ist in mehrfacher Hinsicht schwierig. Sie mag dein Kind zwar zumindest eine Zeit lang zum Mitgehen bewegen. Doch nutzt diese Strategie die Urangst deines Kindes, verlassen zu werden und schadet eurer Bindung. Wenn dein Kind älter wird und erlebt, dass dies eine leere Drohung ist, wird es sich davon nicht mehr unter Druck setzen lassen. Zudem bleibt die Frage, ob du es wirklich mit Angst und Druck zum Gehorsam bewegen möchtest. Schauen wir uns an, warum dein Kind nicht mitkommt oder reagiert und wie du das verändern kannst.

Bereite dein Kind vor

Oft kommt die Ankündigung *„Wir gehen jetzt!"* für Kinder sehr plötzlich. Sie sind mitten ins Spiel vertieft und haben keine Gelegenheit, sich aus der Situation zu lösen. Du hingegen hast wahrscheinlich schon seit einiger Zeit die Uhr im Blick und setzt dich gedanklich mit dem Abendessen und dem Verlauf des restlichen Abends auseinander. Hinzu kommt, dass der Ausdruck „wir" für Kinder oft unklar ist – auch in anderen Situationen. Denn zumeist haben nicht „wir" etwas vor, sondern ein Elternteil hat sich entschieden, dass es jetzt losgeht und das Kind soll mitkommen.

Klarer sind Formulierungen wie *„Ich will jetzt gehen und ich möchte, dass du mitkommst"*. Erkläre auch, warum du gehen möchtest. Sag, dass dir kalt ist, du müde bist oder dass du zum Abendessen nach Hause möchtest. Das bedeutet nicht, dass dein Kind dann sofort in der Lage ist, alles stehen und liegen zu lassen und mitkommt. Doch du bist authentisch und dein Kind erfährt etwas über dich. Ihm ist nicht egal wie es dir geht, auch wenn es nicht dafür die Verantwortung trägt, für dein Wohlergehen zu sorgen. Deine echten Beweggründe sind für dein Kind immer klarer und machen es ihm leichter, mit dir zu kooperieren.

Kündige also früh genug an, dass du gleich aufbrechen möchtest, und wiederhole deine Ankündigungen. Je jünger dein Kind ist, desto schwerer fällt es ihm, sich beispielsweise etwas unter zehn Minuten oder einer Viertelstunde vorzustellen. Du kannst dein Kind zwei- bis dreimal erinnern und dann ganz konkret mit ihm vereinbaren, dass es beispielsweise jetzt noch dreimal rutschen, einmal schaukeln oder sein Bauwerk beenden kann. So kann es einen klaren Abschluss finden, das ist auch für uns Erwachsene wichtig, doch wir entscheiden meist selbst über diese Zeitpunkte – im Gegensatz zu unseren Kindern.

TUT ETWAS GEMEINSAM

Schließt euren Spielplatzbesuch gemeinsam ab. Rutscht zusammen, schießt ein paar Bälle aufs Tor, gib deinem Kind Anschwung auf der Schaukel oder spielt eine Runde fangen. Wenn ihr darüber schon in die Verbindung kommt, wird es viel leichter für dein Kind, einen Abschluss zu finden und mit dir zu gehen.

Wenn du an den Baum mit den Wurzeln der seelischen Grundbedürfnisse denkst, spielt bei allen Kindern auch die Autonomie eine wichtige Rolle. Es geht deinem Kind in diesem Zusammenhang nicht darum, darüber zu entscheiden, auf dem Spielplatz zu bleiben oder nicht. Doch vielleicht braucht es das Gefühl, sich selbst entschieden zu haben bzw. mitzuentscheiden, wann ihr geht. Dafür kannst du auf verschiedene Arten sorgen. Wenn du sagst, dass du in fünf Minuten gehen möchtest, wird dein Kind wahrscheinlich sagen: *„Nein, in zehn Minuten!“* Plane mit ein, ihm diese Zeit zu gewähren und mitzuentscheiden.

Auch über die Auswahl dessen, was dein Kind noch tun möchte, bevor ihr geht, kannst du sein Bedürfnis erfüllen: *„Ich möchte gleich gehen. Willst du vorher noch einmal schaukeln oder lieber klettern?“* Bei beiden Beispielen gibst du den übergeordneten Rahmen – dass ihr gleich geht – vor, lässt dein Kind aber innerhalb dieses Rahmens mitentscheiden und -gestalten. Du findest sicher noch einige individuelle Möglichkeiten, die zu euch passen.

Wenn nichts hilft

Was tun, wenn all deine Bemühungen zu nichts führen und dein Kind deiner Aufforderung mit dir zu gehen trotzdem nicht nachkommt? Wie in anderen Zusammenhängen auch, kann das ein Zeichen dafür sein, dass dein Kind sich wegen irgendetwas über dich geärgert hat oder dass es in anderen Bereichen seines Alltags in seinen autonomen Entscheidungen zu stark begrenzt ist, sodass es gerade schlichtweg nicht anders kann. Es lohnt sich auch, einen Blick darauf zu werfen, wie eure Verbindung derzeit generell ausgeprägt ist. Setze hierzu außerhalb der Konfliktsituation innerlich deine neutrale Forscherbrille auf.

Frage dich, wann dein Kind sich gerade im Alltag wertvoll und von dir gesehen fühlt. Wann seid ihr so miteinander verbunden, dass dein Kind auftankt und spürt, dass du gerne Zeit mit ihm verbringst? In meinem Mentoring habe ich mit einer Mutter an dieser Herausforderung gearbeitet. Ihr achtjähriger Sohn kam selten zur verabredeten Zeit vom Spielen in der Wohnsiedlung rein und die Familie hatte deswegen oft Streit. Der Junge schien die Aufforderungen und Bitten der Eltern einfach zu ignorieren. Als wir uns die Situationen genauer angesehen haben, wurde sichtbar, dass dem Achtjährigen gerade offenbar die Sogwirkung der Beziehungsqualität fehlt. Die Eltern schimpften häufig mit ihm aufgrund vieler Konflikte mit dem jüngeren Bruder und kritisierten ihn oft wegen seines Verhaltens. Gezielte gemeinsame Aktivitäten und ein liebevolles Werben der Eltern um die Aufmerksamkeit des Kindes fehlten.

Dabei können wir Eltern so unseren Kindern zeigen, wie wichtig sie uns sind. Über unsere Gespräche konnte die Mutter ihr Verständnis für die Geschwisterkonflikte sowie das Verhalten ihres älteren Sohnes verändern. Sie konnte ihm mehr Verständnis entgegenbringen, wodurch sich das Kind gesehen und wertgeschätzt fühlte. Außerdem übten sich die Eltern im Alltag bewusst in Nachsicht mit dem Jungen und hörten auf, ihn so stark zu kritisierten. Sie bemühten sich mehr um ihn und schafften tagtäglich kleine Verbindungsmomente, in denen sie ihm zeigten, wie gerne sie mit ihm zusammen sind. Innerhalb kurzer Zeit gestalteten sie die Beziehung dadurch wärmer und liebevoller, sodass ihr Sohn abends gerne nach Hause kam. Wenn es ihm an einigen Tagen schwerer fiel, machte sich einer der beiden Elternteile auf den Weg zu ihm, um in sein Spiel miteinzutauchen und dann gemeinsam nach Hause zu gehen.

ACHTE AUF DEINE EIGENEN WORTE

Achte für ein paar Tage bewusst darauf, wie oft dein Kind Sätze wie *„Einen Moment …“, „Ich komme gleich“, „Einen Augenblick“ oder „Warte bitte kurz“* hört. Wir lassen unsere Kinder im Alltag ganz schön oft auf uns warten, möchten aber im Gegenzug, dass sie unverzüglich mit uns kooperieren. Wenn du die oben genannten Sätze häufiger sagst, ist es gut möglich, dass dein Kind das unbewusst spiegelt. Weil es so oft auf dich und die Erfüllung seiner Bedürfnisse wartet, kann es nicht schneller reagieren.

Unsere Kinder wollen mit uns Beziehungen führen und sie möchten mit uns kooperieren. Es liegt in unserer elterlichen Verantwortung, unsere Beziehungen in der Familie einladend zu gestalten und darin für unsere Kinder gewissermaßen „in Vorleistung zu gehen“. Doch natürlich sind Kinder keine Automaten, in die wir oben nur genug elterliche Kompromissbereitschaft hineinwerfen müssen, um dann im gewünschten Moment das Produkt Gehorsam zu erhalten. Dafür sind zwischenmenschliche Beziehungen und Bedürfnisse viel zu komplex. Du wirst jedoch erleben, dass dein Kind dir in vielen Punkten bereitwillig entgegenkommt und mit dir an einem Strang zieht, wenn es zuvor dasselbe von dir erlebt.

Wenn du im Hinterkopf hast, dass es für Kinder nicht immer einfach ist, Übergänge von der einen in die nächste Situation zu vollziehen, ist es auch immer hilfreich in Aussicht zu stellen, was als nächstes geschieht. Es geht hier nicht darum, dein Kind mit Belohnungen zu locken. Vielmehr führst du vor Augen und erinnerst daran, was zu Hause oder später noch an Schönem wartet und wann das Spielen, das gerade so Spaß macht, wieder Raum hat: *„Komm, wir machen es uns zu Hause gemütlich, essen gemeinsam und lesen dann noch das Buch weiter. Morgen Nachmittag können wir wieder herkommen und weiterspielen."*

Wir Erwachsenen haben solche Abläufe und die Anreize, die gewisse Punkte in unserem Tagesablauf darstellen, aufgrund unserer Erfahrung und unserer Hirnreife ganz automatisch präsent. Unseren Kindern dürfen wir sie immer wieder vor Augen führen.

Die Königsdisziplin: der Abend und die Nacht

Ähnlich wie wochentags der Start in den Tag, erscheint uns Müttern und Vätern der Abend wie die wahre Königsdisziplin der Elternschaft. Die Akkus in Sachen Kraft, Geduld und Kooperationsbereitschaft sind oft bei allen Beteiligten erschöpft. Unsere elterliche Zeit ohne Kind ist einerseits schon zum Greifen nahe und doch liegt noch ein ordentliches Stück Arbeit vor uns. Der Abend mit Kind hat tatsächlich etwas von der letzten Etappe eines Marathonlaufs: Obwohl nahezu alle Reserven verbraucht sind, müssen wir noch mal alle verfügbaren Kräfte aufbringen, um im Ziel anzukommen. Wir schauen jetzt, wie du bildlich gesprochen mit so wenig Muskelkrämpfen wie möglich die letzten Meter bewältigst und woran es liegen kann, wenn es abends in eurem Ablauf hakt.

Besser herunterfahren durch vertraute Abläufe

Manchmal ist es uns Eltern gar nicht wirklich bewusst, welche Routinen und festen Abläufe wir abends als Familie haben. Doch genau wie beim Morgen und im Laufe des Tages gibt es in allen Familien wiederkehrende Elemente. Die Frage ist nur, sind sie uns bewusst und nutzen wir sie bewusst? Routinen und Rituale sollen kein starres Korsett sein. Doch mit ein wenig Bewusstsein genutzt, geben sie Sicherheit und stiften sie Verbindung. Wie du in diesem Kapitel sehen wirst, sind das zwei Elemente, die insbesondere für den Abend mit Kind sehr wichtig und hilfreich sind.

DAS STÄRKT EUREN ALLTAG

Das menschliche Gehirn liebt Gewohnheiten und Routinen, weil jede Entscheidung, die wir treffen müssen, uns Energie abverlangt: Was gibt es zum Abendessen, um wieviel Uhr ist es Zeit für die Badewanne, müssen wir noch aufräumen oder hat das Zeit bis morgen, wie verbringen wir den Abend – auf dem Sofa oder auf der Gymnastikmatte? Mit allem, was wir gewohnheitsgemäß tun, hat das Gehirn wenig Arbeit – es spart Ressourcen ein, die im Notfall unser Überleben sichern können. Wenn wir unsere Routinen einhalten, werden wir zudem dafür von unserem Gehirn mit der Ausschüttung von dem Botenstoff Dopamin belohnt, der auch als Glückshormon bekannt ist.

Wenn du keine Klarheit darüber hast, wie euer Abend eigentlich abläuft, beobachte für ein paar Tage eure Gewohnheiten: Welche wiederkehrenden Elemente gibt es? Gibt es eine bestimmte Zeit, zu der ihr mit den Abläufen beginnt? Achte ähnlich wie beim Morgen darauf, wie insgesamt die Durchmischung von unterschiedlichen Elementen ist: Was sind eher Inseln, auf denen dein Kind mit dir oder etwa deinem Partner noch einmal Verbindung auftankt, die ihm helfen, zur Ruhe zu kommen, den Tag loszulassen und sich in die Nacht zu verabschieden? Schlafengehen bedeutet für uns Menschen auch immer Abschied und Trennung. Dein Kind muss sich aus einer intensiveren Verbindung mit dir lösen. Selbst wenn ihr in einem Bett schlaft, seid ihr nachts naturgemäß nie in gleichem Maße verbunden wie tagsüber.

Wenn du dich an den Bedürfnisbaum erinnerst, geht es hier für Kinder auch immer darum, sich sicher zu fühlen. Welche Auswirkungen das in der Praxis haben kann, siehst du im weiteren Verlauf des Kapitels. Ebenso werden wir uns anschauen, welche Rolle das Autonomiebedürfnis am Abend spielen kann. Achte darauf, wann im Gegensatz zu schönen Verbindungsmomenten eher Pflichtelemente dran sind. Ist die Abfolge so hilfreich für euer Ziel, zur Ruhe zu kommen und den Tag ausklingen zu lassen?

VISUALISIERE DEN ABLAUF

Es kann hier auch hilfreich sein, den Ablauf zu visualisieren – entweder auf kleinen Kärtchen, die die einzelnen Elemente und Inseln darstellen, oder auf Klebenotizzetteln. So kannst du im nächsten Schritt die einzelnen Zettel oder Kärtchen hin- und herschieben und überlegen, welche Reihenfolge sinnvoller sein könnte.

Dein Kind wird zum Beispiel ab 19 Uhr müde und unkooperativ, sodass ihr aneinandergeratet. Du wirst regelmäßig laut, dein Kind schreit ebenfalls herum und es fließen Tränen. Dann ist es schwierig, noch halbwegs entspannt zusammen Abendbrot zu essen und dein Kind dazu zu bewegen, sich zu waschen, umzuziehen oder gar aufzuräumen. Aus meinem eigenen Familienalltag und aus vielen

Gesprächen mit Eltern weiß ich, dass es uns manchmal schwerfällt, beispielsweise einen schönen Ausflug oder ein Spielplatztreffen zum Beispiel schon um 17:30 Uhr zu beenden. Je nachdem wie alt dein Kind ist, werdet ihr die Zeit für einen relativ entspannten Sink- und Landeanflug in den Abend jedoch brauchen.

Ich benutze dieses Bild sehr oft in meinen Beratungen. Auch die Crew eines Passagierflugzeugs fängt schon früh an, die Landung vorzubereiten. Stell dir vor, all das würde nicht geschehen, ihr würdet nicht allmählich an Flughöhe verlieren, jemand käme im letzten Moment vorbei, brächte deine Rückenlehne in eine sichere Position, überprüfte den Anschnallgurt und ihr würdet im Sturzflug Richtung Erde sausen? Das wäre nicht nur stressig, sondern auch beängstigend. Plane deswegen ausreichend Zeit ein und beginne rechtzeitig mit den Vorbereitungen für eure Landung.

Je mehr Crew, desto besser

Lass uns beim Bild der Flugzeuglandung und im Luftraum bleiben. Der Abend mit einem oder mehreren Kindern kann schnell aus dem Ruder laufen. Wir Eltern möchten verständlicherweise noch einen Moment am Abendbrottisch sitzen, ein paar Dinge besprechen und den Tag ausklingen lassen. Vielleicht möchtest du aber auch schon mal aufräumen, um später mehr von deiner kinderfreien Zeit zu haben. Währenddessen verhält sich dein Kind wie ein kleiner Planet, der aus der Umlaufbahn gerät, durchs All trudelt und beginnt, an allen möglichen Punkten anzuecken und Chaos zu stiften. Insbesondere mit mehreren Kindern potenziert sich oft das Durcheinander. Ich weiß selbst, wie schwer es fallen kann, dann alles stehen und liegen zu lassen, den eigenen Plan für diesen Moment loszulassen und deinem Kind zu folgen, um es zu führen.

DEINE ERWARTUNGEN ÜBERPRÜFEN

Verständlicherweise möchtest du selbst in Ruhe aufessen. Vielleicht hast du bestimmte Vorstellungen von einem harmonischen Abendessen mit der Familie und einem ruhigen Ablauf. Diese entsprechen leider oft nicht dem, was wir aufgrund ihrer Entwicklung und dessen, was sie brauchen, von einem Abend mit Kindern erwarten können. Das zu akzeptieren und anzunehmen, kann dir einiges an Stress nehmen.

Denke jetzt wieder an das Flugzeug, das landen soll, und was dafür alles nötig ist. Über das rechtzeitige Einleiten des Sinkflugs haben wir schon gesprochen. Gleichzeitig gibt es immer ein Team, das die Landung begleitet und gemeinsam verantwortet. Es gibt immer zwei Piloten. Dazu gibt es Bodenpersonal, das die Piloten im Sinkflug leitet und auf die Sicherheit achtet. Es gibt Markierungen auf der Erde, die genau kenntlich machen, wie die Landebahn verläuft und wo gebremst wird.

Mir ist klar, dass wir fürs Insbettbringen unserer Kinder keine solche Mannschaft zur Verfügung haben. Doch einiges wird einfacher, wenn wir als Elternteam die Landung in Gestalt des Abends gemeinsam leiten können, insbesondere dann, wenn es mehrere Kinder in einer Familie gibt. Denn Kinder verarbeiten einerseits Eindrücke vom Tag, verspüren vielleicht noch unerfüllte Bedürfnisse, sind müde und brauchen mehr Unterstützung. Sie nehmen unbewusst Anspannung wahr, dass der Tag und die gemeinsame Zeit zu Ende gehen. Das benötigt eine enge Begleitung. Deinem Kind immer wieder ruhig und liebevoll die nächsten Schritte anzusagen, kann ihm etwa helfen, sich umzuziehen und ins Badezimmer zu gelangen. Du bist hier wie die Leuchtmarkierung am Boden und der Fluglotse in einem.

VERTEILE EURE AUFGABEN

Im Idealfall teilt ihr euch als Eltern die Aufgaben auf: Einer kümmert sich um das Kind – oder die Kinder – und begleitet sie beim Waschen und Umziehen. In dieser Zeit kann der andere beispielsweise das Abendessen vorbereiten oder schon ein wenig aufräumen. Wenn ihr nicht immer für die gleichen Dinge zuständig sein möchtet, wechselt euch ab.

Gib deinem Kind Orientierung

Nur zu sagen „*Mach dich bitte fertig*" kann als Aufgabe zu groß und zu unkonkret sein und es braucht kleinteiligere Schritte sowie einen Plan zu Orientierung. Denn der Tower funkt auch nicht einfach „*Landen Sie mal*" ans Cockpit. Schrittchen für Schrittchen folgen die immer gleichen Abläufe. Flughäfen und Flugzeugbesatzungen arbeiten mit Plänen und Checklisten – ebenso kann auch ein visualisierter Ablaufplan deinem Kind Orientierung darüber geben, was als nächstes dran ist. Einige Eltern nutzen hierfür Magnete mit Symbolen, andere laminieren Gezeichnetes ein, verwenden Tafeln oder Fotos dafür, die sie an einer Pinnwand anbringen. Kinder brauchen uns Eltern abends in der liebevollen Führung. Das bedeutet, wir Erwachsenen wissen, was zu tun ist, können Vorbereitungen treffen und vorab einplanen, was benötigt wird und welche Faktoren – wie zum Beispiel Müdigkeit – zu berücksichtigen sind. Wir haben den Überblick und lenken. Diese Fähigkeiten erwirbt dein Kind erst im Laufe seiner Entwicklung. Das darfst du als Mutter oder Vater berücksichtigen und nachsichtig sein. Wir Eltern sind wie Leitplanken, die dabei helfen, auf Kurs zu bleiben. Dass Kinder daraus scheinbar ausbrechen, geschieht nicht aus böser Absicht. Schauen wir uns jetzt konkreter an, was dahinterstecken kann, wenn es abends wilder zugeht.

Austoben oder runterfahren?

Bei euch gibt es abends häufig Konflikte, weil dein Kind oder du selbst müde und genervt seid? Vielleicht dreht dein Kind aber auch noch mal richtig auf und es fällt dir schwer, es herunterzufahren. Eventuell tut dein Kind auch einfach nicht, worum du es bittest. Hier kann es helfen, noch einmal eine Runde gemeinsam zu toben und etwas Körperliches zu machen. Danach sollte allerdings ausreichend Zeit sein, um zur Ruhe zu kommen. Kitzeln, rangeln, auf dem Bett hüpfen, sich verstecken und gegenseitig erschrecken kann wahre Wunder gegen schlechte Laune und Konflikte wirken und die Stimmung bei allen noch einmal anheben – auch bei uns Eltern. Wir lachen, sind in Verbindung, spüren einander und uns selbst, das Gehirn schüttet Glücks- und Bindungshormone aus. Das baut Stress ab und kann deinem Kind je nach Spiel auch dabei helfen, zurück in die Kooperation zu kommen.

Wenn es deinem Kind nach einer eher körperlichen Aktion schwerfällt, sich wieder zu beruhigen und das Toben zu beenden, achte darauf, wann das an anderer Stelle des Tages stattfinden kann. Dann kann sich abends eher ein kurzes Brett- oder Kartenspiel eignen. Dabei darfst du dich durchaus besiegen lassen. Warum das für die Entwicklung deines Kindes unproblematisch ist, liest du in dem Kapitel „Verlieren und nicht Erster sein ist schwer“.

MACHT EIN SPIEL AUS NERVIGEN AUFGABEN

Dein Kind ist zu zappelig, um sich umzuziehen oder umziehen zu lassen oder du kannst es mit deinen Aufforderungen nicht erreichen? Entwickelt ein Spiel daraus. Bewegt euch wie Roboter oder extra langsam im Schneckentempo. Stelle deinem Kind kleine Aufgaben wie „dreimal auf einem Bein hüpfen“ und nach jeder

Aufgabe wechselt ihr ein Kleidungsstück. Bei vielen Kindern funktionieren auch Machtausgleichsspiele abends ganz gut. Du sagst in übertriebenem Ton, dass dein Kind sich auf gar keinen Fall die Hose ausziehen darf, das ist strengstens verboten. Dein Kind wird es lieben, spielerisch und mit Absicht deine „Verbote" zu brechen.

Du kannst extra unbeholfen versuchen, es daran zu hindern und dich immer wieder übertölpeln lassen. So wird aus lästigen Pflichten ohne viel Aufwand ein Spiel, das euch verbindet, Stress abbaut und spielerisch das Autonomiebedürfnis deines Kindes ausgleicht.

Wenn dein Kind abends dazu neigt, aufgedreht und unruhig zu sein, blicke auf den Tag: Wie viel Bewegung und frische Luft gibt es? Wann findet Mediennutzung statt und was konsumiert dein Kind? Wo ist Raum für eigene Entscheidungen und Selbstwirksamkeit? An welchen Stellen fühlt sich dein Kind vielleicht ähnlich überfordert und ungehört wie du am Abend? Stehen gerade Veränderungen und Umbrüche an? Hierbei wirst du Aspekte entdecken, mit denen du experimentieren und die du beeinflussen kannst. Wenn es abends nicht läuft, hat es selten etwas mit genau diesem Zeitpunkt zu tun. Hinweise und Antworten finden wir häufig im Tagesverlauf. Manchmal nehmen wir Eltern Gründe für die Aufregung unserer Kinder auch erstmal gar nicht wahr, sondern nur das Ergebnis: ein Kind, das durchs Zimmer und übers Bett hüpft und nicht zur Ruhe kommt. Vielleicht habt ihr kurz zuvor über eine nahende Geburtstagseinladung gesprochen oder dein Kind hat sich an ein besonderes Treffen in den kommenden Tagen oder eine Veranstaltung in der Schule erinnert. Für dich sind das auf den ersten Blick keine aufregenden Dinge mehr, für dein Kind allerdings schon. Wenn dir diese Punkte bewusst werden, reicht es oftmals, sie anzusprechen und für das Kind so zu benennen, was es selbst gerade fühlt: *„Morgen triffst du* *dich mit Leo, du freust dich und bist aufgeregt, oder?"* Meist führt das schon dazu, dass dein Kind sich etwas mehr entspannen kann.

Jüngere Geschwister müssen auch ins Bett

Wir Eltern wünschen uns abends sehr die Eigenständigkeit und Kooperationsbereitschaft unserer Kinder, wenn wir jüngere Geschwisterkinder ins Bett bringen müssen. Ich mache hier immer sehr deutlich darauf aufmerksam, wie wichtig es ist, sich als Eltern hier nach Möglichkeit aufzuteilen und gegenseitig zu unterstützen. Wenn das aus irgendeinem Grund nicht möglich ist, darf dir bewusst sein, dass es vermutlich Phasen geben wird, in denen du akzeptieren darfst, dass diese Situation herausfordernd ist. Ich habe eingangs schon darüber geschrieben, dass Kinder abends Sicherheit brauchen, die sie aus der Verbindung und der Nähe zu ihren Eltern schöpfen. Das hat allein schon evolutionäre Überlebensgründe. Wer in der Steinzeit nah bei seinen erwachsenen Bindungspersonen war, wurde weniger schnell Opfer eines Raubtiers oder der Kälte. In den Gehirnen unserer Kinder hat sich während der vergleichsweise kurzen Zeit der Zivilisation nichts an diesem Überlebensprogramm geändert.

Manchen Kindern hilft es, ihren Verbindungsakku vorher mit Mama oder Papa zu füllen. So schaffen sie es, die Zeit allein beim Spielen zu verbringen, während das Geschwisterchen ins Bett gebracht wird. Ich habe auch schon häufiger gehört, dass Eltern empfohlen wird, Spielzeuge bereitzuhalten, die die Kinder nur für diese Situationen bekommen. Diese seien dann so spannend und besonders, dass sie die Aufmerksamkeit des Kindes fesseln und den Eltern den nötigen Freiraum verschaffen. Meiner Erfahrung nach ist insbesondere am Abend das Sicherheits- und Bindungsbedürfnis meist stärker. Mein jüngster Sohn hat viele Abende seines Lebens in der Trage verbracht, während ich seine älteren Brüder ins Bett und in den Schlaf begleitet habe. Das war nicht immer sehr komfortabel und auch nicht immer zufriedenstellend für alle. Und doch hat diese Notlösung funktioniert und mich entlastet.

Manchmal ist es sehr schwierig, alleine mehrere Kinder gleichzeitig ins Bett zu bringen, weil sie sich gegenseitig stören oder ein Kind das nicht akzeptiert. Ich weiß, die Meinungen gehen hierbei weit auseinander und Eltern wünschen sich, es richtig und gut zu machen. Was spricht für dich dagegen, wenn dein älteres Kind für eine kurze Zeit abends eine altersgerechte Sendung anschaut und dir das die Möglichkeit verschafft, dein anderes Kind ins Bett zu bringen? Wenn es dein Kind nicht aufwühlt, zu wach macht und ein bestimmtes Zeitpensum nicht überschreitet, dürfen wir Eltern hier meiner Meinung nach undogmatisch und nachsichtig mit uns selbst sein. Denn es handelt sich um eine Phase und die wird vorübergehen.

VERANTWORTUNG FÜR DEINE KRAFT ÜBERNEHMEN

Für viele von uns Eltern ist der Abend besonders anstrengend, weil wir bereits den ganzen Tag ununterbrochen gearbeitet haben. Wir haben Kinder versorgt, in die Kita oder Schule gebracht, sind unserem Beruf nachgegangen und haben den Alltag gemanagt. Viele von uns versäumen es allerdings, im Tagesverlauf immer wieder etwas dafür zu tun, dass wir am Nachmittag und Abend noch genug Kraft haben, um unsere Kinder begleiten zu können. Doch wenn wir nicht selbst dafür die Verantwortung übernehmen, ausreichend Pausen einzulegen, ist es nahezu unmöglich, dass sich diesbezüglich etwas verändert.

Wir Eltern dürfen lernen, gut für uns zu sorgen, uns Unterstützung zu suchen und regelmäßig Kraft zu schöpfen. Denn nur, wer sich gut um sich selbst kümmert, kann sich auch gut um andere kümmern.

Wenn die Nachtruhe nicht einkehren will

Ihr habt euer Abendprogramm mit all seinen Herausforderungen gemeistert und dein Kind liegt endlich im Bett. Eigentlich muss es jetzt nur noch einschlafen und deine kinderfreie Zeit ist schon zum Greifen nah. Was so einfach klingt, gerät aber in vielen Familien zum letzten großen Kampf des Tages, der dann Nerven fordert, wenn eigentlich längst keine mehr übrig sind. Dein Kind ist zwar im Bett, zappelt jedoch herum, plappert ohne Unterlass und immer wieder fällt ihm noch etwas Neues ein, was es dringend erledigen muss. Vielleicht wirst du auch immer und immer wieder in sein Zimmer gerufen oder es steht im Fünf-Minuten-Takt in der Tür zur Küche oder dem Wohnzimmer, hat Hunger, Durst oder ein anderes Anliegen. Verständlicherweise findest du das anstrengend.

Der abendliche Redebedarf

Wenn dein Kind vor dem Einschlafen noch viel Redebedarf hat, ist es gut möglich, dass es einfach noch den Tag verarbeiten muss. Das geht am besten mit dir, der engsten Bezugsperson. Außerdem kann das große Mitteilungsbedürfnis auch dazu beitragen, noch länger in deiner Nähe zu sein – eine ziemlich kluge und selbstverständlich unbewusste kindliche Strategie, dafür zu sorgen, sicher in die Nacht zu finden. Reflektiere, ob ihr im Tagesverlauf ausreichend Verbindung zueinander hattet oder ob dein Kind diesbezüglich gewissermaßen leergelaufen ist und nochmal auftanken muss. Vermutlich passiert das in allen Familien von Zeit zu Zeit, was auch gar nicht schlimm ist. Wichtig ist nur, dann das Verhalten deines Kindes einzuordnen und darauf mit entsprechenden Verbindungsangeboten im Tagesverlauf zu reagieren. Das bedeutet nicht zwangsläufig, dass es dadurch deinem Kind automatisch gelingt, allein einzuschlafen, kann ihm die „Landung“ aber durchaus erleichtern.

Lasst den Tag gemeinsam sacken

Ein Ritual, mit dem ihr den vergangenen Tag noch einmal gemeinsam Revue passieren lasst, kann deinem Kind zusätzlich helfen, zur Ruhe zu kommen. Macht es euch gemütlich und lass dein Kind über das sprechen, was es beschäftigt. Es kann seine Gedanken auch beispielsweise einem Kuscheltier erzählen, wenn es nicht mit dir direkt darüber sprechen möchte.

Es geht hier nicht darum, dass dein Kind wie ein Wasserfall darüber spricht, was es an diesem Tag besonders fand und was es bewegt hat. Einige Kinder fühlen sich sonst schnell ausgefragt und oft reicht schon ein kurzer Austausch darüber, was dein Kind möglicherweise schwierig fand, was ihm gut gefallen hat und was es am nächsten Tag erleben möchte. Du kannst das Gleiche von dir erzählen. So lernt dein Kind automatisch eine Strategie, den Tag achtsam und bewusst zu beschließen.

Dauert dieses Gespräch im Bett zu lang, könnt ihr auch bereits früher anfangen, über die Ereignisse des Tages zu sprechen: beim Abendessen, im Badezimmer oder während dein Kind den Schlafanzug anzieht. Vielleicht stressen dich diese Gespräche im ersten Moment, weil sie scheinbar deine Zeit und Energie in Anspruch nehmen, obwohl du müde und ungeduldig bist. Mach dir bewusst, was für ein großer gemeinsamer Schatz und welcher Gewinn sie für eure Beziehung sein können. Außerdem können sie auch für dich zu einer schönen Gewohnheit werden, die dir hilft, das Tempo des Tages ein wenig zu entschleunigen.

Einschlafbegleitung: Zusammen in den Schlaf

Wenn dein Kind abends immer wieder sein Zimmer unter allen möglichen Vorwänden verlässt oder dich alle paar Minuten zu sich ruft, kommt es dir vermutlich so vor, als wolle es mit allen Mitteln noch ein wenig Zeit des Wachseins für sich rausholen. Doch stecken hinter diesem anstrengenden Hin und Her Bedürfnisse – nämlich die nach Sicherheit und Verbindung. Bereits an anderen Stellen dieses Kapitels habe ich beschrieben, dass große Teile des menschlichen Verhaltens trotz unseres modernen Lebens noch wie in der Steinzeit funktionieren.

Insbesondere Kinder sind mit ihren Urinstinkten noch in der frühen Menschheitsgeschichte verhaftet und machen sich über die Verbindung zu ihren Bezugspersonen unbewusst sicher. Darüber hinaus lassen wir in den westlichen Industrieländern in der Regel unsere Kinder in separaten Betten oder Räumen schlafen. Der menschlichen Natur entspricht das nicht unbedingt und der kindlichen schon gar nicht – auch wenn hier natürlich nicht alle Kinder gleich sind. Gemeinsam schlafen und mit einer erwachsenen Bezugsperson an der Seite einschlafen bedeutet Nähe, Verbindung und Sicherheit, selbst wenn keine Raubtiere vorm Kinderzimmer warten.

Wir Eltern befürchten oft, dass unser Kind niemals lernen wird allein einzuschlafen, wenn wir dabei stets bei ihnen sind. Ich persönlich habe allerdings noch nie von einem 16-jährigen Teenie gehört, der von seinen Eltern in den Schlaf begleitet werden wollte oder nachts in deren Bett kam. Im Gegenteil: Dein Kind mit Zuwendung in die Nacht zu begleiten, unterstützt es auf lange Sicht eher dabei, sich sicher genug zu fühlen, diesen täglichen Abschied von dir und vom Tag eigenständig zu bewältigen. Wenn du Abend für Abend lange neben deinem Kind liegen musst, bis es endlich eingeschlafen ist, ist das natürlich ein Stressfaktor. Prüfe anhand der Punkte des vorherigen Abschnitts, was dein Kind möglicherweise aufwühlt.

DEINEN GEDANKEN EINEN ANDEREN RAHMEN GEBEN

Vielen Eltern hilft es, die Situation aus einem anderen Blickwinkel zu betrachten – im Neurolinguistischen Programmieren spricht man auch vom Reframing. Mach dir klar, dass dieser Zeitraum, in dem dein Kind dich zum Einschlafen braucht, zeitlich begrenzt ist. Diese Phase in eurem gemeinsamen Leben wird vorübergehen. Außerdem kannst du deinem Kind so Sicherheit, Verbindung und Nähe schenken. Vielleicht gelingt es dir, eine Sichtweise zu finden, die dir hilft, die Einschlafbegleitung als gemeinsame Zeit zu genießen, in der auch du abschaltest und durchatmest. Und ja: Es wird immer Abende und Phasen geben, in denen dich das nervt und das ist auch berechtigt. Doch am Ende sind sie meist schneller vorbei als wir annehmen, wenn wir mittendrin stecken.

Wenn du strikt gegen die Einschlafbegleitung bist, forsche nach den Gründen. Entspricht es tatsächlich deinen eigenen Werten und Vorstellungen, dass dein Kind allein in seinem Zimmer in den Schlaf finden soll? Oder stammt diese Ansicht aus deiner eigenen Erziehung und aus deinem Umfeld? Ist Letzteres der Fall, mache dir bewusst: Du bist erwachsen. Du darfst dich von den Ansichten anderer abgrenzen und entscheiden, was für eure Familie am besten ist. Was sind deine Sorgen und Befürchtungen, wenn du dein Kind in den Schlaf begleitest und was genau nervt dich daran? Prüfe, ob diese Ängste wirklich berechtigt sind und entscheide gegebenenfalls neu.

Viele von uns Eltern sind auch deswegen gegen eine Einschlafbegleitung, weil wir abends einfach schon viel zu müde sind, um uns selbst gut zu regulieren. Wenn wir dann angespannt und wütend neben unseren Kindern sitzen oder liegen, wird sich unser Nervensystem auch nicht schneller beruhigen können. Außerdem besteht dann die Gefahr, an die Decke zu gehen oder zu großen Raubbau mit den eigenen

Kräften zu betreiben. Wenn du nach Abwägen des Für und Wider zu dem Schluss kommst, dass du so keine Kraft und Zeit sparst, sei ganz aufrichtig zu deinem Kind. Sage ihm, dass du abends keine Kraft mehr dazu hast, die ganze Zeit bei ihm zu sein und dass du deine Mama- oder Papazeit brauchst, um den nächsten Tag gut gelaunt mit ihm zu verbringen. Ein Kleinkind wird dafür kein Verständnis aufbringen können. Kinder im Vorschul- und Grundschulalter haben hierfür schon andere Voraussetzungen, wenn ihr auch außerhalb des Einschlafens schon in gutem Kontakt seid.

Überlege gemeinsam mit deinem Kind, wie Kompromisse aussehen könnten und entwickelt gemeinsam einen Plan für das Einschlafen. Vielleicht kannst du vor der angelehnten Zimmertür sitzen und ein Buch lesen. Möglicherweise hilft es dir auch im Zimmer zu bleiben, wenn du währenddessen über Kopfhörer ein Hörbuch oder einen Podcast hörst. Je nach Altersabstand und geschwisterlicher Beziehung kann es deinem Kind auch helfen, das Bett mit einem Geschwisterkind zu teilen. Oftmals teilen sich Geschwister ohnehin platzbedingt ein Zimmer, warum es nicht einmal mit einem gemeinsamen großen Bett oder Matratzenlager versuchen?

Selbst bestimmen, wann es ins Bett geht

Das Schlafbedürfnis von Menschen ist sehr unterschiedlich – auch das von Kindern. Vielleicht braucht dein Kind tendenziell weniger Schlaf als andere Altersgenossen. Wenn dein Kind zu der Zeit, zu der du es dir vorstellst, noch nicht müde genug ist zum Schlafen, kannst du dich auf das Experiment „Selbstbestimmtes Einschlafen“ einlassen. Viele Eltern sind hier erstmal zögerlich, weil sie befürchten, dass ihr Kind dann regelmäßig zu lange aufbleibt und Morgen für Morgen unausgeschlafen in die Kita oder Schule geht. Doch auch hierbei gibt es Regelungen und Rahmenbedingungen. Ihr könnt zuvor eine ruhige Zimmerzeit vereinbaren, in der dein Kind sich in seinem Zimmer beschäftigt, bis es sich müde genug zum Schlafen fühlt. Es gibt Kinder, die das können.

Meistens empfiehlt es sich, dass Kinder währenddessen keine Medien nutzen, da sie so die Müdigkeitsanzeichen ihres Körpers weniger gut wahrnehmen können und künstlich wachgehalten werden. Gegebenenfalls wühlt die Mediennutzung die Gefühle deines Kindes auch zu sehr auf und es wäre dann damit allein. Es gibt Kinder, die dann Hörspiele hören, Bücher lesen, bauen, malen oder Ähnliches. Hilfreich ist, dein Kind zuvor zu fragen, was es tun möchte und was es dazu braucht. Es ist gut möglich, dass dein Kind an den ersten Abenden eures Versuchs die neue Selbstbestimmtheit etwas mehr ausschöpft, am nächsten Morgen müder ist als sonst. Es ist aber gut möglich, dass es sich schneller einspielt als du annimmst und ihr gut damit zurechtkommt.

**NUTZE EINE APP:
ENTSPANNUNGSTÖNE UND TRAUMREISEN**

Es gibt mittlerweile ein ziemlich breites Angebot an Entspannungs- und Meditationsapps, die auch Achtsamkeitsübungen und Traumreisen für Kinder anbieten. Vielen Kindern hilft so etwas, besser einzuschlafen. Auch Naturklänge und autogenes Training können das Einschlafen unterstützen. Darüber hinaus profitierst auch du von dem Angebot einer solchen App, die du für deine eigene Achtsamkeitspraxis nutzen kannst. 7 Mind ist zum Beispiel eine sehr gute App, die auch von der Krankenkasse übernommen wird.

Nachts ins Elternbett

Ist es okay für dich, wenn dein Kind nachts in dein Bett kommt? Falls es dich stört, forsche nach den Gründen. Empfindest du Unbehagen aufgrund der Meinungen und Kommentare anderer Familienmitglieder oder Freunde? Vielleicht bist du aber auch ein Mensch, der gerne und besser allein schläft. Außerdem gibt es vermutlich keine Mutter und keinen Vater, die nachts in Begeisterungsstürme ausbrechen, wenn eine Kinderhand in seinem Gesicht oder ein Fuß in ihrem Rücken landet. Die Frage ist zumeist, ob die Nächte tatsächlich erholsamer sind, wenn du nachts ein paarmal raus musst, um dein Kind in seinem Zimmer zurück in den Schlaf zu begleiten oder es zurück in sein Bett zu bringen? Vermutlich nicht.

Wenn dein Kind nachts ins Elternbett kommt, sind auch hier wieder die Bedürfnisse nach Sicherheit und Verbindung die Ursache. Es ist auch für Kinder im Grundschulalter durchaus nicht ungewöhnlich, dass sie die elterliche Nähe nachts bevorzugen. Ich erlebe immer mehr Familien, die gut damit zurechtkommen, die Situation so anzunehmen wie sie ist und ein Familienbett anschaffen oder bauen. Ganz egal, welche Lösung ihr für eure Familie, das Einschlafen und den Nachtschlaf findet: Sie geht einzig und allein euch und eure Bedürfnisse etwas an. Ich hatte einmal eine sehr kluge Ärztin, einen Satz von ihr habe ich tief verinnerlicht: „*Wer schläft, hat recht.*“

Bevor du beginnst, deinem Kind mit Belohnungssystemen oder Verstärkerplänen einen Anreiz zum Alleine-Schlafen zu verschaffen, mache dir bewusst, dass es hierbei um Bedürfnisse geht. Dein Kind möchte und wird eigenständig werden. Diese Entwicklungen brauchen Zeit und Eltern beschleunigen sie nicht, indem sie Druck erzeugen oder zu Belohnungen greifen.

Das Verhalten deines Kindes in der Öffentlichkeit

Vielen von uns gelingt es, in den eigenen vier Wänden gelassen auf das Verhalten unserer Kinder zu reagieren. In Gesellschaft von Freunden und Bekannten, der eigenen Eltern oder Schwiegereltern kann das schon ganz anders aussehen. Auch Situationen in der Öffentlichkeit können für uns Eltern extrem stressend sein, das hast du wahrscheinlich selbst schon erlebt. Die eigenen druckmachenden Selbstansprüche bekommen unter den Augen anderer unangenehme Verstärkung: Es ist ein herausforderndes Phänomen in unserer Gesellschaft, dass Familien mit Argusaugen beobachtet und von Außenstehenden ungefragt bewertet und kritisiert werden. Ja, wir alle wollen unsere Sache gut machen und unsere Kinder liegen uns am Herzen. Das macht uns Eltern sehr verletzlich und oft unsicher. Verständlicherweise wächst der innere Druck vor anderen so sprunghaft an und unter Stress wird es für unser Gehirn noch schwieriger, Impulse zu steuern und Gefühle zu regulieren.

In der Öffentlichkeit und oftmals auch in Gegenwart der weiteren Familie oder des Freundeskreises machen sich oft zwei Einflüsse bemerkbar: Wir alle sind soziale Wesen und möchten von der Gemeinschaft anerkannt und akzeptiert werden. Dieses Bedürfnis liegt in uns, weshalb es uns vielleicht niemals und in allen Lebensbereichen komplett gleichgültig sein wird, was andere von uns denken. Das kann dich aber auch ein Stück freier machen, indem du dir sagst, dass dieses Bedürfnis einfach zu dir gehört, dass es für dich sorgen möchte und sich immer mal wieder melden wird. Du machst nichts falsch, nur weil du gemocht und akzeptiert sein möchtest. Darüber hinaus haben wir alle im Laufe unseres Heranwachsens irgendwann die Erfahrung gemacht, bewertet, kritisiert und abgewertet worden zu sein. Das war schmerzhaft und schlimm für uns. Diese Erfahrungen sind in uns gespeichert. Drohen sie, sich zu wiederholen, erkennt unser Gehirn das und reagiert mit Stress.

ACHTSAMKEIT HILFT DIR, GELASSENER ZU WERDEN

Wenn du, wie im Werkzeugkasten erklärt, damit beginnst, regelmäßig Achtsamkeit zu praktizieren, wirst du im Laufe der Zeit merken, dass du im Beisein anderer und in der Öffentlichkeit vielleicht immer noch schnell unter Stress gerätst. Gleichzeitig wirst du beobachten, dass sich innere Räume ergeben, die dir ermöglichen, anders zu handeln als früher. Du bekommst quasi einen Fuß in die Tür zwischen Reiz und Reaktion. Dann kannst du bewusst atmen und dein Nervensystem beruhigen.

Außerdem kannst du dir stärkende Gedanken zusprechen: Auch wenn andere dich jetzt bewerten, bist du sicher und gut so wie du bist. Übe dich darin und mit der Zeit wirst du immer unabhängiger von der Reaktion anderer und hast zunehmend die Möglichkeit, gelassener mit solchen Situationen umzugehen.

Wir sehen uns jetzt gemeinsam stressende Situationen mit deinem Kind in der Öffentlichkeit sowie im Zusammenhang mit Außenstehenden an. Wir beleuchten, was sie so schwierig macht und welche Möglichkeiten du ausprobieren kannst.

Restaurantbesuche mit der Familie

Restaurantbesuche bedeuten für uns Erwachsene immer etwas Besonderes: ein kleiner Ausstieg aus dem Alltag, gemeinsame Zeit mit Menschen, die uns wichtig sind, Ereignisse feiern oder uns selbst wertschätzen. Wenn wir Eltern sind, wünschen wir uns solche Momente zuweilen auch mit unserer Familie oder wir werden eingeladen und haben dann bei der Familienfeier das Gefühl, mit Argusaugen beobachtet zu werden. Allein dieses Gefühl erhöht den inneren Druck von uns Eltern und lässt jedes Verhalten der Kinder wie unter einer Lupe hundertmal größer und intensiver erscheinen. Dein Kind zappelt vor Aufregung über die ungewohnte Umgebung am Tisch herum, bevor überhaupt die Bestellung aufgegeben ist. Saftschorle ergießt sich über weißgestärkte Tischtücher, dein Kind rennt zwischen den Tischen umher und spricht sowieso viel zu laut.

Anstatt dein Essen und gute Gespräche zu genießen, bist du angespannt und versuchst, die Situation unter Kontrolle zu halten – das ist alles andere als angenehm für alle Beteiligten. Vielleicht hast du auch schon angedroht, ein Lokal zu verlassen und nie wieder mit deinem Kind essen zu gehen, wenn es sich jetzt nicht benimmt. Dann hast du dich sicherlich ziemlich gestresst und hilflos gefühlt.

Grundsätzlich stellt sich folgende Frage: Wie gut passen Kinder und Restaurants überhaupt zusammen? Diese Orte sind in seltenen Fällen kindgerecht. Es gilt abzuwägen, wie wichtig es dir ist, in den Jahren, in denen dein Kind klein ist, überhaupt gemeinsam essen zu gehen, und wie hoch der Preis für eure Beziehung und deinen Stresspegel ist, euch in diesen Rahmen zu begeben. Ich finde es immer hilfreich, mir bewusst zu machen, dass es nicht für immer so ist, dass ich meine Erwartungen anpassen und ich mir, solange meine Kinder klein sind, lieber Restaurantbesuche ohne sie schenken darf.

Vielleicht bekommt ihr als Familie eine Einladung der Großeltern oder anderer Verwandter zu einer Familienfeier. Wenn du Restaurantbesuche mit deinem Kind unangenehm findest, was spricht dagegen, die Verwandtschaft zu fragen, ob ein anderer Rahmen denkbar ist? Möglicherweise willst du dafür kein Gespräch suchen, weil du nicht unhöflich erscheinen möchtest.

DEN WAHREN GRUND FÜR DEINE GEFÜHLE FINDEN

Höre in dich hinein: Was macht es dir so unangenehm, einen Restaurantbesuch mit deinem Kind abzusagen? Befürchtest du, dein Gegenüber könnte dies persönlich nehmen, sich ärgern oder gekränkt fühlen und das könnte Folgen für eure Beziehung haben? Vielleicht lassen sich diese Sorgen in einem Gespräch ausräumen. Oftmals tragen wir sehr alte Erinnerungen aus unserer Kindheit in uns, die unser Gehirn auf heutige Situationen überträgt. Doch heute sind wir – im Gegensatz zu früher – nicht mehr davon abhängig, angenommen und akzeptiert zu sein. Vielleicht möchtest du anhand solcher Situationen üben, neu zu entscheiden, was du möchtest und was für dich und deine Familie richtig ist.

Menschen können darauf sehr unterschiedlich reagieren und das müssen wir wiederum nicht persönlich nehmen. Schließlich zeigt unser Gegenüber in dem Moment etwas über seine eigenen Erwartungen und Gefühle. Wenn wir selbst Eltern geworden sind, müssen wir häufig lernen, uns noch einmal klarer von unserer eigenen Ursprungsfamilie abzugrenzen und Position zu beziehen. Tun wir das wertschätzend und respektvoll, haben wir alles getan, was möglich ist. Der übrige Anteil an der Beziehung liegt bei unserem Gegenüber.

Gegebenenfalls lässt sich aber auch keine familienfreundlichere Alternative finden oder du möchtest aus eigenem Wunsch mit deiner Familie essen gehen. Rufe dir im Vorfeld in Erinnerung, dass es im Restaurant für dein Kind schwierig sein kann, sich so zu verhalten, wie du oder andere Erwachsene es für angemessen halten. Die ungewohnte Umgebung ist für dein Kind wahrscheinlich interessant und aufregend, sodass es aufgrund seiner Anspannung vielleicht nicht stillsitzen und leise sprechen kann. Es spürt gleichzeitig die Erwartungen der Erwachsenen und hört sicherlich auch deine Bitten. Dennoch ist der Druck dann so hoch, dass sich das Verhalten eher verstärken wird und dein Kind es nicht abstellen kann.

Es sei denn du erkennst, wie es ihm geht und spiegelst das, was du wahrnimmst und zwischen den Zeilen liest. Du hilfst so deinem Kind dabei, sich ein bisschen zu regulieren. Du kannst zum Beispiel sagen: *„Es ist spannend hier, oder? Du merkst, dass du dich ganz anders benehmen sollst als zu Hause und wie wichtig es uns ist. Gleichzeitig kannst du wegen deiner Aufregung gerade gar nicht anders, oder? Sollen wir etwas spielen oder uns gemeinsam umsehen?“*

Stell dir vor, dein Kind befand sich zuvor auf einer einsamen Insel, auf der es sich nicht ganz wohl und ziemlich allein fühlte. Mit deinen Worten, deinem Spiegeln und deiner Zuwendung hast du von dir zu ihm eine Brücke gebaut. Jetzt seid ihr in Verbindung und du kannst deinem Kind von der Insel herunterhelfen. Denke an meine Worte aus dem Kapitel „Strafen: Große Risiken, fatale Nebenwirkungen“: Das, was wir Erwachsenen als schlechtes Benehmen oder störendes Verhalten empfinden, sind die Leuchtsignale deines Kindes, mit denen es dich um Hilfe bittet.

Wenn du Einfluss darauf hast, achte bei der Wahl des Restaurants darauf, dass es kinderfreundlich ist. Vielleicht gibt es eine Spielecke, einen Spielplatz oder eine Schaukel im Außenbereich und Personal, das verständnisvoll ist.

STECKE BESCHÄFTIGUNGSMÖGLICHKEITEN EIN

Frage dein Kind, womit es sich während möglicher Wartezeiten gerne beschäftigen möchte, und nehmt diese Dinge mit, falls sie sich für einen Restaurantbesuch eignen. Rätselhefte, Mal- oder Stickerhefte, kleine Puzzle, Autos oder Spielfiguren können hilfreich sein. Wenn du dich damit wohlfühlst: Was spricht außerdem dagegen, dass dein Kind im Restaurant ein Tablet oder Ähnliches benutzen darf?

Vielleicht werdet du oder dein Partner euch trotzdem nicht lange und ungestört unterhalten können, weil euer Kind einen von euch an seiner Seite braucht, um sich an die Umgebung anzupassen. Verbindung kannst du dann über gemeinsames Spielen und Verständnis herstellen, indem du zum Beispiel sagst: *„Ich sehe, dass es dir hier schwerfällt stillzusitzen. Lass uns zusammen rausgehen oder Karten spielen."*

Wenn ihr als Familie regelmäßiger essen geht, wird die Umgebung mit ihren Gepflogenheiten für dein Kind mit der Zeit vertrauter. Je mehr Kinder zu deiner Familie gehören, desto aufregender kann das Unterfangen Restaurantbesuch werden, das weiß ich aus eigener sehr lebendiger Erfahrung. Wir teilen uns hierfür schlichtweg manchmal auf und ein Elternteil geht mit nur einem Kind essen. Die Kinder finden es großartig, regelmäßig dabei sein zu können und dann noch in den Genuss einer exklusiven Zeit mit Mama oder Papa zu kommen.

Einkaufen mit deinem Kind

Der Kindereinkaufswagen saust gegen das Regal mit den Glasflaschen, vor dem Kühlregal streitest du dich mit deinem Kind, weil du keinen Joghurt mit Zuckerzusatz kaufen willst und drei Meter weiter fragst du dich, warum selbst der Discounter jetzt Spielzeug im Sortiment haben und dir damit das Leben schwer machen muss. Einkäufe mit Kind können ganz schön anstrengend sein – so anstrengend, dass du sie vielleicht oft nur mit der Androhung von Konsequenzen überstehst. Egal, wie ruhig du deinem Kind erklärst, was ihr kauft und wie ihr euch im Geschäft verhaltet, im Supermarkt scheint oftmals alles davon vergessen zu sein.

Geschäfte sind eigentlich immer total spannend für Kinder. Alles ist bunt, es gibt tolle Gänge, die zum Rennen und Verstecken spielen nahezu einladen. Da sind Absprachen und die Erwartungen der Eltern schnell vergessen. Wenn du siehst, dass dein Kind beim Betreten des Supermarktes – und allein die Schiebetür wirkt ja schon wie eine magische Zauberpforte – in den Abenteurermodus umschaltet, benenne, was gerade geschieht, erkläre, was du möchtest, und stelle in Aussicht, wann dein Kind die Möglichkeit dazu hat: *„Es ist spannend hier, oder? Du möchtest gerne losrennen, alles anfassen, erkunden und hier spielen. Und ich möchte, dass alles liegen und heile bleibt, du dich nicht verletzt und wir niemanden verärgern. Wenn wir gleich fertig sind mit Einkaufen, suchen wir einen Ort für dich, an dem du rennen und spielen kannst, okay?"* Diese Aussicht wird es deinem Kind erheblich leichter machen, sich an das zu halten, was du möchtest.

Je nach Tagesform, Uhrzeit und Belastung kann ein gemeinsamer Einkauf allein schon deswegen im Chaos münden, weil deinem Kind nach der Kita oder Schule die Energie fehlt, weiter zu kooperieren und sich an deine Erwartungen und Bedürfnisse anzupassen. Oft ist es die entspannteste Lösung, allein einkaufen zu gehen, den Partner loszuschicken oder den Einkauf auf einen späteren Zeitpunkt zu verschieben, wenn du dir im Vorfeld denken kannst, dass dir oder deinem Kind die Kraft fehlt, gelassen zu bleiben und zu kooperieren.

ARBEITET ALS TEAM ZUSAMMEN

Beziehe dein Kind beim Einkaufen mit ein. Frage, ob es Lust hat, dir zu helfen. Gib ihm immer wieder kleine Aufgaben und lass es Dinge holen, die ihr braucht. Trau deinem Kind ruhig etwas zu und sage ihm, dass es zerbrechliche Dinge mit beiden Händen festhalten soll. Wenn du spürst, dass du an einem Tag dazu keine Nerven hast, belasse es bei weniger empfindlichen Sachen. In der Regel reagiert jedes Kind mit Begeisterung darauf, mitmachen zu dürfen und sich einzubringen – insbesondere, wenn es sich dabei gebraucht und wertgeschätzt fühlt. Bedenke: Wenn tatsächlich mal etwas zu Bruch geht, ist das keine Tragödie, auch erwachsenen Menschen fallen beim Einkaufen Gurkengläser aus der Hand.

Wenn sich ein Einkauf gar nicht vermeiden lässt, mach es kurz. Einigt euch vorher auf einen Snack oder ein Getränk, für das sich dein Kind entscheiden darf und dann gib Gas. Hole wirklich nur das, was dir absolut notwendigerweise fehlt und mach nach Möglichkeit einen großen Bogen um die Süßwarenabteilung. Wenn du dir innerlich klar, sicher und gelassen bist, spürt dein Kind das ebenfalls.

Du brauchst beim Einkaufen übrigens auch nicht permanent *„Nein“* zu sagen. Gib deinem Kind einen Ausblick, wann es den Wunschartikel bekommen kann: *„Ja, das findest du lecker. Wir können beim nächsten Mal die Schokolade kaufen.“* Äußert dein Kind größere Wünsche, verweise beispielsweise auf seinen Geburtstag oder Weihnachten und notiere den Wunsch in seinem Beisein auf einem Notizzettel in deinem Handy. Das gibt deinem Kind Sicherheit, ein konkretes Ziel und das Gefühl, ernst genommen zu werden. Bitte habe dennoch nicht die Erwartung, dass dein Kind stets ruhig bleibt und mit Verständnis reagiert. Vielleicht ist es dennoch enttäuscht und frustriert, weil du bestimmst. Das ist okay und verständlich. Es greift dich damit nicht an, es zeigt nur seine Gefühle. Du darfst mitfühlend und zugleich klar in deiner Position sein.

DIE SITUATION VERLASSEN

Wenn dein Kind mit starken Emotionen auf deine Entscheidung reagiert, kann sich das für dich ziemlich unangenehm anfühlen. Atme tief durch. Versuche dir bewusst zu machen, dass diese Situation in diesem Moment natürlich hochgradig nervig und anstrengend ist, aber dass sie nicht nur vorbeigehen wird, sondern du sie in einem Jahr entweder vergessen hast oder darüber lachst.

Je nach Situation und Alter deines Kindes, kann es auch sinnvoll sein, deinem Kind zu sagen, dass du es jetzt auf den Arm nimmst und ihr geht. Es ist wenig konstruktiv, wenn ihr beide im Geschäft die Nerven verliert oder es ewig braucht, bis sich dein Kind beruhigt hat. Sprich später in Ruhe mit deinem Kind. Erkläre, welche Gefühle du bei ihm gesehen hast und warum. Erzähle auch, was du gefühlt hast und wofür du das Geschäft verlassen hast. Das kann zum Beispiel so laufen: *„Du warst im Supermarkt traurig und wütend, weil ich Nein gesagt habe. Dann habe ich dich auf den Arm genommen und bin mit dir rausgegangen, weil mir alles zu viel wurde. Das hat dich noch wütender gemacht, das kann ich verstehen und es tut mir sehr leid, dass es sich für dich so doof angefühlt hat. Wie geht es dir jetzt?“*

Dadurch ordnest du nachträglich ein, was passiert ist und in welchem Zusammenhang sich die verschiedenen Gefühle gezeigt haben. Du zeigst Mitgefühl und Bedauern darüber, dass die Situation so war und auch, dass es für dich nicht selbstverständlich ist, dich über seine körperlichen Grenzen hinwegzusetzen. Dadurch kommt ihr wieder in Verbindung. Du musst dein Kind in dem Moment nicht belehren oder ihm die Verantwortung mit Sätzen wie *„Das kommt* *davon …*“ zuschreiben. Dein Kind lernt so sehr viel wichtigere Dinge, als im Supermarkt blind zu gehorchen. Es lernt, dass es dir wichtig ist, du es respektierst und es dir vertrauen kann.

Vermutlich erleben alle Eltern intensive Gefühle und starke Reaktionen ihrer Kinder in der Öffentlichkeit. In jedem Geschäft mit einem wütenden und traurigen Kind, das seine Gefühle lautstark äußert – was vollkommen entwicklungsgerecht ist – gibt es mit an Sicherheit grenzender Wahrscheinlichkeit irgendwo eine andere Mutter oder einen anderen Vater, der voller Verständnis lächelt und dir in Gedanken viel Kraft wünscht. Wenn du niemanden siehst, auf den diese Beschreibung zutrifft, denk an mich: Ich habe schon ganze Supermarktgänge mit Kindern blockiert, die wütend und enttäuscht waren, die auf dem Boden lagen oder sich handgreiflich gestritten haben.

EIN STÄRKENDER GEDANKE

Wann immer dein Kind stark seine Gefühle zeigt und was es gerade ärgert und erschüttert, dann ist das auch ein gutes Zeichen: Ja, es ist innerlich aufgewühlt und in einer emotionalen Ausnahmesituation. Vor allem aber fühlt es sich sicher genug, das zu zeigen, anstatt in eine ungesunde Überanpassung zu gehen.

Dein Kind bedankt sich nicht

Dein Kind bekommt etwas geschenkt. Vielleicht reicht ein freundlicher Bäckereimitarbeiter ein kostenloses Brötchen über die Theke, die Großeltern haben beim Besuch etwas mitgebracht oder der Gabentisch beim Kindergeburtstag wird von Freunden deines Kindes beladen. Erwartungsvolle Mienen schreiben sich in die Gesichter der anwesenden Erwachsenen – aber über die Lippen deines Kindes kommt kein Wort des Dankes. Schon während ich diese Zeilen schreibe, reagiert mein Nervensystem so, als würde ich am spannenden Höhepunkt eines Thrillers schreiben. Denn mit unseren Kindern im Spannungsfeld des sozialen Miteinanders zu stehen und uns unter Beobachtung fühlen ist für uns Eltern oft ähnlich nervenaufreibend wie ein Krimi. Hilfreich ist, wenn wir unbewusst machen, was in uns und unseren Kindern in diesen Momenten los ist, was unsere Erwartungen sind – und welche davon realistisch sind.

WIE WAR DAS BEI UNS SELBST?

Erinnerst du dich noch daran, wie es war, als Kind etwas geschenkt zu bekommen? Eine Scheibe Aufschnitt im Supermarkt oder ein Eis von der Großtante vielleicht? Wie oft haben wir es da erlebt, dass sich Menschen nah zu uns herüber beugten – vielleicht sogar ein ganzes Stück zu nah – und mit mahnender Stimme appellierten: *„Was sagt man da?"* Wir empfanden das allenfalls als unangenehm, überfordernd und blieben mit einem großen inneren Fragezeichen zurück. Wir spürten Erwartungen an uns und gleichzeitig, dass wir sie gerade offenbar irgendwie nicht erfüllen können. Vielleicht hatten wir bereits ein Wort gelernt – *„Danke"*, das die Erwachsenen zufriedenstellte.

Möglicherweise mochten wir aber das, was wir da bekommen hatten, nicht einmal – und wir sollten uns trotzdem so verhalten. Weil man das eben so macht. Das alles ist eher überfordernd und hat mit echter Dankbarkeit und Höflichkeit wenig zu tun. Eigentlich wünschen wir uns für unsere Kinder doch etwas anderes, oder?

Das Gefühl der Dankbarkeit ist ein wertvolles Gefühl. Es umfasst viel mehr als reine Höflichkeit gegenüber anderen. Es kann uns auftanken, sorgt für Oxytocin-Ausschüttung im Gehirn und nährt damit unter anderem unser Bedürfnis nach Verbindung. Doch um wirklich Dankbarkeit bewusst zu empfinden, bedarf es einiger kognitiver Fähigkeiten, die eine gewisse Hirnreife und viele Erfahrungen voraussetzen. Wir müssen dafür aus unserer Perspektive in die eines anderen wechseln und uns in ihn hineinversetzen können. Unser Empathievermögen muss dafür schon einigermaßen ausgereift sein. Wir benötigen für das Empfinden von Dankbarkeit zudem nicht nur diese kognitiven Voraussetzungen, die Kinder erst im Laufe ihres Heranwachsens schrittchenweise erwerben. Wir brauchen auch eigene Erfahrungen damit, was es bedeutet, zum Beispiel jemandem ein Geschenk zu machen und Kraft, Zeit oder eine wirtschaftliche Ressource für einen anderen Menschen aufzuwenden.

Wenn wir näher hinsehen, wird also deutlich, dass das Empfinden von Dankbarkeit ein ziemlich komplexer Prozess ist. Dieser ist vielen Kindern im späteren Grundschulalter möglich, also etwa mit 9 bis 10 Jahren. Das bedeutet nicht, dass es dein Kind dann schon kann und dass etwas nicht stimmt, wenn es dazu noch nicht fähig ist. Entwicklung verläuft so individuell wie wir Menschen sind. Auch ein *„Danke"*, das emotional weniger tief geht und eher ein Zeichen der Höflichkeit ist, benötigt diese Fähigkeiten. Denn immerhin müssen Menschen sich hierfür in den anderen hineinversetzen können, schon ein wenig Gespür für gesellschaftliche Gepflogenheiten und die daran gekoppelten Erwartungen entwickelt haben. Wenn dein Kind angesichts eines Mitbringsels, gewisser Geschenke oder Ähnlichem also nicht sofort laut *„Danke"* ruft, ist es vermutlich noch nicht in der Lage dazu, die Form von Dankbarkeit zu empfinden, die du aus deiner erwachsenen Perspektive kennst.

Wenn du aufmerksam darauf achtest, wirst du feststellen, dass viele Kinder, die dann ad hoc *„Danke"* murmeln, gelernt haben, mit diesem Wort die Erwartungen der Erwachsenen zu erfüllen. Das Gesagte selbst bleibt in diesem Zusammenhang allerdings ohne die emotionale Bedeutung. Oftmals reagieren diese Kinder dann auch nur auf den „Anstoß“ der Eltern mit der dahingesagten Höflichkeit. Ohnehin geschieht in solchen Momenten so vieles gleichzeitig: Die Kinder bekommen etwas, worauf ihre Aufmerksamkeit gelenkt wird. Oftmals sind mehrere Leute um sie herum, die sie meist gar nicht kennen oder jeden Tag sehen. Viele Reize sind gleichzeitig zu verarbeiten, das ist schon für ein reifes Gehirn anstrengend, sodass Kinder in diesen Momenten oft schlichtweg überfordert sind.

Scanne mit deinem Erinnerungsvermögen die letzte Situation, in der du unter Stress geraten bist, weil dein Kind sich nicht oder nicht sofort bedankt hat für etwas, das es bekommen hat. Warum ist es dir so wichtig, dass es *„Danke“* sagt? Vermutlich bist du schnell bei eurem Gegenüber. Der Schenkende soll sich nicht gekränkt fühlen. Wenn du jetzt den gedanklichen Faden weiterspannst, kommst du wahrscheinlich wieder bei dir selbst an: Wenn der andere nämlich gekränkt ist, könntest du auf Ablehnung stoßen. Der Impuls, dein Kind zum *„Dankeschön“* zu drängen, hat also vor allem die Funktion, dich selbst zu schützen. So geht es wahrscheinlich uns allen in unterschiedlicher Intensität. Denn es liegt in unseren seelischen Grundbedürfnissen verankert, gemocht, angenommen und akzeptiert zu werden. Wir wollen dazugehören und niemanden gegen uns aufbringen. Außerdem tragen die meisten Erwachsenen Prägungen aus der eigenen Kindheit in sich, die sich dann melden. Wir haben in irgendeiner Form die schmerzhafte Erfahrung gemacht, abgelehnt und bewertet worden zu sein. Unbewusst versuchen wir dann unser Leben lang, die Wiederholung dieser schmerzlichen Erfahrung zu vermeiden. Im Zusammenhang mit unseren Kindern ist das allerdings oft hinderlich für unsere Beziehung zu ihnen, da uns unsere eigenen starken Gefühle im Wege stehen, wenn sie eigentlich die Verbindung zu uns brauchen.

BEDANKE DICH STELLVERTRETEND

Das Gute an Geschenk-Situationen ist, dass sie in der Regel mehr oder weniger vorhersehbar sind. Wenn du also das nächste Mal mit deinem Kind beim Bäcker bist oder der nächste Geburtstag ansteht, kannst du dich innerlich wappnen und dich darauf vorbereiten, den Impuls zu bemerken und anders zu reagieren als sonst. Atme dazu gleichmäßig tief ein und aus, erde dich, indem du nachspürst, wie deine Fußsohlen auf dem Boden verhaftet sind. Nimm deinen inneren Stress wahr und beruhige ihn mit deiner Achtsamkeit gleichermaßen. Wenn du dann die erwartungsvollen Blicke auf dir und deinem Kind spürst, lächele freundlich und bedanke du dich stellvertretend für dein Kind. Es wird dir mit seinem Verhalten folgen und aus einer natürlichen nachahmenden Dankbarkeit wird im Laufe seiner Entwicklung eine authentische.

Dankbarkeit ist ein Gefühl, das in uns Menschen von ganz allein wächst und erblüht wie ein Pflänzchen. Es gedeiht umso besser, desto weniger Zwang auf ihm lastet. Du kannst sein Wachstum fördern, indem du aufrichtige Dankbarkeit, Höflichkeit, Respekt und Freundlichkeit vorlebst – nicht nur den Menschen in eurem Umfeld gegenüber. Sondern insbesondere, indem du all das deinem Kind authentisch entgegenbringst.

Starke Gefühle deines Kindes in der Öffentlichkeit

Während ich diese Zeilen schreibe, sitze ich in einem Café in der Innenstadt. Ja, ich mag es manchmal, mir zum Arbeiten und Schreiben andere Geräuschkulissen zu wählen als die in unseren vier Wänden. Eher intuitiv als bewusst hebe ich den Kopf und sehe vor dem Fenster einen Mann, eine Frau und einen sechs-, vielleicht siebenjährigen

Jungen vorbeigehen. Das Gesicht des blonden Kindes ist von Emotionen verzerrt, gerötet und tränenüberströmt. Es weint, schreit und ist offenbar ziemlich aufgewühlt. Ich sehe und fühle Wut, Frust und Traurigkeit. Der Mann, den ich für seinen Vater halte, sieht ärgerlich aus und auch die Frau, die bei ihnen ist, blickt frustriert und gestresst umher. In ihren Händen Papp-Kaffeebecher und Einkaufstüten. Dann sind sie aus meinem Blickfeld verschwunden.

Ich weiß nicht genau, was bei den dreien gerade los ist, es ist nur eine Momentaufnahme. Und doch erinnert sie mich an Situationen, die ich selbst mit meinen Kindern erlebt habe und an solche, von denen mir Eltern voller Anspannung berichten. Sie erzählen dann, dass sie nicht verstehen, warum es immer ihr Kind ist, das unangenehm auffallen muss. Sie hadern damit, warum es denn nicht einmal ruhig und entspannt zugehen kann und dass sie das Gefühl haben, egal, was sie tun, ihr Kind sei doch nie zufrieden. Außerdem berichten sie davon, wie unangenehm es ihnen ist, im Zentrum der Aufmerksamkeit zu stehen.

In solchen Situationen kommen viele Dinge zusammen. Ein Kind, das nicht nur müde ist vom Tag und von den Aufgaben seiner Woche. Es ist darüber hinaus permanent mit seiner Entwicklung und seinem eigenen inneren und körperlichen Wachstum befasst. Auch das ist oft eine riesige Herausforderung für unsere Kinder, denn Entwicklung bedeutet Veränderung und Veränderung bedeutet auch immer Verunsicherung. Uns Eltern kann es helfen, uns in solchen Momenten die eigenen Erwartungen bewusst zu machen. Ganz sicher hatte die beobachtete Familie bestimmte Vorstellungen vom gemeinsamen Einkaufsbummel und wie sie als Familie den Abend ausklingen lassen. Dann gab es vielleicht Streit – um ein nicht gekauftes Spielzeug, ein Essen, das nicht geschmeckt hat oder ein Eis, das es nicht gab. Die Blicke von Passanten scheinen dann genau das zu sagen, was wir insgeheim über uns denken oder was wir befürchten:

„Die haben ihr Kind nicht im Griff."
„So ein Verhalten hätte es bei uns früher nicht gegeben."
„Das würde ich mir nicht bieten lassen."

Viele von uns haben zudem sogar erlebt, dass Fremde oder die eigenen Eltern bzw. Schwiegereltern das emotionale Verhalten unseres Kindes auf diese oder ähnliche Weise kommentiert haben. Ob nur gedacht oder tatsächlich gehört – solche Worte befeuern den inneren Stress und die eigenen Gefühle in solchen Momenten.

Der Druck wird mitunter so groß, dass wir denken, wir müssten nun tatsächlich einmal durchgreifen, unser Kind die Konsequenzen spüren lassen oder zumindest vor den Augen der anderen wieder Oberhand gewinnen. Doch dann sind wir nicht in einer verbundenen Eltern-Kind-Beziehung, sondern im Machtkampf. Dann geht es uns nicht darum zu verstehen und verstanden zu werden, sondern darum, unsere Gefühle von Ohnmacht und Hilflosigkeit um jeden Preis zu überwinden und uns innerlich wieder stark und sicher zu fühlen. Das ist nachvollziehbar, insbesondere, wenn wir uns als Kinder selbst oft ohnmächtig gefühlt haben und wenn wir Angst haben vor dem Urteil anderer.

SCHIRME DICH UND DEIN KIND AB

Je früher du merkst, dass dein innerer Stresspegel steigt, desto eher kannst du die Reaktion deines Körpers und damit auch ein impulsives Handeln unterbrechen und aufhalten. Nimm deine Anspannung bewusst wahr, achte auf deine Atmung und reguliere dich und deine Gefühle (siehe dazu auch in das Werkzeugkasten-Kapitel). Wenn du die Möglichkeit hast, die Situation mit deinem Kind noch einigermaßen geordnet und ruhig verlassen zu können, tu das.

Setzt beispielsweise euren Stadtbummel ein anderes Mal fort, bevor du dich und dein Kind zu sehr überforderst. Dein Kind ist schon mitten im Gefühlssturm? Schirme euch ab. Vielleicht geht das körperlich ein wenig, indem du dich schützend vor dein Kind stellst, ihm dabei aber unbedingt zugewandt bleibst. Schirme dich aber vor allem innerlich von deinem Umfeld ab. Stelle dir hierfür vor, du befindest dich mit deinem Kind unter einer Schutzglocke. Sie hält Blicke, Kommentare, Meinungen und Gedanken Außenstehender von euch fern, sodass du ganz bei deinem Kind sein kannst, denn es braucht dich gerade.

Vielleicht hast du dich bei der einen oder anderen Gefühlsexplosion deines Kindes auch schon einmal gefragt, ob die Intensität, mit der dein Nachwuchs zeigt, wie es ihm gerade geht, überhaupt noch normal ist. Ich möchte dich an dieser Stelle beruhigen: Kinder erleben ihre Gefühle stark und ungefiltert. Je jünger sie sind, desto intensiver werden sie in die emotionalen Strudel hinein gesogen.

In den Generationen vor uns und oft auch noch in unserer eigenen Erziehung war das Zulassen und Zeigen von Gefühlen jedoch oft kaum erwünscht. Ohne böse Absicht unserer Erziehungspersonen haben die meisten von uns gelernt, intensive Gefühle zu fürchten. Das gilt insbesondere für die, die wir klassischerweise als unangenehm empfinden, wie Wut oder Angst. Schließlich haben unsere Bezugspersonen sich diese kaum erlaubt, noch wurden sie uns zugestanden und wir dabei einfühlsam begleitet. Doch kein Gefühl ist gut oder schlecht. Ein Gefühl informiert uns lediglich darüber, ob innerhalb unserer Bedürfnisse alles im Gleichgewicht ist oder nicht.

Unsere Kinder werden lernen, ihre Gefühle gesund zu regulieren und auszuleben, wenn wir sie dabei begleiten. Zeigt dein Kind starke Gefühle, ist das eigentlich immer eher begrüßenswert, da es viel schädlicher wäre, sie wegzudrücken und sich anzupassen. Leider findet letzteres Verhalten in unserer Gesellschaft und im Schulsystem immer noch große Zustimmung. Mache dir bewusst, dass es etwas Schätzenswertes ist, wenn dein Kind seine Gefühle zeigt. So kannst du es besser begrüßen und annehmen. Fühle aber auch die Grenzen deines Kindes mit und schütze es vor den Bewertungen anderer.

Dein Kind dreht auf, wenn ihr andere Leute trefft

Neulich schilderte mir eine Frau aus meinem Mentoring, dass es ihr aktuell unangenehm sei, mit ihren Kindern andere Familien zu besuchen. Ihre fünfjährige Tochter drehe dabei anfangs immer so auf, dass sich alle und insbesondere sie selbst sehr unwohl damit fühlen. Eine ihrer Bekannten, deren Kind vom Typ her eher schüchtern und zurückhaltend sei, habe das mit *„Deine Tochter ist aber auch echt ganz schön wild"*, kommentiert. Im Gespräch nahmen wir die Situation dann genauer unter die Lupe und beleuchteten, was hinter dem Verhalten des Kindes steht und was darüber hinaus die Wünsche und Erwartungen der Mutter sind. Ich nehme dich mit auf die Reise hinter die Kulissen von Verhalten und Gefühlen. Stell dir einfach vor, du und dein Kind seid zu Besuch bei Bekannten.

Dein Kind betritt eine Wohnung, mit der es nicht allzu vertraut ist. Selbst wenn ihr öfter schon einmal dort zu Besuch wart, ist das spannend, aufregend und ganz anders als zu Hause. Dein Kind spürt Freude, Aufregung und vermutlich auch ein bisschen Unsicherheit, schließlich kennt es sich in der Wohnung eurer Gastgeber nicht so gut aus wie zu Hause und es weiß nicht so genau, was jetzt passiert.

WIE EMPFINDEST DU BEI TREFFEN?

Während du dich in dein Kind hineinversetzt, kannst du gleichzeitig auch einmal kurz in dich selbst hineinspüren: Wie ist das, wenn du Bekannte oder Freunde triffst? Was fühlst du, wenn du ihre Wohnungen betrittst? Wahrscheinlich verspürst du auch ein wenig Aufregung und sicherlich empfindest du Freude – immerhin triffst du Menschen, die du hoffentlich magst. Bei deinem Kind sind diese Gefühle noch viel, viel stärker. Hinzu kommt, dass es sie nicht wie du als Erwachsene wie von selbst regulierst, indem du unbewusst deine Atmung anpasst. Außerdem hast du bereits hunderte, vermutlich sogar tausende Male Menschen getroffen und besucht. Du kennst die Abläufe und kannst mit deiner Vorfreude und deiner gespannten Erwartung umgehen. Das alles fehlt deinem Kind.

In deinem Kind ist ganz schön viel los und es muss irgendwohin mit sich. Außerdem hat bei so vielen Gefühlen und Eindrücken das Gehirn einiges zu verarbeiten, sodass die Impulskontrolle nicht mehr so gut funktioniert wie in entspannteren Momenten. Kinder reagieren unterschiedlich in solchen Situationen: Die einen ziehen sich zurück und brauchen eine gewisse Zeit, um sich sicher genug zu fühlen und sich aus ihrem Schneckenhaus herauszuwagen. Die anderen kreisen bildlich gesprochen auf Hochtouren in der Luft und müssen gewissermaßen erst landen.

Dabei kannst du deinem Kind helfen. Sei nachsichtig mit deinem Kind und bleib gelassen. Begleite dein Kind mit deinen Worten und deiner körperlichen Nähe. Benenne, was du wahrnimmst: *„Du bist aufgeregt und gespannt, oder? Wir waren so lange nicht hier und du freust dich, das sehe ich. Komm, wir ziehen uns die Schuhe aus und sehen uns erstmal gemeinsam um.“* Bleibe an der Seite deines Kindes, solange es dich braucht. Vielleicht braucht es einen Vermittler, um mit dem anderen Kind in Kontakt zu kommen und jemanden, der fragt, ob ein bestimmtes Spielzeug benutzt oder eine gemeinsame Aktivität gestartet werden darf. Kinder lernen all diese zwischenmenschlichen Interaktionen noch und brauchen uns oft als Übersetzer und Begleiter an ihrer Seite. Mit der Zeit bekommt dein Kind mehr Übung und Erfahrung in diesen Situationen, aber auch im Laufe eures Besuches kann sich dein Kind entspannen und ankommen.

Für uns Eltern sind solche Besuche manchmal auch deswegen so anstrengend, weil wir uns ebenfalls auf Verabredungen freuen und uns vielleicht wünschen, uns in Ruhe unterhalten zu können. Diese Punkte können dir helfen, solche Treffen entspannter zu überstehen:

- Lass deine Erwartungen los. Mit Kindern ist vieles anders, als wir es uns zuvor vorgestellt haben. Es bleibt nicht für immer so, die Jahre, bis unsere Kinder lieber ohne uns unterwegs sind, vergehen viel schneller als wir denken.
- Du kannst das auch für deine Bekannten und Freunde transparent machen, wenn sie selbst ein solches Verhalten vielleicht nicht von ihrem Kind kennen.
- Verabrede dich mit anderen Eltern, in deren Gegenwart du authentisch und entspannt sein kannst.
- Trefft euch in einem Umfeld, das für alle angenehm ist. Manchmal passt es zum Beispiel besser auf dem Spielplatz oder in der Natur.
- Sorge dafür, dass du auch außerhalb deines Elternlebens Freunde triffst, in Zeiten, die nur dir und deinen Erwachsenenfreunden vorbehalten sind. Dann fällt es leichter, sich bei Besuchen auf die Bedürfnisse deines Kindes einzulassen.

Die große Anspannung und das energievolle Verhalten kann dein Kind auch zeigen, wenn ihr bei euch zu Hause Besuch bekommt, denn auch das kann ziemlich aufregend sein. Auch wir Eltern sind in diesen Situationen manchmal angespannter als sonst, weil wir gefallen wollen und möchten, dass sich Menschen bei und mit uns wohlfühlen. Habe Vertrauen, bei euch ist es schön und Menschen verbringen gerne ihre Zeit mit euch. Wenn es sich dabei um gute Freunde handelt, sprich über deine Sorgen und Bedenken. Dann könnt ihr sie gemeinsam ausräumen. Für die Mutter aus meiner Beratung hat es bereits viel verändert, sich in ihre Tochter hineinzuversetzen. Sie ist künftig bei Treffen mit anderen Eltern und ihren Kindern viel entspannter und kann ihr Kind beim Ankommen in der Situation begleiten.

Gefühlskrise nach Schule und Kita

„Juli, ich weiß einfach nicht mehr weiter“, schrieb mir eine Mutter vor einem Vorgespräch: *„Ich hole meinen fünfjährigen Sohn aus der Kita ab und sobald er mich sieht, bricht er förmlich zusammen, weint und wütet nur noch herum. Wenn er sich dann gefangen hat, müssen wir weiter zur Schule, seine siebenjährige Schwester abholen. Mit ihr wiederholt sich der Spuk dann, bis wir zu Hause sind. Das ist so unendlich anstrengend, was ist da los?“* Vermutlich kennst du das so oder so ähnlich auch: Eigentlich könntet ihr in den Nachmittag starten, gemeinsame Zeit verbringen und zudem sehnst du dich nach etwas Ruhe nach der Arbeit oder deinen Aufgaben zu Hause. Doch zuvor gibt es noch allerhand emotionale Krisen, die du begleiten musst. Ich erkläre dir jetzt, was ich auch meiner Klientin erklärt habe.

Dein Kind leistet in der Kita und in der Schule echt viel: Es passt sich an Regeln und die Gruppe oder Klasse an, stellt Bedürfnisse zurück, übt Sozialverhalten, spielt, tobt, probiert aus, muss zuhören und lernt. Das alles geschieht im Kontakt mit Menschen, zu denen dein

Kind zwar idealerweise eine gute Bindung aufgebaut hat. Dennoch wird es sich in der Kita und Schule unbewusst mehr anpassen und innerlich zurücknehmen als in Gegenwart seiner sichersten Bindungspersonen – in der Regel sind das die Eltern. All das lassen Kinder los, wenn sie uns nach der Betreuungszeit wiedersehen. Sie betreiben gewissermaßen emotionale Aufräumarbeit. Das ist anstrengend für dich, für die Psyche deines Kindes aber notwendig und gesund.

Achte auf deine Ressourcen, bevor du dein Kind abholst oder es in Empfang nimmst. Hast du dich zum Beispiel nach deiner Arbeit ausreichend regeneriert, etwas gegessen und genug getrunken? Du brauchst Kraft und Gelassenheit für die Begleitung deines Kindes und euren Nachmittag.

KOMM BEI DIR AN UND SCHÖPFE KRAFT

Je mehr Zeit du dir vor dem Start in den Nachmittag für dich nehmen kannst, desto besser. Doch selbst, wenn es nur wenige Minuten sind, nutze sie, um noch einmal bei dir anzukommen. Setze dich hin, schließe für drei Minuten die Augen und beobachte deine Atemzüge. Gehe mit deiner Aufmerksamkeit ganz langsam von den Füßen bis zum Kopf durch deinen gesamten Körper. Nimm wahr, was du spürst und wie sich die einzelnen Bereiche anfühlen. Bewerte nicht, sondern nimm einfach wahr.

Du kannst dich auch von mir durch einen entspannenden und regenerativen Bodyscan führen lassen: Lade dir dazu die Audiodatei von meiner Website herunter.

https://www.momtowow.de/bonus

So schwer es dir auch erscheinen mag, versuche ruhig und gelassen zu bleiben, indem du tief durchatmest und dir bewusst machst, dass das Verhalten deines Kindes zwar herausfordernd, aber vollkommen natürlich und im Prinzip ein gutes Zeichen ist – nämlich eines für eure starke und sichere Bindung. Wenn dein Kind sich in den Arm nehmen lässt, zögere nicht, das zu tun. Körperliche Nähe sorgt für die Ausschüttung des Bindungshormons Oxytocin, das hilft, Gefühle und Stress zu regulieren.

WO IST DEINE AUFMERKSAMKEIT?

Worauf richtest du deinen Fokus, wenn du in die Kita oder zur Schule kommst? Oft unterhalten sich Eltern noch kurz mit anderen Müttern oder Vätern, wechseln ein paar Worte mit den Erziehern und sind abgelenkt. Doch dein Kind freut sich nach langen Stunden der Trennung auf dich – auch wenn das an manchen Tagen vielleicht nicht so wirkt. Es braucht dich jetzt. Zeig deinem Kind, dass du dich freust, dass du präsent bist und frage, was es erlebt hat und wie es ihm geht. Zeig deinem Kind, dass jetzt eure gemeinsame Zeit beginnt und es auftanken darf.

Zeig Verständnis für die Erschöpfung und die Gefühle deines Kindes, es hat wahrscheinlich viel erlebt. Entscheidet gemeinsam, was jetzt dran ist und wie ihr den Nachmittag verbringen könnt. Vielleicht ist erstmal Zeit für eine Pause zu Hause, für einen Snack oder eine andere kleine Insel, auf die ihr euch rettet. Dort könnt ihr auftanken, bevor ihr in andere Aktivitäten startet. Das ist umso wichtiger, wenn dein Kind noch ein Pflichtprogramm wie etwa die Hausaufgaben vor sich hat.

Je besser du kräftemäßig aufgestellt bist und die Gefühle und das Verhalten deines Kindes als das annimmst, was es ist – eine Auskunft darüber wie es ihm geht –, desto gelassener kannst du diesen Übergang in den Nachmittag hinnehmen. Nimm die Stimmung deines Kindes nicht persönlich. Genau wie du ist es nach „Feierabend“ erschöpft. Es kann seine Gefühle nur noch nicht so gut regulieren wie du.

Mit der Mutter vom Anfang dieses Kapitels habe ich Strategien entwickelt, mit denen sie insgesamt besser für sich und ihre Kraft sorgen kann. Sie hat außerdem angefangen, für die Abholzeiten etwas mehr Zeit einzuplanen, sodass sie dem jeweiligen Kind ein bisschen gerechter werden kann und das Kind, das zuerst abgeholt wird, schon ein bisschen aufgetankter ist. Sie hat mit der Zeit einen immer besseren Blick dafür entwickelt, welche Aktivitäten für den jeweiligen Nachmittag die passenden sind und sich dazu auch mit ihren Kindern ausgetauscht. Ihr Mann und sie konnten die jeweiligen Arbeitszeiten außerdem so regeln, dass er an zwei Nachmittagen das Abholen übernimmt, sodass sie nicht immer der einzige Elternteil ist, der die starken Gefühle der Kinder am Nachmittag auffängt.

Ungünstige Freundschaften und gemeinsam frech sein

Neulich berichtete mir eine Mutter, dass ihre siebenjährige Tochter sich derzeit auf dem Spielplatz immer wieder mit einer bestimmten Freundin zusammentut, um dann ganz gezielt andere Kinder zu ärgern, diese auszugrenzen oder den Erwachsenen Streiche zu spielen. Auch wenn sie sich zu Hause treffen, sind die beiden kaum zu bändigen und immer wieder gehe es mit ihnen durch. Ihr und der Mutter des anderen Mädchens werde das allmählich zu viel. Auch die Lehrerin eines der Mädchen, die Parallelklassen besuchen, habe in einem Gespräch schon angedeutet, dass die beiden Kinder in den Pausen sehr „derb“ werden würden. Die Mutter bat mich, das Verhalten einzuordnen und sie dabei zu unterstützen, mit der Situation umzugehen.

Als ich diese Schilderung hörte, musste ich direkt an mich und meine beste Freundin denken. Ich nehme dich mal mit in einen sehr persönlichen Einblick: Als wir jünger waren und auch jetzt manchmal noch entwickeln wir zusammen eine ganz bestimmte Dynamik. Wir sind albern, lachen, machen Witze, die insbesondere wir verstehen. Für alle anderen, die dabei sind, ist das oft echt anstrengend und es ist schwer, dazwischen zu kommen und ein Teil dieser Dynamik zu sein. Meiner Freundin und mir geht es dabei nicht darum, jemanden auszugrenzen. Vielmehr genießen wir den mühelosen Flow unserer starken Verbindung. Wir tanken miteinander auf, erfahren Freude und Leichtigkeit und fühlen uns zutiefst verbunden. Dass sich andere dabei nicht zugehörig fühlen, ist in solchen Momenten gewissermaßen ein Nebenprodukt. Nun sind meine Freundin und ich erwachsen. Dennoch passiert es uns manchmal, dass wir eine den Kindern nicht ganz unähnliche Energie entwickeln. Gleichzeitig merken wir, wann es überhandnimmt, und können uns stoppen.

Freude an der intensiven Verbindung

Auch Kinder lieben diese Art der intensiven Verbindung. Insbesondere im Grundschulalter werden Freundschaften immer wichtiger. Sich gemeinsam als unschlagbares Team zu erleben, gibt Sicherheit, Freude und für den Moment auch ein Stück Unabhängigkeit von den Bindungspersonen, weil die Kinder spüren, dass sie auch mit anderen Menschen so stark verbunden sein können. Alle vier seelischen Grundbedürfnisse sind involviert. Gleichzeitig laufen Fähigkeiten wie der Perspektivwechsel und die Empathie längst noch nicht „ganz rund“. Möglicherweise spüren die Kinder hier und da, dass sie mit ihrem Verhalten anecken. Die Sogwirkung und der emotionale Zugewinn der starken Verbindung und der anderen Bedürfnisse sind aber viel zu groß, um sich anders verhalten zu können. Viele Kinder werden in so einem intensiven Flow vermutlich den Unmut der anderen gar nicht spüren. Und das nicht, weil etwas nicht stimmt, sondern weil sie Kinder und in Entwicklung sind.

Wir Eltern geraten dann schnell unter Stress und sind mit unseren Gedanken und Sorgen in der Zukunft: Wenn mein Kind sich jetzt so aufmüpfig und ausgrenzend verhält und nicht lernt, dass das nicht okay ist, wird es sich später vielleicht nicht gut in Gemeinschaften eingliedern können. Verständlicherweise erzeugt dieser Gedanke augenblicklich Druck und Angst, da wir uns alle das Beste für unsere Kinder wünschen – und weil wir uns und unsere elterlichen Fähigkeiten daran gemessen fühlen, wie gut unser Kind „gerät“. So ein Mix aus unheilvollen Zukunftsgedanken und unserer Wahrnehmung als Erwachsene ist also eine ziemlich schwierige Mischung. Wir brauchen eine andere Brille – und zwar die des Bedürfnisbaums und des neutralen Wissenschaftlers.

Wie dein Kind Freundschaften erlebt

Wechseln wir in die Welt der beiden Mädchen: Freundschaften werden immer wichtiger. Gleichzeitig gehen die beiden auch schon in die Schule und erleben dort sowie an vielen anderen Stellen des Alltags, wie wenig Einfluss und Entscheidungsmöglichkeiten sie haben. Wenn du dich einmal in dein Kind hineinversetzt und dir vorstellst, dir würden andere den lieben langen Tag so viele Vorschriften machen, dich maßregeln und kritisieren, wie unsere Kinder es oft erleben, du würdest wahrscheinlich wütend, frustriert und traurig.

Deine Seele würde vermutlich nach kurzer Zeit aus dem Gleichgewicht geraten. Unbewusst strebt auch dein Kind nach Ausgleich. Da ist es stärkend, eine solche Beziehung zu haben und sich darin so stark zu erleben.

Mit deinem Kind ist es ähnlich wie mit den beiden Mädchen? Zoome jetzt einmal aus den Momenten heraus, in denen es mit ihm so schwierig ist. Nutze dafür die Technik, die ich dir im Werkzeugkasten-Kapitel gezeigt habe. Was nimmst du wahr? Haben du und dein Kind oft Machtkämpfe? Kritisierst du es häufig für sein Verhalten? Hört es oft *„Nein, das geht nicht“* oder *„Nein, das darfst du nicht“*? Sind die Anforderungen in der Schule gerade höher? Gibt es irgendwo auf dem Zeitstrahl der vergangenen Wochen ein Ereignis, das dein Kind verunsichert und überfordert hat? All diese Punkte einzeln für sich oder in Kombination sorgen dafür, dass dein Kind sich mit den unbewussten Strategien, die es hat, ins Gleichgewicht zu bringen versucht.

VERTRAUEN TROTZ SCHWIERIGER FREUNDSCHAFT

Im Mentoring sprach ich mit einer Mutter über eine Freundschaft ihres sechsjährigen Sohnes, die in ihren Augen schwierig war. Der Freund log häufig und brachte ihr Kind gegen andere auf. Außerdem bewegte er den Jungen mit kleinen Drohungen wie *„Dann lade ich dich nicht zu meinem Geburtstag ein“* dazu zu tun, was er wollte. Ich verstehe, dass diese Beziehung ein komisches Bauchgefühl bei der Mutter auslöste. Wir sahen uns einerseits gemeinsam an, was ihr Sohn gerade wohl aus dieser Verbindung schöpfen könnte und was ihn an dem anderen Kind fasziniert. Zudem sprachen wir darüber, dass es nicht zu ihrer elterlichen Aufgabe gehört und dass es zudem sehr ungünstig ist, dem Kind eigene Erfahrungen ersparen zu wollen.

Die Mutter entwickelte so mehr Verständnis für ihr Kind, schaffte Ausgleich im Alltag und stand ihrem Sohn bei Enttäuschungen und Frust tröstend zur Seite. Sie entwickelte das Vertrauen, dass ihr Sohn mit ihr an der Seite diese Erfahrungen meistern würde.

Wenn du spürst, dass das Ganze eine Dynamik entwickelt, die dich herausfordert, mache dir bewusst, dass du dem nicht hilflos ausgeliefert bist. Wird es nachmittags mit den beiden Kindern beispielsweise schwierig, wenn ihr auf andere Kinder stoßt, wählt für eine Zeit lang andere Orte aus, an denen ihr euch trefft. Manchmal ergibt es beispielsweise mehr Sinn, mit Kindern durch den Wald zu „strolchen“, als Spielplätze zu besuchen.

Geht ein wenig in die Vorplanung, wenn dein Kind sich verabredet oder ihr als Eltern mit den Kindern ein gemeinsames Treffen vereinbart. Beziehe dein Kind mit ein, indem du es fragst, was es gemeinsam mit dem Freund tun möchte. Dann bereitet ihr beispielsweise Bastelsachen vor, stellt die Spielsachen bereit, mit denen die Kinder spielen möchten oder bereitet ein Rollenspiel vor.

Du musst nicht auf Schritt und Tritt dabei sein, dennoch bedarf es phasenweise wahrscheinlich einer engeren Begleitung, um herausfordernde Dynamiken früh genug zu spüren und lenken zu können. Auch Machtumkehrspiele (siehe Kapitel „Werkzeugkasten für eure starke Beziehung“) können hilfreich sein. Schaffe Raum für diesen „Machtwechsel“ in eurem Alltag, aber auch wenn dein Kind mit seinem Freund zusammen ist: Wo können die beiden dich oder euch Eltern gezielt gegen euch gewinnen und stärker sein? So ermöglichst du deinem Kind die Gefühle und Erlebnisse, die es gerade unbewusst sucht, in einem Rahmen, den du bewusst mitprägen und lenken kannst.

Unerwünschtes Verhalten in Schule oder Kita

Natürlich hast du als Mutter oder Vater keinen direkten Einfluss darauf, wie sich dein Kind in der Schule oder Kita verhält. Du kannst mit deinem Wissen und deinen Erkenntnissen über das Verhalten deines Kindes jedoch an Lehrer und Erzieher herantreten und es wertschätzend erklären. Außerdem kannst du mit den Möglichkeiten, die ich dir aufgezeigt habe, in eurem privaten Alltag für Ausgleich sorgen. So ist es sehr wahrscheinlich, dass dein Kind auch in der Schule oder Kita nicht mehr so stark nach Ausgleich sucht, der vielleicht weniger konstruktiv ist. Sei insbesondere in diesen Phasen, wenn dein Kind in der Schule oder Kita viel kritisiert wird, an seiner Seite. Sei verständnisvoll, höre zu, „unterstelle" ihm immer nur das Allerbeste und verzichte darauf, ebenfalls zu belehren und zu maßregeln. Das würde das Verhalten deines Kindes bzw. die Beweggründe nur verstärken und verhärten. Es braucht dich jetzt aber als Verbündeten.

Ich kann sehr gut verstehen, dass schwierige Freundschaften der Kinder für Eltern nicht ganz leicht auszuhalten sind. Doch fangen wir an, uns hier verbietend einzumischen, werden sich unsere Kinder emotional von uns entfernen. Freundschaften zu verbieten ist grenzüberschreitend und übergriffig. Spätestens in der Pubertät werden wir Eltern darauf immer weniger Einfluss haben. Machen unsere Kinder in den Jahren zuvor die Erfahrung, dass wir vertrauensvoll und auffangend an ihrer Seite sind, werden sie auch später Rat und Unterstützung bei uns suchen.

Es ist immer hilfreicher, respekt- und wirkungsvoller verstehen zu wollen, worum es unseren Kindern bei ihrem Verhalten unbewusst geht und sie auf konstruktiven Wegen der Bedürfniserfüllung zu unterstützen.

Verweigerung beim Arzt und bei Medikamenten

Viele Eltern, die ich berate und die mir bei Instagram schreiben, können die Aspekte des bindungsorientierten Ansatzes meiner Arbeit gut mittragen. Bei einem Thema wird es für viele von ihnen schwierig, nämlich dann, wenn es um die Gesundheit ihrer Kinder geht. Das ist verständlich. Bei der Sorge um das Wohlergehen unseres eigenen Kindes, beim Anblick fiebriger Äuglein, bei verstopften Nasen und bellendem Husten, geraten wir schnell unter immensen Druck, wenn Kinder etwa bei der Medikamentengabe die Lippen zusammenpressen oder den Kopf wegdrehen. Und was ist dann erst bei Arztbesuchen, Impfungen oder Therapien? Ich kann den Druck der Eltern gut nachvollziehen. Gleichzeitig lohnt es sich sehr, auch hier das Verhalten deines Kindes zu verstehen und Wege zu finden, die nicht auf Kosten seiner Grenzen und eurer Beziehung gehen.

Medizin einnehmen ist aus der Sicht unserer Kinder sinnlos. Bedenke, dass ihr Gehirn und ihr Nervensystem evolutionär funktionieren.

EURE GEFÜHLE UND BEDÜRFNISSE ERKENNEN

Mit Blick auf den Bedürfnisbaum dreht ihr euch um die gleichen Wurzeln, doch von anderen Seiten aus: Es geht euch beiden vor allem um Sicherheit und auch die Autonomie spielt natürlich eine Rolle. Dein Kind möchte seine Grenze wahren und selbst entscheiden. Du möchtest dein Ziel erreichen. Euer beider Wut zeigt das zuverlässig an. Vielleicht mischt sich an einigen Stellen auch die Trauer dazu, wenn ihr beide spürt, dass durch eine erzwungene Medikamentengabe oder Behandlung eure Verbindung abgebrochen ist.

Doch kommen wir zur Bedürfniswurzel Sicherheit: Du möchtest die Gesundheit deines Kindes erhalten oder wiederherstellen. Es soll ihm wieder besser gehen. Dein Kind schützt sich vor Stoffen, die seltsam schmecken, die niemand anderes aus seiner „Herde" zu sich nehmen muss, die möglicherweise auf sich unnatürlich anfühlende Weise in den Körper und in Körperöffnungen gelangen sollen. Spritzen, Nasenspray, Nasenduschen und Inhaliergeräte können Angst auslösen.

Dir kommt an dieser Stelle dein ausgereiftes Gehirn zugute. Du kannst dir bewusst machen, dass es jetzt einmal oder für eine gewisse Zeit unangenehm ist. Darüber hinaus kannst du dank deiner Erfahrungen und deiner Fähigkeit, sie gedanklich mit in deine Entscheidungen einzubauen, den Bogen in die Zukunft spannen: Du weißt, dass es dir durch das Medikament später besser gehen wird, deshalb kannst du dich über deine intuitive Abwehr hinwegsetzen, solltest du diese noch wahrnehmen. Dein Kind kann das nicht.

Was ist mit der elterlichen Verantwortung?

„Aber was ist mit meiner elterlichen Verantwortung, Juli?", fragen Mütter und Väter an dieser Stelle oft. In dieser Hinsicht möchte ich auf zwei Aspekte aufmerksam machen: Gehört es nicht auch zu unserer elterlichen Verantwortung dazu, die Grenzen unserer Kinder zu schützen und ihre seelische Unversehrtheit zu wahren? Darüber hinaus ist der Preis, den wir Eltern für Grenzüberschreitungen im Namen der Gesundheit bezahlen, hoch: Das Kind lernt, dass selbst die engsten Bindungspersonen, denen es vertraut und von denen es abhängig ist, sich körperlich über seine Grenzen hinwegsetzen. Es verinnerlicht bei immer wiederkehrender Übergriffigkeit zudem,

dass das eigene Gefühl falsch und nichts wert ist und dass es okay ist, wenn Menschen die eigenen Grenzen überschreiten. Das kann später in bestimmten Situationen fatal sein. Eine körperlich durchgesetzte Medikamentengabe oder Behandlung wird vielleicht zunächst funktionieren. Doch leichter wird es sicherlich nicht, da die Kinder sich immer früher wehren und noch weniger kooperieren. Selbst wenn die Medikamente dann beispielsweise im Mund landen, wird dein Kind sie vermutlich wieder ausspucken oder sich vor Aufregung sogar übergeben. Vielleicht spürst du bereits beim Lesen innere Anspannung, weil dein Nervensystem empathisch reagiert und dich nachempfinden lässt, wie es deinem Kind in solchen Momenten geht. Lass uns schauen, welche Möglichkeiten du hast, um dein Kind dabei zu unterstützen Medikamente einzunehmen oder zugewandt zu reagieren, wenn es nicht zum Arzt möchte oder sich bei Untersuchungen verweigert.

EIN WICHTIGER GEDANKE FÜR DICH

Mach dir bewusst, dass es bei den meisten Medikamentengaben und Arztbesuchen nicht um Leben und Tod geht. Das bedeutet, es muss nicht jetzt sofort etwas geschehen und es müssen keine Sofortmaßnahmen ergriffen werden. Du hast also theoretisch die Zeit, deinem Kind etwas Raum zu lassen. Auch, wenn dein eigenes Nervensystem gerade unter Stress steht, du die Situation jetzt sofort verändern oder innerlich einen Haken an den Arzttermin machen möchtest.

Medikamente einnehmen – variieren kann helfen

An manchen Stellen kann es helfen, die Medikamente in Hinsicht auf Geschmack und Form der Darreichung zu variieren. Meine Zwillingssöhne zum Beispiel haben immer problemlos Fieber- und

Schmerzsaft eines bestimmten Herstellers zu sich genommen. Sie mochten den Erdbeergeschmack und sie fanden die Plastikspritze, mit der das Medikament in den Mund gegeben wurde, spannend. Sie hätten diesen Saft auch ohne gesundheitlichen Anlass zu sich genommen. Als wir einmal im Urlaub waren und vor Ort nur den Saft mit Orangengeschmack bekamen, hatten wir ein Problem: Meine Söhne, die am Drei-Tage-Fieber erkrankt waren, mochten ihn nicht. Glücklicherweise gab es drei Orte weiter den altbekannten Saft mit Erdbeergeschmack.

Viele Medikamente gibt es in unterschiedlichen Geschmacksrichtungen und Rezepturen. Es hier auf den Versuch mit einer Alternative ankommen zu lassen, kann eine schnelle und einfache Lösung sein. Kinderärzte verschreiben durchaus noch einmal ein Präparat eines anderen Herstellers.

Manchmal hilft es, mit der Art der Einnahme zu experimentieren. Einige Kinder mögen lieber die oben genannte „Saftspritze", andere bevorzugen einen Löffel oder ein kleines Glas. Die Freundin einer Freundin etwa schwört auf Schnapspinnchen, wenn ihre Kinder Medikamente einnehmen müssen. Liegt einem Medikament in Saftform kein Applikator bei, kannst du in der Apotheke oder beim Kinderarzt Einwegspritzen zum Aufziehen bekommen. Ältere Kinder können diese eigenständig in deinem Beisein nutzen.

Achte bei einem jüngeren Kind darauf, dass du die Medizin behutsam verabreichst und dass Spritze oder Löffel nicht unangenehm tief in den Mund geraten. Nimm dein Kind dafür auf den Schoß oder auf den Arm, wenn es bereit ist. Lass dir Zeit, sodass dein Kind den Saft Schlückchen für Schlückchen im Mund aufnehmen kann. Einige Kinder finden es zudem angenehmer, wenn das Medikament kalt ist, andere bevorzugen es in Körpertemperatur. Biete danach beispielsweise Wasser zum Nachtrinken gegen den Geschmack an.

Auch bei anderen Medikamenten gibt es Alternativen. Vielen Kindern sind zum Beispiel der Sprühstöße von Nasenspray unangenehm und sie erschrecken sich dabei. Nasentropfen hingegen, die mit einer Pipette verabreicht werden, lassen sich vorsichtig in die Nase träufeln.

Je nach Darreichung kann dein Kind das Medikament auch eigenständig einnehmen und selbstwirksam sein. Das kann ganz schön stolz machen. Du brauchst dein Kind nach erfolgreicher Medikamenteneinnahme nicht überschwänglich loben – das wäre irgendwie manipulativ, oder? Aber ihr könnt euch gemeinsam freuen, dass es so mutig war, dass ihr es geschafft habt und euch dann zusammen bewusst etwas Gutes tun. Kuschelt euch aufs Sofa und lest beispielsweise ein Buch. Wichtig ist jedoch, dass das auch geschieht, wenn dein Kind nicht mitmacht. Es soll kein Köder und keine Strafe sein. Diese Art der Verbindung kann deinem Kind auch vor Einnahme der Medizin helfen, sich zu beruhigen, sich sicherer zu fühlen und Kraft zu schöpfen.

ENTWICKELT GEMEINSAM LÖSUNGEN

Sprich mit deinem Kind über die Einnahme von Medikamenten. Es geht dabei weniger darum, an sein Verständnis und seine Vernunft zu appellieren oder es zu überreden. Zeige Mitgefühl und dass es dir wichtig ist, einen Weg zu finden, der für dein Kind okay und respektvoll ist. Überlegt gemeinsam, wie es gehen kann. Vielleicht führt ein solches Gespräch nicht sofort zu Antworten und einem Ergebnis. Doch vertraue deinem Kind und lass ihm Zeit. Suche immer mal wieder das Gespräch.

Dein Kind verweigert Arztbesuche und Behandlungen

In meiner Mentoringsprechstunde berichtete eine Mutter von den Arztbesuchen mit ihrer fünfjährigen Tochter. Weder bei den Vorsorgeuntersuchungen beim Kinderarzt noch beim Augenarzt war sie seit Monaten bereit, sich untersuchen zu lassen oder freiwillig mitzumachen. Die Mutter war eigentlich recht verständnisvoll und geduldig. Der Augenarzt jedoch empfahl ihr irgendwann, mit ihrem Kind einen Psychologen aufzusuchen, da ein solches Verhalten nicht normal sei. Genau wie mit der Mutter möchte ich mir mit dir nun ansehen, warum das Verhalten des Kindes in Anbetracht der Umstände ausgesprochen normal und nachvollziehbar ist und welche Möglichkeiten sie nutzen kann.

Für viele Kinder stellt es kein Problem dar, Arztpraxen und Wartezimmer an sich zu betreten, wenn sie noch nicht im Kampf sind mit ihren Eltern oder die Erfahrung gemacht haben, dass Erwachsene sich über Grenzen hinweggesetzt haben. In den Behandlungsräumen sieht es oftmals schon anders aus: Eltern locken, versprechen, überreden, belohnen und drohen, da sie selbst unter Druck stehen. Eigentlich alle wollen es richtig und gut machen, viele empfinden Ärzte als Autoritäten, denen sie entsprechen wollen. Wie es den Kindern in diesen Situationen zuweilen geht und wie sie gemäß ihren Bedürfnissen zwangsläufig in solchen Umgebungen reagieren müssen, wird selten bedacht. Das Verhalten der Kinder wird, wie in dem genannten Beispiel, problematisiert, ohne einen näheren Blick auf die Umstände zu werfen.

Vielleicht kennst du das selbst: Du bist mit deinem Kind im Wartezimmer. Dort ist vieles spannend und es gibt einiges zu entdecken und zu beobachten. Vielleicht gibt es Spielsachen, Bücher und Menschen, die unbekannt und interessant sind. Ihr verbringt dort tendenziell eher viel Zeit und müsst länger warten.

Schutzstarre bei Überforderung

Viele Ärzte und Praxisangestellte, die mit Kindern arbeiten, bemühen sich zunächst darum, eine Beziehung zu den Kindern herzustellen und im Rahmen der Möglichkeiten ihr Vertrauen zu gewinnen. Wenn sie langsam und achtsam mit den Kindern umgehen, es spielerisch angehen und keinen Druck ausüben, gibt es in der Regel wenige Probleme. Das ist aber leider nicht immer so. Dann geht oft alles plötzlich ziemlich schnell. Eltern und Kind werden zu einem anderen Raum geführt, Menschen eilen hin und her, notieren Dinge, stellen Fragen. Vielleicht soll sich das Kind entkleiden, schon mal gewogen und gemessen werden, fremde Personen berühren es und bereiten die Untersuchung für den Arzt oder die Ärztin vor. Für das Kind fühlt sich das alles unter Umständen sehr schnell, sehr nah und sehr unübersichtlich an. Ihm fehlen Sicherheit und Orientierung. Es ist nicht verwunderlich, wenn Kinder dann nicht mitmachen. Sie sind an dieser Stelle überfordert und geraten wie in eine Schutzstarre. All das Unangenehme, Fremde und ihre Grenzen Überschreitende für den höheren Zweck der Untersuchung und gegebenenfalls Behandlung auszublenden wie ein Erwachsener, ist ihnen schlichtweg nicht möglich. Dem Kind dann die Verantwortung für sein Verhalten zuzuschieben, ist ein wenig so, als würde man ein Pferd für unnatürlich halten, das bei einem lauten Knall zusammenzuckt. Und doch wird mit dem Verhalten von Kindern immer wieder so bewertend verfahren.

Abgrenzung vor vermeintlichen Autoritäten

Als wir uns den Ablauf in der Praxis gemeinsam ansahen und ihn mit den Gefühlen und Bedürfnissen ihrer Tochter abglichen, konnte sich die Mutter aus meiner Beratung entspannen. Sie konnte ihr Kind verstehen und nachvollziehen. Sie fühlte sich ermutigt, sich von den

Bewertungen und der Meinung der Praxisangestellten und des Arztes abzugrenzen. Sie räumte ihrer Tochter mehr Zeit ein und nahm sich und ihr den Druck, dass es bei jedem Termin vor Ort sofort klappen müsse.

Praxen sind auch Wirtschaftsbetriebe. Zeit ist dort eine rare Ressource und die Organisation ist für die dort Beschäftigten sehr komplex und herausfordernd. Verständlicherweise soll alles schnell und reibungslos funktionieren. Doch Kinder sind keine Maschinen, mit denen das einfach so zu machen ist. Sie reagieren auf die Umgebung, die Atmosphäre und die Menschen dort, sie können gar nicht anders. Benenne für dein Kind, was du wahrnimmst. *„Es ist beim Arzt vieles ungewohnt und du kennst die Menschen dort nicht so gut. Sie wollen viele Dinge von dir. Es geht dir zu schnell und fühlt sich nicht gut an. Das kann ich gut verstehen. Hast du eine Idee, was dir helfen könnte, dich dort wohler zu fühlen?“* Vielleicht kommen Vorschläge deines Kindes, du kannst ebenso deine Ideen einbringen. Du bestärkst dein Kind darin, dass seine Gefühle stimmig und nachvollziehbar sind.

DAS MACHT DICH STARK

Die Eltern, mit denen ich spreche, und die Frauen, die ich in meinem Mentoring begleite, empfinden es als ungemein stärkend, Menschen in ihrem Umfeld zu haben, die sie verstehen, ermutigen und ihre Haltung teilen. In unseren Familien, Freundes- und Bekanntenkreisen finden wir diese Menschen nicht immer. Insbesondere, wenn wir Eltern werden, driften Ansichten, Haltungen und Herangehensweisen oft sehr auseinander. Das ist manchmal schwierig und schmerzhaft und gleichzeitig sehr natürlich. Jeder möchte es auf seine Weise gut machen. Kritische Stimmen verunsichern dich nur zusätzlich, denn als Eltern sind wir ohnehin schnell zu verunsichern. Suche dir Menschen, die dich verstehen und bestärken.

Gehe mit den Menschen in den Arztpraxen ins Gespräch. Finde heraus, ob es Möglichkeiten gibt, Abläufe ein wenig zu verlangsamen und anders zu gestalten. Vielleicht kann beim nächsten Mal zunächst das Lieblingskuscheltier untersucht werden und dann dein Kind. Nicht alle Ärzte sind dafür offen, doch du kannst es versuchen. Wenn du an dieser Stelle gar nicht weiterkommst und du und dein Kind euch immer noch unwohl fühlt, darfst du auch darüber nachdenken, den Arzt zu wechseln. Oft löst es alle Probleme in dieser Hinsicht, wenn Kinder sich in ihrer Umgebung wohler fühlen und den Menschen dort vertrauen und erleben, dass sich diese um sie bemühen. So geht es uns Erwachsenen schließlich auch.

Komm mit deinem Kind und dem Thema in Kontakt

Beschäftigt euch spielerisch mit dem Thema Arztbesuch. Jüngere Kinder mögen Arztkoffer und spielen damit Untersuchungen nach. Eltern, Großeltern und sämtliche Kuscheltiere sowie Puppen können untersucht, mit Medizin versorgt und geimpft werden. Kinder werden dadurch vertrauter mit den Abläufen und erleben sich außerdem als die „Machtvollen" und können selbstwirksam sein. Das stärkt sie und macht sie mutiger. Ist dein Kind schon älter und ihr seid in der Vergangenheit über das Thema Arztbesuch in Kämpfe geraten, darfst du zunächst die Atmosphäre zwischen euch in diesem Punkt anders gestalten. Suche hierfür das Gespräch mit deinem Kind, so wie ich es dir im Werkzeugkasten aufgezeigt habe. Ziel ist erstmal nicht, dein Kind zu irgendetwas zu bewegen, sondern euch in Verbindung zu bringen.

Erkläre deinem Kind, dass du die Situation in der Vergangenheit nicht hilfreich lösen konntest und du es nun anders machen möchtest. Sage ihm, dass es dir leidtut, dass es sich übergangen und unverstanden gefühlt hat und dass du das nun nachvollziehen kann. Bringe ein, dass du dir zu erfahren wünschst, wie es ihm mit der

Situation geht und wie ihr sie gemeinsam angehen könnt. Denn Arztbesuche werden immer wieder nötig sein und du möchtest, dass ihr gemeinsam einen Weg findet.

Vielleicht braucht es hier ein paar Gesprächsanläufe. Behalte dich selbst dabei immer im Blick und nutze Strategien, dir den inneren Druck zu nehmen und offen zu bleiben. Das gelingt dir durch Achtsamkeit und bewusste Atmung. Denn so stellst du immer wieder den Kontakt zu dir selbst her.

Streit unter Geschwistern

Alle Mehrfach-Eltern wünschen sich, dass ihre Kinder sich gut verstehen und gesunde und starke Beziehungen zueinander entwickeln. Unter anderem dieser Wunsch sorgt dafür, dass Konflikte unter Geschwistern einer der größten Stressfaktoren für uns Eltern ist. Allein schon die hohe Dynamik vieler Streitigkeiten und die Lautstärke, mit der sie einhergehen, können nervenaufreibend sein. Streitigkeiten unter Geschwistern können die Planungen von uns Eltern sprengen und jeden Zeitplan aus dem Ruder laufen lassen – dabei ist die Tagesstruktur für viele Familien ohnehin eine Herausforderung. Wir müssen schlichten, vermitteln und versuchen, Kratzer und Tränen zu vermeiden. Viele Mütter und Väter, mit denen ich spreche, sagen, dass sie sich kaum eine Minute wegdrehen können und schon liegen sich ihre Kinder in den Haaren. Bei so viel Belastung, Sorgen und Überforderung ist das Androhen von Konsequenzen in vielen Familien an der Tagesordnung: *„Wenn ihr nicht sofort aufhört zu streiten, könnt ihr den Ausflug vergessen!“* Worum es bei den Konflikten wirklich geht, bleibt dahinter verborgen, sodass sich Geschwisterbeziehungen tatsächlich dauerhaft verhärten können. Schauen wir uns an, wo du ansetzen kannst, um den Druck zu verringern und Streitsituationen zu entschärfen.

Wie viel Streit ist noch normal?

Wenn die Zoffereien deiner Kinder eine Häufigkeit haben, die dir selbst fast den letzten Nerv zu rauben droht, ist laut der amerikanischen Psychologin Laurie Kramer eigentlich alles vollkommen normal. Kramer fand heraus, dass sich Geschwister im Alter von drei bis sieben Jahren bis zu 3,5-mal innerhalb einer Stunde streiten, also etwa alle 17 Minuten. Andere Studien zeigen sogar bis zu sechs Streitigkeiten innerhalb einer Stunde an. Diese Zahlen ändern zunächst einmal nichts am Verhalten unserer Kinder und an der Herausforderung, die die Konflikte für dich bedeuten. Sie können jedoch deine Erwartungen relativieren und dir die Sorge nehmen, dass so viel Streit einfach nicht normal ist.

Jüngere Kinder streiten sich tendenziell eher um ihre Spielsachen. Da die Steuerung ihrer Impulskontrolle noch nicht entwickelt ist, werden sie dabei schnell sehr körperlich. Was Eltern dann ausgesprochen aggressiv erscheint, ist vollkommen altersgemäß. Die Fähigkeit, auch unter Einfluss starker Gefühle vernünftig und besonnen zu reagieren, entwickelt sich über viele Jahre hinweg. Es dauert bei vielen Kindern bis ins höhere Grundschulalter an, bis sie nicht mehr so schnell handgreiflich werden bei Konflikten. Doch auch dann kann es je nach Situation und Temperament des Kindes noch zu körperlichen Auseinandersetzungen kommen.

Gefühle wie starke Wut, Frust oder Enttäuschung allein und effektiv zu regulieren, benötigt viel Übung und liebevolle Begleitung. Ältere Geschwisterkinder streiten sich eher um Themen wie Gerechtigkeit oder den eigenen Stellenwert und die Rolle innerhalb der Familie.

Der Schmerz der Geschwisterkinder

Dass das Leben mit mehreren Kindern nicht immer einfach ist, erfahren viele von uns innerhalb des ersten Jahres nach der Geburt eines weiteren Kindes. Denn diese Erfahrung ist einschneidend für ältere Kinder. Zwar ist es oft so, dass die erstgeborenen Kinder durch die Geburt jüngerer Geschwister verunsichert sind. Doch gibt es durchaus auch Geschwisterkonflikte, die umgekehrt laufen, indem das jüngere Kind Schwierigkeiten damit hat, dass da „schon jemand" im Leben der Eltern ist. Wenn Kinder dann älter sind und die Krise um die Geburt eines weiteren Geschwisterkindes etwas ausgestanden ist, kommt es auch unabhängig der Geburtsreihenfolge immer wieder zu Konflikten unter Geschwistern. Diese können sich auf bestimmte Situationen beziehen. Oft sind Geschwister aber ganz grundsätzlich immer wieder auf der Suche nach der Sicherheit über ihren Platz in der Familie und nach dem Gefühl, wertvoll für ihre Eltern zu sein – mindestens so wertvoll wie das oder die Geschwisterkinder.

Die Geburt eines Geschwisters – die Welt steht Kopf

Eine Mutter, die ich begleiten durfte, war sehr herausgefordert von dem Verhalten ihres vierjährigen Sohnes nach der Geburt seines jüngeren Bruders. Sie kam zu mir, als der Jüngere etwa ein Jahr alt war. Seit er zur Welt gekommen war, verhielt sich der ältere Sohn ihm gegenüber zunehmend aggressiv. Er haute, biss und schubste den Bruder, aber auch die Eltern. Diese reagierten mit Schimpfen und Auszeiten auf das Verhalten des Jungen, damit er lernt, dass so etwas nicht in Ordnung ist. Doch statt dass sich etwas besserte, wurde der Vierjährige nicht nur innerhalb der Familie immer aggressiver, sondern schließlich auch gegenüber anderen Kindern in der Kita.

An diesem Beispiel ist sehr gut sichtbar, was für fatale Folgen es hat, wenn wir Kinder für ein Verhalten bestrafen, anstatt es verstehen zu wollen und dem Kind die Unterstützung zukommen zu lassen, die es braucht. Das Kind bleibt allein mit seinen Gefühlen und ein problematisches Verhalten verstärkt sich in vielen Fällen. Tut es das nicht, bedeutet das keineswegs, dass es dem Kind gutgeht. Es nimmt sich und seine Bedürfnisse aus der Angst abgelehnt zu werden und so wie es ist, nicht gut zu sein, zurück und passt sich an. Der innere Konflikt schwelt abgespalten im Verborgenen weiter und richtet sich zudem gegen den Selbstwert des Kindes. Im Fall dieser Familie war das ältere Kind durch die Geburt seines Geschwisterchens so verunsichert und gestresst, dass es das durch sein aggressives Verhalten zeigte. Durch das Schimpfen und die Bestrafungen wurden Trauer, Wut und Unsicherheit noch intensiviert, sodass der Junge sich auch in den Beziehungen in der Kita nicht mehr sicher fühlte. Wenn wir uns jetzt an das Verhalten als Leuchtsignal auf der einsamen Insel erinnern, wird der Schmerz des kleinen Jungen sichtbar.

ZWILLINGE UND DER GESCHWISTERKONFLIKT

Zwillingskinder sind zwar bereits von Beginn ihres Lebens an damit vertraut, sich die Beziehung zu den Eltern mit einem weiteren Kind zu teilen. Gleichzeitig können sie dennoch immer wieder mit ihren Geschwistern in Konkurrenzkonflikte geraten und durch die Geburt weiterer Geschwister verunsichert werden.

Vielleicht hast du im Zusammenhang mit Geschwisterkonflikten schon einmal von den Begriffen „Entthronung“ oder „Entthronisierung“ gehört. Ich finde sie ungünstig, wenn wir uns in die Gefühlswelt der zuerst geborenen Kinder einfühlen wollen. Sie vermitteln den Eindruck, ein Kind, das zuvor einen gewissen Status genossen hat, werde von seinem Thron gestoßen. Die Gefühle, die damit einhergehen können, lassen so eher an verletzte Eitelkeit denken als an die emotionale Not, die in den Älteren entstehen kann. Die Autorinnen Danielle Graf und Katja Seide sprechen in ihrem Buch „Das gewünschteste Wunschkind aller Zeiten – Das Geschwisterbuch" über die nachgeburtliche Geschwisterkrise. Ich empfinde diesen Begriff als sehr stimmig, denn die Geburt eines Geschwisters ist ein Wendepunkt im Leben von Kindern – und zwar oft einer, der ihre emotionale Welt für eine Weile zutiefst erschüttert. Die exklusive Beziehung zu den Eltern wird aufgebrochen und fortan ist da noch ein Mensch mehr, der wichtig ist, der Zuwendung benötigt, dessen Versorgung und Bedürfniserfüllung Zeit in Anspruch nimmt und der für die Eltern wertvoll ist. Für viele Kinder ist das tatsächlich ein Schock und sie brauchen das Verständnis und die liebevolle Begleitung ihrer Eltern, um das zu verarbeiten.

FÜHL DICH EIN: SO EMPFINDET DEIN KIND DIE SITUATION

Vielleicht hast du eine beste Freundin oder einen besten Freund. Ihr seid euch wahnsinnig nah und teilt alle Geheimnisse und Gedanken miteinander. Dann stellt dir deine Freundin plötzlich eine weitere Person vor. Sie ist fortan ebenfalls an eurer Seite, teilt mit deiner Freundin alles, ist nah bei ihr. Vielleicht gibt sie ihr sogar Kleidungsstücke und Bücher, die eigentlich dir gehören, und du sollst das alles einfach so hinnehmen. Sicherlich fühlst du dich verunsichert, fragst dich, wie wichtig du deiner Freundin noch bist, und bist wütend und erschüttert darüber, dass sie dir diese andere Person so plötzlich vor die Nase gesetzt hat, ohne dich zu fragen.

Dieser Perspektivwechsel kann dich an die Gefühle deines Kindes nach der Geburt eines Geschwisterchens heranführen. Allerdings werden die Emotionen deines Kindes noch intensiver sein. Darüber hinaus können wir Erwachsene in Freundschaften entscheiden, ob wir so mit der Beziehung einverstanden sind oder nicht und im Zweifelsfall die Freundschaft verlassen. Dein Kind kann das nicht.

Wir Eltern entscheiden uns in der Regel bewusst für weitere Kinder und können uns mit den Möglichkeiten unserer erwachsenen Erfahrungen und unseres ausgereiften Gehirns darauf vorbereiten – und selbst für uns bedeutet Familienzuwachs eine große Veränderung. Kinder können sich nicht dafür entscheiden und selbst, wenn wir Eltern sie in die Vorbereitungen auf das Baby miteinbeziehen, bleibt es für zuvor geborene Kinder eine große Herausforderung. Für die einen Kinder sind die Wochen und Monate nach der Geburt die konfliktreichsten, in denen sie oft verunsichert sind und sich das Baby „wegwünschen". Andere Kinder sind eher geschockt, wenn die Babys, die zuvor nur herumlagen und sich nicht eigenständig vom Fleck bewegten, anfangen zu krabbeln und zu laufen und damit aktiv in ihren Lebensraum vordringen.

Sicherheit hilft deinem Kind

Gib deinem Kind in diesen Zeiten Sicherheit. Benenne, was du erspürst, nämlich dass es oft schwierig ist, sich Mama und Papa zu teilen oder dass sie jetzt plötzlich so viel mit dem Baby beschäftigt sind. Zwinge dein Kind nicht zu teilen. Frage es, ob du Kleidung, die nicht mehr passt oder Spielsachen, mit denen es nicht mehr spielt, weitergeben darfst. Übergehe dein Kind hier nicht. Betone nicht, dass dein Kind der oder die Große ist. Selbstverständlich kann es Kinder auch stolz machen und wachsen lassen, wenn sie Eltern ein wenig mit den kleineren Geschwistern unterstützen. Doch das sollte immer freiwillig geschehen. Sorge dafür, dass dein älteres Kind ausreichend Zeit mit dir allein bekommt. Das muss gar nicht lange sein. Betone in dieser Zeit, dass du dich freust, dass nur ihr jetzt zusammen seid. Zeige deinem Kind im Alltag, wie wichtig es dir ist. Das kann durch kleine Gesten, Blicke, Berührungen und Worte geschehen. Sag beispielsweise *„Ich freu mich, dich zu sehen"*, wenn dein älteres Kind den Raum betritt, oder *„Ich habe dich vermisst, schön, dass du da bist“*, wenn es aus der Kita oder Schule nach Hause kommt.

KINDLICHE WUTWORTE HABEN EINE ANDERE BEDEUTUNG

Wütende und enttäuschte Kinder sagen manchmal Dinge, die dich empören und erschrecken können: Das Geschwisterchen soll weg, Mama soll ausziehen, der Wunsch, dem anderen körperliche Schmerzen zuzufügen wird oft in drastische Worte gekleidet. Eine Mutter berichtete mir von ihrem dreijährigen Sohn, der wollte, dass die kleine Schwester vom Stuhl fällt und sich wehtut. Verständlicherweise schockt und schmerzt Eltern so etwas zunächst. Doch dürfen wir diesen Worten nicht die Bedeutung beimessen, wie wir es bei einem Erwachsenen tun würden. Im Rahmen seiner Möglichkeiten hat dieses Kind Hilflosigkeit, Wut und Trauer zum Ausdruck gebracht. Diese Gefühle müssen irgendwohin. Also ist es schon ziemlich klug, total gemeine Dinge zu sagen, um sich Luft zu machen. Reagiere gelassen und mitfühlend: *„Du klingst so, als würdest du dich gerade über deine Schwester ärgern. Ist etwas passiert, das du doof findest?“* Und dann darfst du zuhören und mitfühlen.

Bis sich die Verunsicherung, die Wut und die Trauer des älteren Kindes vom Anfang dieses Abschnitts durch die Begleitung der Eltern etwas beruhigt hatten, haben sie Folgendes gemacht: Sie haben die beiden Kinder nicht unbeaufsichtigt gelassen, damit sie schnell und zum Teil vorausschauend an ihrer Seite sein konnten, um Konflikte und Gefühle zu begleiten. Ich weiß, das ist anstrengend und verlangt Eltern, die ohnehin sehr belastet sind, viel ab. Doch diese Phasen dauern nicht ewig an und sie helfen den Kindern, sich wieder zu fangen. Sie haben sich außerdem radikal dafür entschieden, ihren Erstgeborenen mit nachsichtigen und mitfühlenden Augen zu betrachten und die Verzweiflung hinter seinem Verhalten zu sehen. Sie fingen an, den Gefühlen des Jungen Worte zu geben, sodass er sie selbst besser einordnen und sich beruhigen konnte. Sie achteten auf regelmäßige Alleine-Zeiten mit Mama und Papa.

Es kann außerdem hilfreich sein, im Außen Klarheit und Sicherheit für Geschwister zu schaffen. Einigen Kindern hilft es etwa, wenn jeder am Familientisch seinen festen Platz hat und dieser etwa durch Frühstücksbrettchen mit dem eigenen Namen und einem ganz persönlichen Becher gekennzeichnet ist. Das zeigt symbolisch den Platz in der Familie an.

Grenzen wahren

Außerdem sollten wir Eltern unsere älteren Kinder unbedingt darin unterstützen, dass ihre Grenzen gewahrt werden. Als unser dritter Sohn begann zu krabbeln und sich überall hochzuziehen, bauten mein Mann und ich den Zwillingen beispielsweise aus Kommoden und Holzbrettern eine höhergelegene Ebene in ihr Zimmer, auf der sie ungestört bauen konnten.

Wenn es zu Handgreiflichkeiten zwischen Geschwistern kommt oder ältere die jüngeren Kinder hauen, ist es wichtig, die Erstgeborenen ebenso zu trösten. Denn sie sind verzweifelt. Habe keine Angst davor, damit ein unerwünschtes Verhalten zu bestätigen. Dein Kind weiß, dass ihr euch in eurer Familie nicht gegenseitig wehtut. Jetzt ist es in emotionalem Stress und kann nicht anders. Je schneller es sich innerlich durch Zuwendung und elterliche Liebe wieder sicherer fühlt, desto eher schwächt sich auch das aggressive Verhalten ab.

Werde nicht zum Schiedsrichter

Es passiert schnell, dass wir bei Streitereien unserer Kinder in die Rolle des Schiedsrichters rutschen. Dabei sind wir oft gar nicht dabei, wenn ein Streit entbrennt, und wissen nicht genau, worum es geht und wer angefangen hat. Insbesondere das sollte auch keine Rolle spielen, denn es gibt keinen Schuldigen, sondern lediglich zwei oder mehr kleine Menschen, die gestresst sind und Hilfe eines Erwachsenen brauchen. Wenn du anfängst, Partei zu ergreifen und Dinge für deine Kinder zu regeln, verstärkst du damit nur die Wut, die Trauer und gegebenenfalls missgünstige Gefühle.

Manchmal muss man Kinder, die sich gegenseitig wehtun, erstmal trennen und sich körperlich zwischen sie bewegen, ohne selbst grob zu werden. Zuweilen bringt es auch wenig zu versuchen, einen Streit mit den Kindern zu besprechen, wenn die Gefühlsmeere noch aufbrausen. Es kann deswegen hilfreich sein, rechtzeitig zur Stelle zu sein und die Kinder zu unterstützen, bevor die Gefühle total hohe Wellen schlagen. Es geht dabei jedoch nicht darum, Konflikte zu vermeiden und den Kindern zu wenig zuzutrauen. Sie sind oft schlichtweg damit überfordert, Streitigkeiten ganz ohne Begleitung zu lösen.

Es ist für die Entschärfung von akuten Konflikten hilfreich, erstmal für deine Kinder zu benennen, was los ist. Du kannst dafür wiedergeben, was die Kinder schildern und was du selbst wahrnimmst: *„Tom hat Gustav den Dino weggenommen, er wollte auch damit spielen. Dann hat sich Gustav geärgert und gehauen. Jetzt seid ihr beide wütend."* Das hilft den Kindern, ihre Handlungen und Gefühle einzuordnen. Es unterstützt sie außerdem langfristig dabei, ihre Impulse kontrollieren zu können. Diese Entwicklung zieht sich jedoch über viele Jahre und ist nicht mit wenigen Malen Begleitung vollzogen. Benennen wir außerdem mitfühlend, was geschehen ist, fühlen sich die Kinder gesehen und verstanden – Aspekte, die für alle Menschen wichtig sind.

WESSEN KONFLIKT FÜHLST DU?

Der Zoff deiner Kinder löst starke Gefühle in dir aus? Beobachte deine Gedanken und deine Gefühle. Spüre in dich hinein, ob das Verhalten deiner Kinder alte Erfahrungen in dir weckt. Gehören die Gefühle, die du empfindest, zu alten Konflikten aus deiner Kindheit? Vielleicht hast du selbst die Erfahrung von Sticheleien durch einen Bruder oder eine Schwester gemacht. Möglicherweise waren Konflikte in deiner Familie ein Tabuthema und du hast dafür Ärger bekommen. Das sind Beispiele für mögliche Ursachen, wenn Eltern durch die Streitigkeiten ihrer Kinder stark unter Stress geraten. Wenn dir bewusst wird, dass du selbst ein Thema mit Geschwisterstreit hattest, kann das Erleichterung bringen. Du kannst dann beginnen, die Auseinandersetzungen deiner Kinder neutraler zu betrachten und dir bewusst machen, dass deine alten Konflikte heute vorbei sind und ihr in eurer Familie andere Wege geht.

Wenn gar nichts anderes hilft, nimm kurz ein Kind mit aus dem Raum, um die Situation zu unterbrechen. Lasse das andere Kind jedoch nicht allein oder setze dies als Schlichtungsmittel ein. Kommuniziere ganz klar, dass du das jetzt tust, um den Streit zu unterbrechen und dass du gleich zurück bist. Kinder sind erst etwa ab dem späten Grundschulalter dazu in der Lage, ohne Unterstützung eines Erwachsenen über ihr Verhalten und ihre Gefühle nachzudenken. Kinder aufgrund von Streitigkeiten oder unerwünschtem Verhalten allein in eine Auszeit zu schicken, funktioniert nur deshalb, weil Kinder diese Form der schmerzhaften sozialen Ausgrenzung, als die sie die Auszeit erleben, unbedingt vermeiden wollen und deswegen anfangen, ihr Verhalten anzupassen. Sie lernen dadurch jedoch nichts über die Gefühle des anderen oder konstruktive Lösungswege zu finden.

BENENNE DIE GEFÜHLE

Wenn die Gefühle deiner Kinder im Streit hohe Wellen schlagen, verzichte auf sachliche Argumente, Moralisieren und Lösungsvorschläge. Sie sind dann schlichtweg nicht in der Lage, diese aufzunehmen. Der Bereich ihres Gehirns, der für rationale Vorschläge zuständig ist, ist gewissermaßen ausgeschaltet. Das Benennen der empfundenen Emotionen hingegen kann deine Kinder dabei unterstützen, sich schneller zu beruhigen und den Konflikt zu lösen.

Gib keine Lösungen vor

Du musst deinen Kindern keine Lösungen servieren. Das nimmt ihnen die Möglichkeit, sich darin zu üben und eigene Erfahrungen zu sammeln. Außerdem steckt darin die Botschaft, dass wir es Kindern nicht zutrauen, selbst gute Ideen zu entwickeln. Sobald sich die erste Aufregung etwas gelegt hat, kannst du die Kinder fragen, welche Lösungsmöglichkeiten ihnen einfallen oder was sie alternativ versuchen könnten, um ihr Ziel zu erreichen. Das scheint dich erstmal mehr Zeit und Kraft zu kosten als lenkend dazwischenzugehen. Doch erwerben Kinder nur durch konstruktiv begleitete Auseinandersetzungen eigene Lösungskompetenzen und Konfliktfähigkeit.

Mit der Zeit des Übens wird es auch immer einfacher, die Kinder selbstständig Lösungen finden zu lassen. Diese solltest du nach Möglichkeit akzeptieren, auch wenn sie in deinen Augen nicht gerecht oder angemessen erscheinen mögen. Wenn die zuvor streitenden Kinder damit zufrieden sind, ist alles bestens. Ich weiß selbst, dass sich diese Schritte nicht in allen Fällen gleich lehrbuchmäßig umsetzen lassen. Zu emotional und spannungsgeladen laufen viele

Konflikte unter Geschwistern oft ab. Du kannst später den Gesprächsfaden noch einmal aufnehmen und mit den Kindern einzeln ansprechen, was los war und wie es ihnen damit ging. Auch ein nachbearbeiteter Streit ist konstruktiv.

Als Eltern dürfen wir die Scheu vor Konflikten loslassen, auch wenn wir in unserer eigenen Kindheit gelernt haben, sie zu meiden und dass sie unerwünscht sind. Wo unterschiedliche Menschen zusammenkommen, treffen verschiedene Bedürfnisse aufeinander. Konflikte sind nicht nur Einladungen, diese aufeinander abzustimmen. Konstruktiv und wertschätzend geführt, kommen wir Menschen durch sie intensiv miteinander in Kontakt und lernen einander tiefer kennen. Beginne, Konflikte als solche Chancen zu umarmen, sie zeigen sich ohnehin in deinem Alltag.

Die wichtigsten Ressourcen: Zuwendung und Verbindung

Gibt es innerhalb einer Familie mehrere Kinder, ist es vollkommen natürlich, dass eine gewisse Konkurrenz um die elterliche Zuwendung entsteht. Wenn du den Eindruck hast, dass deine Kinder gerade in einer Phase stecken, in der sie noch mehr streiten als sonst, kannst du für dich überprüfen, ob eines oder mehrere deiner Kinder gerade unsicher sind, wie wichtig sie für dich sind.

Dies kann zum Beispiel geschehen, wenn ein Kind gerade krank ist und sehr viel Zuwendung benötigt. Aber auch jüngere Geschwister, die etwa noch viel getragen werden wollen und viel körperliche Nähe einfordern, können viele elterliche Kapazitäten binden. Dadurch kann Verunsicherung bei älteren Kindern entstehen. Manchmal sind es Erkrankungen der Eltern, persönliche Herausforderungen und Themen im Beruf, die die elterlichen Ressourcen mehr beanspruchen, sodass die Kinder dies spüren. Solche Phasen sind vollkommen normal und gehören wohl immer mal wieder zum Familienleben dazu.

Wir Eltern sind keine Maschinen, die einfach nur perfekt funktionieren. Doch wenn unsere Aufmerksamkeit und Kraft dauerhaft an anderer Stelle gebündelt sind, spiegeln Kinder dies durch ihr Verhalten wider. Denke an das Bild des Baums aus dem ersten Kapitel. Eltern, die präsent sind, geben Sicherheit und Verbindung und erfüllen damit schon zwei der vier wichtigen seelischen Grundbedürfnisse. Wenn Kinder uns zeigen, dass ihnen hier etwas fehlt, sind das kluge unbewusste Notfallsignale des seelischen Systems unserer Kinder.

SPRICH MIT DEINEN KINDERN

Verurteile dich und die Qualität deines Eltern-Seins in herausfordernden Streit-Phasen deiner Kinder nicht. Du gibst jeden Tag dein Bestes und manchmal dürfen wir Eltern uns eben reflektieren und Aspekte unseres Lebens neu justieren.

Zoome raus und schau, was gerade los ist in eurem Leben. Manchmal sind die Ursachen offensichtlich, wie etwa nach der Geburt eines Geschwisterkindes. In anderen Fällen darfst du vielleicht ein wenig nach der Ursache forschen. Sprich mit deinen Kindern, schildere, was du beobachtest und komme so mit ihnen ins Gespräch. Das kann zum Beispiel so aussehen: *„Ich habe den Eindruck, dass ihr gerade viel streitet und wütend aufeinander seid, euch aber eigentlich Zeit mit Mama/Papa fehlt. Kann das sein?"* Allein schon die Tatsache, dass du es ansprichst, zeigt deinen Kindern, dass du sie siehst und sie dir wichtig sind.

Manchmal dient Streit nur zum Dampfablassen

Es muss aber auch nicht unbedingt ein tieferliegendes Thema sein, das Streit unter Geschwistern auslöst. Manchmal hat das Ganze auch schlichtweg Auslöser, die in der Tagesform und der jeweiligen Verfassung der Kinder zu finden sind. Einige Kinder streiten sich insbesondere nachmittags nach der Schule oder Kita. Dann sind sie müde und haben viele Stunden in der Betreuung oder dem Unterricht funktioniert.

Die Geschwisterbeziehungen sind sicher genug, um unbewusst Dampf und Anspannungen loszulassen sowie Konfliktstrategien zu erproben. Hast du die Möglichkeit, das Abholen deiner Kinder und ihr Aufeinandertreffen zeitlich etwas zu entzerren? Dann können die Kinder erst kurz bei dir und im Nachmittag ankommen.

Auch Hunger, Durst oder ein Mangel an Bewegung und frischer Luft können deine Kinder streitlustig stimmen und kleine Krisen sind verhältnismäßig schnell mit ein paar Snacks und einer Runde an der frischen Luft gelöst. Mache dir zudem immer bewusst: Streitigkeiten und auch körperliche Auseinandersetzungen von Geschwistern sind zwar oft anstrengend für uns Eltern – aber sie gehören auch zur normalen Entwicklung dazu.

VERHALTENSWEISEN, DIE UNS ELTERN STRESSEN

Immer wieder bezeichnen wir unsere Kinder als wild, schüchtern, rabaukig, prinzessinnenhaft oder Ähnliches. Es mag Kinder geben, die eher extrovertiert sind, leichter aus sich heraus und auf andere zugehen. Kinder, die lieber rennen und auf Bäume klettern und solche, die sich eher ruhiger beschäftigen. Schnell stecken wir Kinder in Schubladen. Denn das menschliche Gehirn liebt Bewertungen, es versucht so, sich die Welt übersichtlicher zu gestalten und sich schneller zu orientieren. Doch das birgt Nachteile.

Als der Verlag und ich am Konzept für dieses Buch gefeilt haben, kamen Überlegungen auf, ob wir einerseits situative Herausforderungen in den Fokus stellen und außerdem Charaktereigenschaften beleuchten, die Eltern herausfordern. Ich erkläre dir nun, was in meinen Augen daran schwierig ist.

Selbstverständlich sind Menschen unterschiedlich. Es gibt zahlreiche Persönlichkeitstests, die Menschen in Gruppen verschiedener Typen einteilen. Meiner Erfahrung nach können diese je nach Wissenschaftlichkeit durchaus erstaunlich stimmig sein. Zugleich lassen sich die individuellen Persönlichkeiten eben nie komplett kategorisieren. Seit etlichen Jahren befassen sich Wissenschaftler zudem mit der Frage, welche Charaktereigenschaften bei Menschen angeboren und welche durch Erfahrungen geprägt werden.

Der Hirnforscher Gerald Hüther warnt davor, Kinder durch eine bewertende Brille anzusehen. Denn der Blick, mit dem Eltern ihre Töchter und Söhne ansehen, wird zum Selbstbild der Kinder. Kinder kooperieren mit ihren Eltern und deren unbewussten Erwartungen. Sie wollen diesen entsprechen und gerecht werden.

Betrachten Mütter und Väter ihr Kind als „Problemkind", das stets aneckt, wird sich dies immer und immer wieder unbewusst auch so verhalten und letztendlich ein negatives Selbstbild entwickeln. Das gleiche gilt für das „fleißige Lieschen", den Zappelphilipp und die Draufgängerin. Wirklich schwierig ist daran, dass Kinder ein bestimmtes Verhalten an den Tag legen, um auf ihre Bedürfnisse aufmerksam zu machen und darauf, wie es ihnen geht – denke an das Bild des Baums aus dem ersten Kapitel.

Wenn wir Erwachsene uns nicht auf Spurensuche begeben und herausfinden, worum es geht, bleiben Kinder allein mit ihren Gefühlen und Bedürfnissen. Dann kann ein Verhalten sich verstärken und Kinder bedienen immer wieder das negative Bild, das sie von sich haben. Die andere Option ist, dass sie ihr Verhalten unterdrücken, ihre Gefühle und Bedürfnisse gewissermaßen unbewusst aufgeben und sich an die ausgesprochenen und unausgesprochenen Erwartungen ihrer Bindungspersonen anpassen. Gesellschaftlich ist dieses Verhalten leider erwünscht, für die Kinder sowie ihr späteres Leben jedoch hoch problematisch.

All das sind Gründe, weshalb ich dich dazu einladen möchte, zu stoppen, dein Kind irgendwie zu bewerten und in Schubladen zu stecken, wann immer du es bemerkst. Verhält es sich in irgendeiner Form auffällig und so, dass es dich herausfordert, versuche offen und neutral zu bleiben – etwa mit Hilfe der Forscherbrille aus dem Werkzeugkasten. Stelle deine Bewertungen beiseite und versuche herauszufinden, worum es bei dem Verhalten, das dich herausfordert, wirklich geht. Damit dir das zukünftig immer besser gelingt, mache ich mich nun mit dir auf den Weg durch typische Verhaltensweisen von Kindern, die uns Eltern ärgern, hilflos machen und dahin bringen, mit Strafen zu drohen oder diese durchzusetzen. Damit du es anders machen kannst.

Dein Kind macht nicht mit

Egal ob Zähneputzen, Körperpflege, Händewaschen, jetzt sofort aufräumen oder mitkommen, wann du es willst – wenn dein Kind sich weigert, zu tun was du möchtest, halte inne und lege einen Stopp ein. Wenn nicht Leib und Leben in Gefahr sind – und das lässt sich immer sehr schnell entscheiden – sage und tue erst einmal nichts. Mache innerlich einen Schritt zurück, um ein Stück aus dem Sog der starken Gefühle herauszukommen, die in dir wach werden. Nimm dazu drei tiefe Atemzüge und versuche, Stellen in deinem Körper bewusst zu lockern, die angespannt sind. Das beruhigt dein Nervensystem ein bisschen und gibt dir Raum, dir gedanklich die folgenden Fragen zu stellen:

- *„Ist es wirklich wichtig, dass das, was ich möchte, genau jetzt passiert, oder hat es noch einen Augenblick Zeit, das aufzuschieben?“*
- *„Ist es den Streit wert, dass ich das jetzt durchsetze?“*
- *„Wie wichtig ist mir diese Sache, wenn ich in einem Monat oder in einem Jahr auf diese Situation zurückblicke?“*

- *„Auch wenn ich nicht einverstanden mit dem Verhalten meines Kindes bin: Wie kann ich mich selbst jetzt gerade ein bisschen beruhigen und herunterfahren?“* (siehe hierfür auch den Werkzeugkoffer)
- *„Auch wenn ich nicht einverstanden mit dem Verhalten meines Kindes bin: Wie kann ich mich jetzt wieder mit meinem Kind verbinden?“*
- *„Was ist gerade meine größte Angst oder mein größter Schmerz und ist meine Sorge realistisch?“*

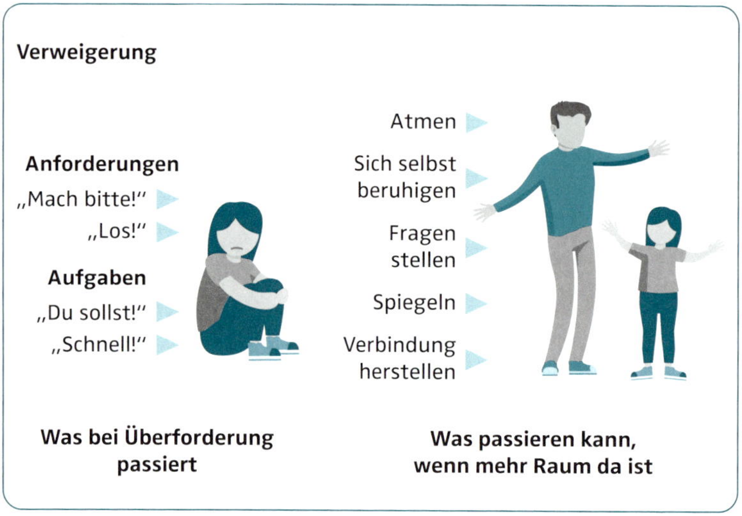

Du nimmst die Situation so aus einem anderen, öffnenden Blickwinkel wahr. Du kommst zurück aus deinen Befürchtungen und starken Gefühlen und gibst dir und deinem Kind Raum zueinander zu finden und gemeinsam einen Weg zu suchen, anstatt in den Machtkampf zu geraten.

Gib deinem Kind mehr Zeit

Häufig brauchen unsere Kinder nur einen kleinen Moment Aufschub, die Gelegenheit selbst zu entscheiden oder die Tätigkeit, in die sie gerade vertieft sind, abzuschließen. Oft platzen wir Eltern in Situationen hinein, in denen die Kinder in ein Spiel oder eine Verbindung mit einem Freund oder Geschwisterkind vertieft sind und wollen jetzt sofort unser Anliegen loswerden oder unseren Zeitplan einhalten. Das geschieht oftmals durch unseren eigenen Alltagsstress und vor allem, weil wir als Kinder selbst nicht die Erfahrung gemacht haben, dass Erwachsene mit uns ebenso respektvoll umgehen wie mit anderen Erwachsenen. Wir würden beispielsweise niemals in das Büro einer Arbeitskollegin hineinplatzen und von ihr verlangen, dass sie unser Anliegen umgehend erfüllen soll.

SPRICH AN, WAS DU WAHRNIMMST

Wenn dein Kind gerade nicht tut, was du möchtest, kannst du das in Worte fassen – für dein Kind und für dich selbst: *„Ich sehe, du kannst gerade noch nicht tun, worum ich dich bitte."* Vielleicht kannst du es selbst einordnen: *„Du spielst noch und bist beschäftigt, oder? Okay, dann frage ich dich gleich nochmal."* Manchmal reicht das schon aus, um mit deinem Kind in Verbindung zu kommen. Ansonsten versuche erstmal, die Situation so anzunehmen: Offenbar schafft es dein Kind gerade nicht, dir zuzuhören oder zu tun, was du von ihm verlangst, das wird einen Grund haben. Nimm dir selbst den Druck und erinnere dich daran, dass dein Kind grundsätzlich immer kooperieren möchte. Sprich dir selbst zu, dass du einen Weg in die Verbindung finden wirst. Oft dürfen wir Eltern zunächst einmal unsere eigenen Gefühle regulieren, bevor wir versuchen unsere Kinder zu erreichen.

Auch unsere Partner behandeln wir oftmals ganz anders als unsere Kinder. Wir sind in diesen Erwachsenenbeziehungen in der Regel von vornherein viel achtsamer und respektvoller als mit unseren Kindern. Das ist übrigens ein gesamtgesellschaftliches Phänomen, und weil es so weit verbreitet und vollkommen normal ist, fällt uns selbst dieses Verhalten Kindern gegenüber kaum auf. Wenn wir nachsichtig, respektvoll und freundlich mit unseren Kindern umgehen, lernen sie von selbst im Laufe ihres Heranwachsens mit anderen Menschen so umzugehen. Darauf dürfen wir vertrauen, selbst wenn sie es noch nicht so beherrschen, wie wir es uns wünschen und oftmals erwarten. Denk immer daran: Sie sind in der Entwicklung, wachsen heran, reifen und sammeln Erfahrungen. All das braucht viele Jahre Zeit.

Kooperationsakku erschöpft oder Seele gekränkt?

Wenn gar nichts mehr geht und dein Kind einfach nicht auf das, was du sagst, reagiert, obwohl du ein achtsames Timing hattest und ihm die Möglichkeit gegeben hast, sich selbst zu entscheiden, nutze die Zurückspulen-Technik und gehe im Kopf euren Tag durch:

- Gab es etwas, mit dem du dein Kind enttäuscht oder verärgert hast?
- Musste dein Kind heute schon sehr viel kooperieren und sich an Strukturen, Regeln und Erwartungen anpassen?
- Wann geht es deinem Kind im Laufe des Tages wie dir in diesem Moment? Wann hörst du nicht auf seine Wünsche und Bitten?

Insbesondere bei dem letzten Punkt geht es nicht darum, dass du im Umkehrschluss alle Bitten und Wünsche deines Kindes erfüllen sollst – das wäre überhaupt nicht hilfreich für deine Kraft, euren Alltag und die Entwicklung deines Kindes und doch nehmen Eltern schnell an, dass sie das tun müssten. Diese Reflexion hilft dir dabei, dich in die Perspektive deines Kindes hineinzuversetzen und nachzuempfinden, wie oft es umgekehrt so ist. So erlangst du Verständnis für dein Kind, Mitgefühl und Nachsicht.

Jemand, der vielleicht so oft *„Später“*, *„Jetzt nicht“*, *„Nein“*, *„Gleich“* und *„Warte“* gehört hat, kann manchmal abends nicht direkt die Zähne putzen, wenn du es verlangst. Zumal dein Kind, je nachdem wie alt es ist, auch noch gar nicht überblicken kann, welche Folgen es haben kann, sich die Zähne nicht zu putzen.

DEIN KIND BRAUCHT ZEIT

Hand aufs Herz: Für die Zahngesundheit wird es wahrscheinlich keine Konsequenzen haben, wenn das Zähneputzen einmal ausfällt. Oft sind wir in solchen Momenten von der Angst getrieben, unsere Kinder würden fortan immer darauf bestehen, die Zahnpflege ausfallen zu lassen. Doch nimmt uns die Angst an der Stelle den Raum, ein bisschen locker zu lassen und dem Kind Zeit zu schenken.

Es kann auch sein, dass dein Kind einfach schon zu müde ist, ein weiteres To-do zu erledigen, das für es selbst gerade echt unattraktiv ist. Oft hilft es, dieses Prozedere einfach schon etwas eher zu erledigen.

Nimm die Kooperationsbereitschaft wahr

Manchmal entgeht dir im Alltag vielleicht, an wie vielen Stellen dein Kind mitmacht. Oft halten wir diese Situationen für selbstverständlich und nehmen nur von den Dingen Notiz, die nicht gut laufen. Beobachte dein Kind immer wieder bewusst beim Kooperativsein. Es steht morgens bereitwillig auf, kommt zum Essen oder zieht sich die Schuhe an, wenn du es darum bittest? Zeige deinem Kind, dass du das wahrnimmst – und zwar nicht mit überschwänglichem Lob, das manipulierend wirkt. Nutze eher kleine Blicke, ein dankbares Lächeln oder du sagst kurz etwas wie *„Ich freu mich, dass du sofort zu mir kommst"* oder *„Danke, dass du dir die Schuhe anziehst"*. Dadurch geschehen zwei Dinge: Dein Kind fühlt sich in seinen Bemühungen gesehen, und immer, wenn wir Menschen uns gesehen fühlen, kann das unsere Kooperationsbereitschaft erhöhen.

Achte darauf, dass deine Anerkennung aufrichtig ist und du sie nicht mit der Erwartung nutzt, dein Kind so zu steuern. Ihr habt eine Beziehung und mit aufrichtigen und liebevollen Rückmeldungen pflegst du diese Beziehung. Darüber hinaus verschiebst du so automatisch deinen Fokus weg von den Problemen und hin zu dem, was reibungslos läuft. Das menschliche Gehirn tendiert dazu, sich auf Fehler oder Defizite zu konzentrieren und unsere schulische Prägung erhöht diese Tendenz zusätzlich. Ein positiver Fokus gibt dir Kraft und schenkt der Beziehung zu deinem Kind mehr Leichtigkeit und Wärme.

FOKUSSIERE DICH SCHRIFTLICH AUF DAS POSITIVE

Fällt es dir schwer, einen positiven Fokus auf das Verhalten deines Kindes aufzubauen, dann übe dich schriftlich darin: Notiere dir mindestens eine Woche lang jeden Abend drei bis fünf Situationen, in denen dein Kind kooperiert hat und beobachte, was sich in dir und deiner Wahrnehmung verändert.

Aufgaben und Wünsche klar kommunizieren

Achte bei den Bitten, die du an dein Kind richtest, darauf, direkt und klar zu kommunizieren. Oft reden wir mit Kindern genauso wie mit Erwachsenen. Um uns anderen gegenüber höflich und respektvoll zu zeigen, neigen wir dazu, Bitten als Fragen zu formulieren: *„Kannst du bitte dein Zimmer aufräumen?“* Erwachsene deuten diese als Frage formulierte Aufforderung in der Regel richtig. Ihnen hilft dabei ihre Erfahrung.

Je nachdem, wie alt dein Kind ist, begreift es die eine Frage als das, was sie ist: eine Möglichkeit, zwischen Ja und Nein zu wählen – und schon ist das Missverständnis da. Eltern können jedoch auch Aufforderungen aussprechen und zugleich freundlich und klar sein: *„Räum bitte deine Schuhe zur Seite“* oder *„Putz dir bitte jetzt deine Zähne“*. In unserer Kommunikation haben wir einen wertvollen Schlüssel zum Miteinander in unserer Familie. Das bedeutet jedoch nicht, dass dein Kind dann in allen Fällen sofort tut, was du verlangst. Ihr seid zwei gleichwertige Individuen in einer Beziehung. Da spielen Bedürfnisse, Dynamiken und Stimmungen eine große Rolle und es geht um gegenseitiges Verständnis und nicht um Gehorsam.

AUF DEIN KIND ZUGEHEN

Oft kommen Eltern mit der Sorge zu mir, ob es denn richtig sei, nachzugeben, wenn das Kind sich „so stur“ verhalte. Im ersten Schritt gehen wir dann bewusst aus der emotional eingefärbten Bewertung des Verhaltens heraus: Du forderst dein Kind auf, etwas zu tun und es reagiert nicht erkennbar darauf. Nur die Fakten auszusprechen, nimmt schon einiges an Enge und Stress aus der Situation.

Im nächsten Schritt dürfen Eltern sich immer wieder Folgendes bewusst machen: Derjenige in der Beziehung mit dem reifen Gehirn ist das Vorbild und hat die kognitiven Fähigkeiten, die Situation aus einem anderen Blickwinkel zu betrachten. Derjenige mit dem reifen Gehirn darf also immer einen Schritt auf den anderen zugehen.

Viele Eltern befürchten, dass ihre Autorität wackelt und ihr Kind fortan immer versuchen wird, mit einem bestimmten Verhalten „durchzukommen“. Hier wird der Einfluss eines veralteten Bildes von Kindern deutlich. Dieses ist durch den aktuellen Forschungsstand längst überholt. Dennoch ist es immer noch in vielen Köpfen gegenwärtig und wird zudem in vielen Schulen und Kitas sowie etwa von dem einen oder anderen Kinderarzt weitertransportiert. Dabei können wir unseren Kindern Sozialverhalten sehr gut vorleben, indem wir im Rahmen der familiären und situativen Möglichkeiten auch mal nachgeben und uns an ihre Bedürfnisse anpassen. Niemand muss befürchten, damit rücksichtslose Egoisten heranzuziehen, wenn das Verhältnis ausgewogen ist. Die Kooperationsbereitschaft von Kindern erhöht sich deutlich, wenn auch wir Eltern uns trauen, Kompromisse einzugehen und das gesamte Klima in der Familie entspannt sich.

Dein Kind kommandiert dich herum

„Jetzt, sofort! Mach!“ Vermutlich gibt es keine Mutter und keinen Vater, bei dem bei diesen oder ähnlichen Worten seines Kindes innerlich nicht das emotionale Stressbarometer nach oben fährt. Von Erwachsenen sind wir es – in der Regel – nicht gewohnt, dass sie so mit uns sprechen, und wir selbst haben als Kinder eingeschärft bekommen, dass wir so mit niemandem zu sprechen haben.

Respektvoller Umgang miteinander ist eine wichtige Sozialkompetenz, das steht außer Frage. Doch lernen Menschen sie besser aus dem Mitgefühl heraus als aus der Furcht vor Ärger oder Bestrafung. Wir werfen jetzt gemeinsam einen Blick darauf, warum dich das vermeintliche Kommandieren deines Kindes so nervt und was wirklich hinter seinem Verhalten stecken kann.

Als Eltern sind wir ziemlich viel für unsere Kinder auf den Beinen. Das liegt in der Natur unserer und ihrer Rollen, schließlich können sie sich noch nicht allein versorgen. Selbstverständlich ändert sich das im Laufe ihrer Entwicklung. In vielen Eltern, deren Kinder gerade die Tapsigkeit des Kleinkindalters hinter sich lassen, keimt der Wunsch nach mehr Eigenständigkeit. Unbewusst schwindet damit auch oft das Verständnis dafür, wenn Kinder Unterstützung wollen oder wir von ihnen fordern etwas zu tun, das sie eigentlich schon selbst können. In der Regel überschätzen wir Eltern unsere Kinder dabei und setzen unsere Erwartungen zu hoch. Allein das kann schon zum Konfliktpunkt werden. Wird der Ton des Kindes dann schärfer und wir vermissen verbale Zeichen der Höflichkeit und des Respekts wie die Wörter *„Bitte“* und *„Danke“*, kann das in uns Sorgen und starke Gefühle auslösen.

Was bei uns Eltern ankommt

„Für wen hält mein Kind sich eigentlich – und wofür hält es mich? Für seine Angestellte? Wenn es jetzt schon so respektlos mit mir redet, wie soll es dann erst später werden? Und überhaupt ist das so undankbar! Warum sieht mein Kind eigentlich nicht, was ich von früh bis spät dafür tue, dass es ihm gut geht?!“

Vielleicht kennst du solche stillen empörten Selbstgespräche auch. In Sekundenschnelle lassen sie uns patzig antworten, Maßregelungen aussprechen und in Konfrontation gehen. Die Kinder reagieren darauf oft mit Unverständnis und sogar gekränkt, weil sie in ihren Ohren ganz anders gesprochen haben. Und tatsächlich ist das auch so. Vielleicht kennst du das „Vier-Ohren-Modell“ des Kommunikationswissenschaftlers Friedemann Schulz von Thun. Es ist sehr hilfreich für unser soziales Miteinander und insbesondere für unser Leben mit Kindern. Wenn du es noch nicht kennst, habe ich ein kurzes Erklärvideo für dich vorbereitet, das du dir ansehen kannst.

Über diesen QR-Code kannst du dir mein kurzes Erklärvideo zum „Vier-Ohren-Modell“ herunterladen.

https://www.momtowow.de/bonus

Aufgrund ihrer Entwicklung und ihrer kognitiven Unreife kommunizieren Kinder immer auf der Selbstoffenbarungsebene. Sie geben also etwas hinter ihren Worten Liegendes von sich preis. Wenn du etwa bei dem Satz *„Ich habe Durst, gib mir etwas zu trinken!“* den Kommandoton hörst, könnte dies zum Beispiel sein:
„Ich bin ungeduldig.“
„Ich bin müde.“
„Ich bin gestresst.“
„Ich fühle mich nicht gesehen.“
„Ich bin wegen irgendetwas gekränkt.“

Unsere Kinder geben dabei tieferliegend Auskunft darüber, wie es ihnen geht. Das geschieht natürlich unbewusst. Ähnlich unbewusst entscheiden wir Erwachsenen, mit welchem Ohr wir die Botschaft hören.

WAS HÖRST DU?

Achte darauf, was dein Kind sagt und was du tatsächlich hörst, obwohl es nicht ausgesprochen wird. Vielleicht sind das Sätze wie *„Du kümmerst dich nicht gut genug um mich“*, *„Du bist nicht genug für mich da“*, *„Es reicht einfach nicht“* oder *„Das, was du tust, hat für mich keinen Wert.“* Mach dir bewusst, dass das etwas ist, das in dir ins Klingen gerät. Niemand hat diese Worte ausgesprochen oder so gemeint. Nimm dabei die Haltung eines interessierten, neutralen Beobachters ein, der nicht bewertet und nicht urteilt.

Im Alltag mit deinem Kind die verschiedenen Ebenen der Kommunikation mitzudenken, kann dir helfen, ruhiger zu bleiben und gelassener zu reagieren. Ich kann gut nachvollziehen, dass ein Tonfall, der nach einem Kommando klingt, dich ärgert. Doch wenn du mit deinem Kind darüber in den Kampf gerätst, erfährst du nichts darüber, was dein Kind zu diesem Ton veranlasst.

Ärger beiseitestellen, Antennen ausfahren und forschen

Blende deine eigene emotionale Reaktion so gut es geht aus. Mach dir bewusst, dass dein Kind dich nicht angreifen möchte und entscheide dich bewusst dafür, offen und interessiert daran zu sein, warum dein Kind gerade offenbar unter Druck steht.

SETZE DIE FORSCHERBRILLE AUF

Wenn dein Kind wütet oder du dich herumkommandiert fühlst, versuche euer beider Verhalten als Information zu betrachten. Setze dir dafür die imaginäre Forscherbrille aus dem Werkzeugkasten-Kapitel auf. Damit hörst du auf zu bewerten, zu verurteilen und du gerätst weniger tief in starke eigene Gefühle. Dein Kind wird laut? Interessant! Möglicherweise ist ihm dieser Punkt gerade sehr wichtig und es fühlt sich wütend, unsicher oder hilflos. So trittst du einen Schritt hinter deine Reaktion zurück und kannst gelassener reagieren. Das funktioniert auch in Bezug auf dich selbst: *„Interessant, dieser Tonfall ärgert mich gerade."* Wenn die Situation dann geklärt ist, kannst du dich selbst noch einmal fragen, was genau das Verhalten deines Kindes in dir ausgelöst hat und warum.

Fahre deine Antennen aus: Wirkt dein Kind eher verärgert, frustriert oder traurig? Dann kannst du das aufgefangene emotionale Signal in deine Reaktion mitnehmen: *„Oh, du klingst verärgert. Willst du mir erzählen, was los ist?“* Das ist ein wenig so, als würdest du einladend eine Tür öffnen oder einem Besucher einen Stuhl anbieten. Doch aufgepasst: Vielleicht drückt dein Kind die Tür direkt wieder zu, lehnt den Platz ab und reagiert obendrein noch ärgerlich: *„Nein stimmt gar nicht! Lass mich!“* Dann hat es sich vielleicht tatsächlich zuvor über dich geärgert. Vielleicht nimmt dein Kind die Einladung aber auch an und ihr könnt darüber ins Gespräch kommen, was eigentlich los ist. Nutze dazu auch die Gesprächstechnik aus dem Werkzeugkasten-Kapitel. Wenn es dir gelingt, das Gefühl an die Seite zu stellen, dein Kind kommandiere dich herum, könnt ihr so nicht nur miteinander in Verbindung kommen. Du erfährst, was dein Kind beschäftigt, und ihr stärkt eure Beziehung.

Abstand gewinnen und nach der Ursache suchen

Wenn du bemerkst, dass dein Kind aktuell ungeduldiger und explosiver klingt und du das Gefühl hast, permanent Befehle zu hören, spule innerlich ein paar Tage zurück. Gehe im Kopf durch, was eigentlich gerade alles so ansteht bei deinem Kind. Zoome heraus und blicke von oben auf eure Familiensituation: Gibt es gerade mehr Dinge, die Frust in deinem Kind wecken? Bist du vielleicht selbst auch gerade kürzer angebunden und wie freundlich und respektvoll verhältst du dich momentan gegenüber deinem Kind? Erzeugt dein Kind unbewusst Reibung, weil es aufgrund seiner Entwicklung noch keine andere Strategie hat, inneren Stress abzubauen? Dieser entsteht vielleicht gerade durch die Schule oder den Konflikt mit einem Geschwisterkind, einem Elternteil oder einem Freund? Diese Techniken helfen dir dabei, den Gefühlen deines Kindes auf die Spur zu kommen, Ursachen zu finden und Verständnis zu entwickeln. Denn dann hast du ein Fundament, von dem aus du weiter auf dein Kind eingehen, hinter sein Verhalten schauen und tieferliegende Konflikte lösen kannst. Ich beschreibe dir im Werkzeugkasten genauer, wie du sie nutzen kannst.

Erspürst du mit deiner Detektivarbeit eine mögliche Ursache für die Gereiztheit deines Kindes, kannst du es in einem ruhigen Moment darauf ansprechen. Du kannst außerdem gezielt dafür sorgen, dass dein Kind ausreichend Raum für eigene Entscheidungen bekommt und dass es sich von dir gesehen und wertgeschätzt fühlt. Auch Machtumkehrspiele können hier sehr hilfreich sein. Du findest mehr dazu im Werkzeugkasten-Kapitel.

SCHIRME DICH MENTAL AB

Wenn du merkst, dass die Forderungen, der Tonfall deines Kindes oder sein Verhalten starke Gefühle in dir auslösen, versuche es mit folgender Imagination: Halte einen kurzen Moment inne, nimm einen tiefen Atemzug und stell dir vor, du ziehst einen Schutzanzug über, der Superkräfte besitzt. Dieser Anzug schirmt dich davon ab, was dein Kind sagt – oder wie – persönlich zu nehmen. Außerdem macht er dich kraftvoll und empathisch. Er hilft dir, bei deinem Kind zu bleiben und zu erkennen, worum es bei ihm gerade wirklich geht.

Mit jedem Mal, wenn du dir deinen inneren Schutzanzug überstreifst, verankerst du die Imagination und die stärkenden, schützenden Gefühle tiefer in dir. Denn dein Kind meint es nicht persönlich.

Dein Kind fühlt sich fremdbestimmt

Je nach Alter spricht dein Kind im Kommandoton, weil es vielleicht gerade erst sein Selbst entdeckt hat, wie es bei Kindern ab etwa zwei Jahren der Fall ist, die sich in der Autonomiephase befinden. Die Durchsetzung des eigenen Willens erscheint uns Eltern dann oft erst einmal überproportional ausgeprägt. Wenn wir Kindern dann eine Ja-Umgebung schaffen, in der sie selbstwirksam sein können und in der sie altersgemäße Entscheidungen treffen können, kann sich dieses Extrem mit der Zeit ausbalancieren.

Eine Ja-Umgebung schaffen bedeutet zum Beispiel in eurem Zuhause für gewisse Zeiten Dinge aus der Reichweite deines Kindes zu entfernen, bei denen du sonst permanent sagen musst: *„Nein, lass das stehen, das ist gefährlich.“*

Zudem erleben sich alle Kinder oft als sehr fremdbestimmt. In vielen Punkten lässt sich das nicht ändern, da wir Eltern nun einmal oft im Sinne ihrer Gesundheit und Sicherheit entscheiden, bis unsere Kinder alt genug sind, das selbst zu tun.

Vieles im Alltag von Kindern unterliegt den Regeln und Strukturen, die wir vorgeben: wann wir aufstehen, dass es in die Kita und Schule geht usw. Vieles von dem ist nicht zu ändern und es geht auch nicht darum, Kindern all dies zu ersparen. Im Leben ein gewisses Maß an Frustration zu erleben und dabei verständnisvoll und einfühlsam begleitet zu werden, trägt dazu bei, dass Kinder seelisch stark und widerstandsfähig werden. Wenn wir Erwachsenen sensibler dafür werden, wie Kinder ihren Alltag häufig erleben, können wir besser nachvollziehen, warum sie innerlich nach einem Ausgleich streben.

IN DIE KINDLICHE PERSPEKTIVE HINEINGEHEN

Stell dir vor, dir würde man so vieles vorschreiben und vorgeben, wie es bei deinem Kind der Fall ist. Verständlicherweise fühlt es sich phasenweise sehr stark durch sein eigenes Leben hindurch geschleust. Du hast als Erwachsener grundsätzlich immer die Möglichkeit, aktiv etwas zu verändern und deine eigenen Entscheidungen zu treffen. Das kann dein Kind nicht. Außerdem hat es auch nicht bewusst die Möglichkeit zu benennen, dass es dadurch gestresst ist. Dann zu versuchen, dir gegenüber oder in anderen Situationen zu dominieren und sich dadurch etwas stärker und mächtiger zu fühlen, wird dadurch nicht nur nachvollziehbar. Du erkennst vielleicht auch, dass dein Kind unbewusst eine ziemlich kluge Strategie für sein seelisches Gleichgewicht nutzt.

Dein Kind ist unsicher

Wenn ein Kind sehr bestimmend auftritt, kann auch Unsicherheit dahinterstecken. Das Verhalten ist dann eine Strategie, sich machtvoller, unverletzlicher und sicherer zu fühlen. Auch wenn es nach außen hin ganz anders erscheint: Dein Kind benötigt gerade viel Zuwendung, Empathie und Unterstützung, damit es sein Selbstwertgefühl stärken kann.

Diese Unsicherheiten sind gar nicht so sehr eine Charaktersache und wir Eltern tun gut daran, unsere Kinder nicht deswegen in Schubladen zu stecken. Die Art und Weise, wie wir unsere Kinder ansehen und bewerten, trägt maßgeblich dazu bei, wie sie sich selbst später sehen, weshalb wir damit sehr bewusst und achtsam umgehen sollten. Kein Erwachsener und kein Kind fühlen sich immer im gleichen Maße selbstsicher. Geschehnisse im Außen und innere Prozesse haben darauf großen Einfluss. Erfahrungen und Veränderungen können zum Beispiel verunsichernd sein.

UNSICHERHEIT KANN DAS VERHALTEN STEUERN

Mit einer Mutter aus meiner Mentoringbegleitung habe ich über das Verhalten ihrer fünfjährigen Zwillingssöhne gesprochen. Während der eine sich aktuell mehr an sie klammerte und tagsüber sowie nachts mehr Nähe suchte, wurde der andere immer lauter und trat in ihren Augen herrischer auf. Wir haben dann gemeinsam festgestellt, dass es in der Kita der Jungen seit einigen Wochen sehr viel um die Einschulung ging und sie immer wieder hörten, was sich dann alles verändern würde und dass sie dann „die Großen seien". Das schürt Vorfreude und gleichermaßen Angst, da die Kinder die Erwartung spüren, ohne wirklich genau zu wissen, was auf sie zukommt. Die Mutter konnte so das Verhalten ihrer Söhne besser einordnen, mit ihnen ins Gespräch kommen und ihnen über Machtumkehrspiele den Stress nehmen.

Es lohnt sich zudem auch immer die Ohren zu spitzen und uns selbst zuzuhören: Wie sprechen wir eigentlich mit unserem Kind? Vielleicht erteilen wir selbst auch Kommandos und sprechen häufig im Befehlston. Das Verhalten vorzuleben, das wir uns von unseren Kindern wünschen, ist eines der kraftvollsten Werkzeuge elterlicher Prägung, da Menschen insbesondere durch Nachahmung lernen.

Schenke dir selbst Anerkennung

Wenn du dich von deinem Kind nicht hinreichend wertgeschätzt und respektiert fühlst, so sind das Empfindungen, die es in dir auszulösen vermag. Jedoch verursacht es diesen Schmerz nicht. Das bedeutet, es berührt mit seinem Verhalten eine sensible Stelle, die du aus früherer Zeit in dir trägst. Vielleicht klingt es für dich absurd, doch Anerkennung für das zu bekommen, was du jeden Tag für deine Familie tust, darum musst du dich selbst kümmern. Musst? Ja, musst. Denn du bist erwachsen und kannst für deine Bedürfnisse die Verantwortung übernehmen. Dein Kind kann dies nicht und ist auch nicht dafür zuständig. Wenn du selbst täglich wahrnimmst und wertschätzt, was dir als Mutter oder Vater alles gelingt, stärkst du dich selbst und bist unabhängiger von der Anerkennung anderer. Schenke außerdem auch deinem Partner die Anerkennung, die du dir wünschst – aufrichtig. Kommt darüber ins Gespräch, auf welchem Weg sich jeder von euch wertgeschätzt fühlt, und sorgt als Erwachsene in eurer Familie dafür, dass diese Tanks gefüllt sind.

ERMUTIGE DICH SELBST

Sage dir selbst ermutigende Dinge – täglich und in Situationen, in denen du dich von deinem Kind nicht wertgeschätzt fühlst. *„Ich mache das großartig. Ich gebe mein Bestes und ich bin mehr als gut genug."* So könnte ein solcher Satz lauten. Das fühlt sich beim ersten Mal komisch an? Egal, mach einfach weiter und trainiere dich und dein Gehirn darin, dir selbst Zuspruch zu schenken und dich zu stärken.

Solltest du merken, dass dein Gefühl, etwa nicht wertvoll genug zu sein, sehr dominant in deinem Alltag ist, wende dich dem zu. Du kannst dafür beispielsweise eine Meditation ausprobieren, die ich dir als Audio zum Download zur Verfügung stelle. Wenn du das Gefühl hast, du brauchst dabei mehr Unterstützung, kann es hilfreich und stärkend sein, sich dafür Begleitung von einem Berater, Coach oder Therapeuten zu suchen.

Über diesen QR-Code kannst du eine Meditation ausprobieren, die ich dir zur Verfügung stelle.

https://www.momtowow.de/bonus

Grundsätzlich ist es mit der Höflichkeit und dem Bitte-Sagen ganz ähnlich wie mit dem Danke: Stress dich nicht damit, dass du das deinem Kind mühsam beibringen musst. Wenn du zu deinem Kind und zu eurem Umfeld freundlich bist und wertschätzend Bitten aussprichst, wird dein Kind das ganz automatisch ebenfalls tun. Vielleicht geschieht das noch nicht in jeder Situation perfekt. Mach dir bewusst, dass dein Kind noch lernt und sich entwickelt. Gib ihm Zeit und schenke ihm Vertrauen.

Dein Kind schreit, haut und ist aggressiv

Aggressives Verhalten ist ein Thema, mit dem sich alle Eltern früher oder später einmal auseinandersetzen. Viele Mütter und Väter sind irritiert, wenn ihr Kleinkind in der Spielgruppe ein anderes Kind beißt. Und was, wenn sich dieses Verhalten nicht nur fortsetzt, sondern sogar noch intensiviert: Auf dem Spielplatz landet die Schaufel auf dem Kopf eines anderen Kindes anstatt im Sand oder Kinder treten und hauen Geschwisterkinder oder die eigenen Eltern. Das meiste, was wir Eltern hier sagen, erklären und androhen scheint beim Kind nicht zu fruchten. Wenn wir dann nicht wissen, aus welchen Gründen sich Kinder „frech“ und körperlich aggressiv verhalten, schrillen bei vielen verständlicherweise die Alarmglocken. Oft beginnt irgendwann die Sorge in uns zu keimen, das eigene Kind könne zu Aggressionen neigen und kein gesellschaftlich akzeptiertes Verhalten entwickeln, wenn es nicht von klein auf lernt, dass Hauen, Beißen und Frechsein „böse“ sind. Damit du deine Sorgen loslassen und das Verhalten deines Kindes verstehen kannst, sehen wir uns nun einzelne Aspekte dazu näher an.

Dein kleines Kind beißt beim Kuscheln

Zunächst müssen wir einige Fälle von aggressivem Verhalten – oder solchem, was wir dafür halten – voneinander unterscheiden. So entsteht bei vielen von uns zum Beispiel ein großes Fragezeichen im Kopf, wenn Babys plötzlich vermeintlich aggressiv werden: Sie zwicken ihre Mutter beim Stillen in die Brust oder beißen den Vater wie aus dem Nichts in die Schulter. Bei körperlicher Nähe wie beim Stillen oder Kuscheln und auch bei Freude über das Zusammensein mit anderen Menschen schüttet der Körper Bindungs- und Glückshormone aus. Babys und Kleinkinder werden in solchen Momenten oft wahrlich geflutet von der Intensität dieser angenehmen Gefühle. Um das unbewusst zu kompensieren, beißen die Kleinen dann zu. Die natürliche Reaktion, *„Aua"* zu rufen, sollten wir Eltern hier nach Möglichkeit unterdrücken. Das kann das Baby unangenehm erschrecken oder das Beißen zu einer interessanten Erfahrung der Selbstwirksamkeit machen, die das Baby dann wie ein kleiner Forscher gelegentlich wiederholen könnte. Schließlich muss es menschliches Verhalten genauestens studieren und unzählige Erfahrungen darüber sammeln, um später in dieser Welt zurechtzukommen.

So unauffällig wie möglich die Hand zwischen Mund und den eigenen Körper zu schieben und das Kind ein wenig von sich fernzuhalten reicht meistens schon aus, um das Verhalten zu regulieren. Bei etwas älteren Kindern ist es zudem hilfreich, in Worte zu fassen, was die Kleinen fühlen: *„Kuscheln fühlt sich so schön an, du weißt gar nicht, wohin mit dir, oder?"* Das hilft dabei, die starken Gefühle besser kennenzulernen und einzuordnen.

Hauen und Beißen als Kontaktaufnahme und Abgrenzung

Kürzlich erzählte mir eine Frau in einem Beratungsgespräch, dass ihr zweijähriger Sohn bei Treffen mit befreundeten Familien die anderen Kinder haue und beiße. Ich bat sie zu schildern, in welchen Situationen das genau geschehe. Die Mutter berichtete daraufhin, das sei sehr unvorhersehbar. Manchmal geschehe es, wenn eines der anderen Kinder sich ihrem Sohn zum Spielen näherte. In anderen Situationen gehe der Junge auf ein anderes Kind zu und haue oder beiße gezielt. Ich kann verstehen, dass die Mutter verunsichert und ihr dieses Verhalten vor ihren Bekannten unangenehm war.

Als sie dann über die Spielatmosphäre und die Mimik ihres Kindes nachdachte, stellte sie fest, dass ihr Kind gar nicht in allen Situationen verärgert aussah. Also ordneten wir sein Verhalten gemeinsam ein. Beißen und Hauen dient – insbesondere kleineren Kindern – nicht nur der Abgrenzung. Es können auch Versuche der Kontaktaufnahme sein. Das ist übrigens nicht nur bei Kleinkindern der Fall, die noch nicht richtig sprechen und ihre Wünsche äußern können.

Wenn wir Eltern wissen, dass unsere Kleinkinder diese unbewussten Strategien der Kontaktaufnahme oder Abgrenzung nutzen, ist es hilfreich, für diese Phase nah bei unseren Kindern zu bleiben. So können wir ein wenig vorhersehen, wann Zähne und Fäuste zum Einsatz kommen könnten und unser Kind begleiten: *„Ich sehe, Tom kommt dir zu nah. Sieh mal, dann streck' die Hand aus und sag ‚Halt, Stopp!'“* Im Fall der Verbindungssuche könntest du sagen: *„Du möchtest gerne mit Ida spielen, du hast sie gern, oder? Komm wir fragen sie, ob sie auch mit dir spielen möchte.“*

VORSICHT VOR FALSCHEN ERWARTUNGEN

Sei hier bitte geduldig und gib deinem Kind Zeit. Eltern müssen solche Situationen viele Monate und Jahre liebevoll begleiten, bis die Kinder die alternativen Strategien verinnerlicht haben und sie anwenden können.

Auch Grundschulkindern fehlen entwicklungsgerecht manchmal noch die Worte und Strategien, um mit Altersgenossen in Kontakt zu kommen. Dann wird vielleicht mit einem leichten Grinsen gerempelt oder einem anderen Kind in die Seite gezwickt. Dieses reagiert dann zumeist verständlicherweise empört über den Schmerz und die Grenzüberschreitung. Aufgrund des Missverständnisses bleibt der Kontaktversuch erfolglos. Bedauerlicherweise deuten auch die meisten Erwachsenen dieses Verhalten als aggressive Grenzüberschreitung, die aus heiterem Himmel kommt. Kinder werden dann ausgeschimpft und bestraft, damit das nicht wieder vorkommt.

Vielleicht siehst du, wie tragisch der Umgang mit diesem unbeholfenen Versuch der Verbindungsaufnahme ist. Das Kind lernt, dass sein Bedürfnis falsch ist, wird beschämt, bekommt aber keine alternativen Strategien an die Hand. Es wäre eigentlich auf uns Erwachsene angewiesen, die gemeinsam feinfühlig mit ihm erörtern, worum es eigentlich ging: *„Hey, ich habe gesehen, du hast Kira gehauen. Wofür hast du das gemacht?“* Kinder antworten hier oft mit *„Weiß ich nicht“*. Entweder wissen sie es oft tatsächlich nicht oder sie haben Angst vor Ärger und Strafen. Dann kannst du ein Deutungsangebot machen: *„Wolltest du mit ihr spielen oder hast du dich über sie geärgert?“* Du lotest mit dem Kind aus, ob es um Nähe oder um Abgrenzung, also um Verbindung oder um Autonomie ging. Wenn ihr hier die entsprechende Wurzel gefunden habt, könnt über die jeweiligen Gefühle und mögliche Handlungsalternativen ins Gespräch kommen, sofern das Kind in dem Moment bereit dazu ist. Suche ansonsten später noch einmal das Gespräch.

AGGRESSIONEN SIND WICHTIG

Aggressionen gehören zum menschlichen Verhalten dazu. Ohne die Fähigkeit zur Aggression wären wir nicht in der Lage, Ziele zu erreichen und zu überleben. Sie ist die Grundvoraussetzung dafür, sich Ressourcen anzueignen, etwas „in Angriff zu nehmen" und gefährliche Situationen zu bewältigen. Die Frage ist, wie wir im Laufe unseres Heranwachsens lernen, mit aggressiven Impulsen umzugehen und ob sie in bestimmten Phasen oder Situationen zum Ausdrucksmittel seelischen Schmerzes oder zum eingeprägten Reaktionsmuster werden.

Kinder können Aggressionen nur schwer kontrollieren

Eines der meistgesagten Dinge meiner Arbeit lautet wie folgt: Das Gehirn von Kindern befindet sich noch in der Entwicklung. Bis das Hirn vollständig ausgereift ist, vergehen etwa 20 Jahre. Insbesondere der Teil, der unter anderem für die Impulskontrolle zuständig ist, entwickelt sich besonders langsam: der präfrontale Cortex. Das bedeutet, die Voraussetzungen verlässlich zu kontrollieren, ob ein anderer Mensch gehauen, getreten oder angeschrien wird, entstehen und festigen sich erst noch – über viele, viele Jahre. Wenn dein Kind im Kleinkindalter wütend ist, weil du *„Nein"* sagst oder den Spielplatz verlassen möchtest, wird es also sehr wahrscheinlich hauen, treten oder beißen. Ähnliches wird im Umgang mit anderen Kindern geschehen: Es kommt jemand auf der Rutsche oder im Sandkasten zu nah, fasst den eigenen Bagger an oder nimmt sich einfach die Schaufel? Kleinkinder haben keine Chance anders zu reagieren. *„Dann ist es doch gerade wichtig, dass sie so schnell wie möglich lernen, dass das absolut nicht okay ist?“*, würdest du jetzt am liebsten zu mir sagen? Das verstehe ich. Wir kommen gleich dazu, wie du damit umgehen kannst.

Wenn Kinder entsprechende Begleitung und Vorbilder haben, entwickelt, festigt und stärkt sich mit der Zeit die Fähigkeit, aggressive Impulse zu kontrollieren, Gefühle anders zum Ausdruck zu bringen und Konflikte nicht mehr körperlich zu lösen. Vielleicht wird dir in diesem Zusammenhang deutlich, wie fatal es ist, wenn Eltern auf Wut, Abgrenzung und Aggression mit Wut, Strafe und Liebesentzug reagieren. Es gibt dann verschiedene Möglichkeiten: Das Kind erfährt dadurch so viel inneren Schmerz, Angst und Unsicherheit, dass es unbewusst diese Gefühle und damit auch die Bedürfnisse, die die Gefühle ausgelöst haben, von sich abtrennt. So gerät es nicht mehr in die Gefahr, sich entsprechend zu verhalten und dafür abgelehnt und bestraft zu werden. Diese Kinder fallen dann nicht weiter auf.

Auf die Eltern, Erzieher und Lehrer wirkt es so, als seien die erzieherischen Maßnahmen erfolgreich. Doch als Erwachsene haben diese Menschen zum Beispiel oft große Schwierigkeiten damit, zu spüren und dafür loszugehen, was sie möchten und brauchen. Sie gehen permanent über ihre Grenzen, verausgaben sich für andere, haben Angst, *„Nein“* zu sagen. Oft fällt es ihnen schwer sich zu mögen und Mitgefühl zu empfinden – für andere und vor allem für sich selbst.

Die zweite Möglichkeit ist, dass Kinder dann genau diese Strategien später zu ihren eigenen machen: Als Kinder unterdrücken sie irgendwann aus Angst vor Strafe ihre Gefühle. Wenn sie dann später die Erwachsenen und die Mächtigen sind, werden sie keine anderen Strategien haben, mit anderen Menschen und insbesondere mit ihren Kindern umzugehen als die, die sie selbst erfahren haben: Druck,

Strafe, Kleinmachen und Ablehnung. Bei Kindern, die ihre aggressiven Impulse trotz Strafen und Ärger nicht unterdrücken können, verstärkt sich das „Problemverhalten" immer mehr und damit auch der Druck, den sie durch ihr Umfeld erfahren. So entsteht eine sehr ungesunde Spirale, die Kinder an den Rand ihrer Familie, von Gruppen und schließlich möglicherweise der Gesellschaft drängt. Gut also, wenn wir Erwachsenen heute lernen, Kinder in ihrem Verhalten anders zu sehen und zu verstehen. Und hey: Du bist ein Teil davon, denn du liest gerade dieses Buch!

Dein Kind wird grundlos wütend und wirft mit Dingen

Hierfür möchte ich dich wieder mit in ein Beispiel aus meinen Beratungen nehmen. Eine Mutter schilderte mir kürzlich, wie sie mit ihrem fünfjährigen Sohn nach Hause kam. Er versuchte, sich die Schuhe auszuziehen und hakte dabei irgendwo. Er wurde ärgerlich. Daraufhin sagte sie: *„Ich helfe dir!"*, und zog ihm den Schuh aus. Als sie sich herumdrehte, um sich ebenfalls die Schuhe auszuziehen, flog ihr das Schuhwerk ihres Kindes entgegen. Der Junge brüllte und schimpfte. Die Mutter begann nun ebenfalls, sich zu ärgern. Mit dem Hinweis, sein Verhalten nicht gut zu finden, verließ sie den Flur, um nicht noch ärgerlicher zu werden. Ihr Sohn warf daraufhin mit weiteren Gegenständen um sich, bis sie zurückkam und alle möglichen Gegenstände aus seiner Reichweite nahm. Irgendwann entkamen sie der Wutschleife, doch die Mutter wusste weder, was passiert war, noch wie sie damit umgehen sollte.

Langsamer sein hilft oft weiter

Wir sahen uns die Situation ganz langsam und im Detail an: Das Kind versucht, sich den Schuh auszuziehen. Es hat den Wunsch, das allein zu schaffen, weil es selbstständig sein möchte. Das klappt aber nicht, sein unerfülltes Bedürfnis nach Autonomie meldet sich zuverlässig mit Ärger. Die Mutter, die die Spannung so schnell wie möglich beenden und weiteren Ärger verhindern möchte, greift ein. Sie ist dabei eher bei sich und ihrem Wunsch, dass ihr Sohn nicht noch wütender ist. Dabei übersieht sie das Autonomiebedürfnis ihres Kindes und zieht ihm ungefragt den Schuh aus. Das muss das Kind noch wütender machen, denn es findet eine Grenzüberschreitung statt. Natürlich hegt die Mutter damit keine böse Absicht. Doch ist der Junge mit fünf Jahren noch nicht dazu in der Lage, das in seine Reiz-Reaktionsschleife einzubauen. Die gesteigerte Wut ist die unbewusste Reaktion auf das Verhalten der Mutter, der Junge kann es nun nicht mehr selbst schaffen den Schuh auszuziehen und ärgert sich. Du siehst, es hat einen Auslöser gegeben. Die Emotionen des Jungen steigern sich immer mehr, da er das Verhalten seiner Mutter nicht kognitiv einordnen kann. Er empfindet ihr Weggehen schmerzhaft als ablehnende Reaktion und kann noch nicht anders, als es direkt auf sich zu beziehen, seine Gefühle steigern sich immer weiter, Mutter und Sohn stecken beide in dem Konflikt fest.

Durch unser Gespräch konnte die Mutter Verständnis für das Verhalten ihres Sohnes entwickeln. Darüber hinaus erlangte sie Erkenntnisse zu ihrem eigenen Konfliktvermeidungsverhalten. Sie übte sich daraufhin darin, langsamer, achtsamer und in kleineren Schritten mit ihrem Sohn umzugehen. Sie besprach noch einmal mit ihm, was geschehen war, um es rückwirkend gemeinsam mit ihm einzuordnen. Sie entschuldigte sich für ihre Übergriffigkeit und sagte, dass es ihr sehr leidtue, dass er sich so über sie geärgert habe. Das löste bei beiden innere Anspannung und brachte sie wieder miteinander in Verbindung. Darüber hinaus achtete die Mutter künftig mehr darauf, in Ich-Botschaften zu sprechen: *„Ich werde wütend, deswegen nehme ich mir kurz etwas Abstand.“*

Mit aggressivem Verhalten umgehen

„Heißt das, ich soll einfach gar nichts machen und gar nicht darauf reagieren, wenn mein Kind frech ist und haut?“, fragen Eltern dann oft. Nein, keineswegs. Die Frage ist nur, wie sie darauf reagieren. Ich empfehle dir, folgende Schritte zu üben, wenn dein Kind haut, kratzt, beißt, tritt oder irgendwie anders körperlich aggressiv wird:

1. Nimm deine eigene körperliche Stressreaktion wahr und sorge für dich, indem du dich selbst beruhigst, zum Beispiel über deine tiefe Atmung.
2. Nimm etwa Empörung, Wut oder Hilflosigkeit bei dir wahr und stelle sie gedanklich ein wenig zur Seite. Atme weiter.
3. Frage dich: Was ist die Botschaft hinter dem Verhalten meines Kindes? Wofür steht es und was kann es gerade nicht anders sagen? Setze dafür zum Beispiel innerlich die Forscherbrille aus dem Werkzeugkasten auf.
4. Benenne, was du mitfühlst und wahrnimmst, zum Beispiel: *„Du ärgerst dich über mich, weil ich ‚Nein‘ gesagt habe. Das verstehe ich. Deswegen haust du mich gerade.“*

Wenn dir diese Schritte mit etwas Geduld und Übung immer häufiger gelingen, passiert etwas sehr Wertvolles:

- Du holst dein Kind auf seiner einsamen Gefühlsinsel ab, ihr verbindet euch und du lernst herauszufinden, worum es an der Wurzel wirklich geht.
- Du wendest dich zu, benennst, was es fühlt, und stellst für dein Kind die Zusammenhänge her, woher Gefühle und Verhalten kommen. Durch diesen immer und immer wiederholten Prozess lernt es, sich selbst zu regulieren und andere Strategien zu benutzen.

„Und wann lernt mein Kind, dass man nicht haut?“, fragen Eltern dann. Immer dann, wenn wir nicht hauen, ganz automatisch. Darüber hinaus lernen Kinder das, indem wir mit ein bisschen Abstand

vom Gefühlssturm der Konflikte über diese sprechen – offen und konstruktiv. Und wenn wir mit den Kindern gemeinsam überlegen, was sie stattdessen tun können und wie es anderen und ihnen selbst geht, wenn sie gehauen werden. Vielleicht erscheint dir das erstmal ziemlich langwierig, aufwendig und anstrengend. Und doch ist es viel, viel weniger zermürbend und erschöpfend als mit Druck und Strafe vorzugehen. Das schadet der Beziehung zwischen dir und deinem Kind. Außerdem bleiben all die wertvollen Lernräume ansonsten unbetreten und ihr Potenzial wird nicht ausgeschöpft. Die Kinder lernen sonst nichts über sich und andere Menschen, außer, dass sie falsch sind und andere stärker und mächtiger.

Was tun bei starker Wut und Co.?

Dein Kind ist gerade so wütend und außer sich, dass es laut schreit. Vielleicht tritt oder haut es auch nach dir. Dann achte zunächst darauf, dass du auf Augenhöhe gehst und dich gleichzeitig ausreichend abschirmst – wenn du kleiner bist, wirkst du unbewusst weniger bedrohlich. Es hilft jetzt nicht, an die Vernunft deines Kindes zu appellieren oder es darauf hinzuweisen, dass du sein Verhalten so nicht möchtest. Der Teil des Gehirns, der für rationales Denken und für den Perspektivwechsel zuständig ist, ist gerade ausgeschaltet. Wenn dein Kind es zulässt, biete eine Umarmung an, die Oxytocin-Ausschüttung bei Körperkontakt beruhigt.

Viele Kinder wollen das für den Moment jedoch erstmal noch nicht. Bleib trotzdem bei ihm und spricht aus, was du wahrnimmst: *„Du bist gerade ganz schön wütend. Ich sehe, dass du dich ärgerst.“* Dass du die Gefühle deines Kindes wahrnimmst und benennst, zeigt ihm, dass es gesehen und ernst genommen ist. Langfristig unterstützt das dein Kind dabei, seine eigenen Gefühle einordnen und damit umgehen zu können. Für den gegenwärtigen Moment gibt es drei Möglichkeiten: Dadurch, dass du behutsam seine Gefühle spiegelst, beruhigt sich dein Kind etwas. Es ist aber auch gut möglich, dass es noch wütender wird. Das geschieht in der Regel, wenn wir unsere Kinder im Schulalter zu stark spiegeln und sie dies eher als übergriffig empfinden. Die dritte Möglichkeit ist, dass du den Eindruck hast, dein Kind nicht damit zu erreichen. Doch wenn du einfühlsam sprichst, wird es die Erfahrung machen, dass du mit ihm fühlst und es nicht für seine Gefühle abgewertet wird. Mach dir bewusst: Dein Kind kann gerade nicht anders.

BIETE IMMER WIEDER ALTERNATIVEN AN

Solche Hinweise lesen sich einfach. Erfahrungsgemäß gestaltet sich die Praxis dann oft dynamischer und herausfordernder. Denn so ist es mit starken Gefühlen: Oft müssen die Kinder sie erst durchfühlen und ausagieren. Sorge dafür, dass alles und alle unbeschadet bleiben und vermeide es, dein Kind anzuschreien, zu belehren und ihm zu drohen. Du kannst ihm Alternativen anbieten, wie zum Beispiel in ein Kissen zu schreien oder zu boxen oder auf den Boden zu stampfen. Einigen Kindern hilft es auch, anstatt ihrer unkontrollierten aggressiven Impulse ihre Eltern wegzuschieben. Nicht alle Kinder können diese Angebote in diesen Momenten der starken Gefühle annehmen. Sprich sie immer wieder aus, sie verankern sich trotzdem nach und nach im Gehirn deines Kindes. Insbesondere dann, wenn ihr auch außerhalb der stressigen Situation darüber sprecht.

Wenn du wahrnimmst, dass du selbst wütend wirst, mache es so wie die Mutter aus meinem Praxisbeispiel: Verlasse die Situation für einen Moment. Erkläre deinem Kind jedoch, warum du das tust. Achte dabei darauf, in Ich-Botschaften zu sprechen. So belässt du die Verantwortung dafür bei dir. Du könntest zum Beispiel sagen: *„Ich verstehe deinen Ärger. Gleichzeitig merke ich, dass ich auch wütend* *werde. Ich will dich nicht anschreien, deswegen gehe ich kurz nach nebenan. Ich bin aber da, ich bleibe mit dir in Verbindung und ich komme wieder."*

Wenn sich eure Gefühle beruhigt haben, sprich mit deinem Kind über das, was und wie es passiert ist. Nachdem du dein Kind gehört hast und ihr in einem entspannten und guten Kontakt miteinander seid, sprich mit ihm darüber, wie es für dich ist, getreten oder angeschrien zu werden und dass das in deinen Augen kein guter Weg ist. Du wirst merken, dass dein Kind das weiß. Beschäme es nicht. Redet darüber, welche Ideen dein Kind hat, mit solchen Situationen anders umzugehen.

Bitte erwarte nicht, dass dein Kind es sofort anders machen kann. Dies ist ein langwieriger Prozess. Doch im Laufe der Zeit wird es immer besser auf andere Strategien der Konfliktbewältigung zurückgreifen können. Die entsprechenden Nervenbahnen im Gehirn, die für dieses Verhalten benötigt werden, sind zunächst wie Trampelfade. Sie müssen viele Male benutzt werden, bis sie ausgetretene Wege und schließlich Straßen sind, die automatisch genutzt werden.

NEHMT EURE GEFÜHLE BEWUSST WAHR

Ihr könnt in eurer Familie gemeinsam üben, ein besseres Bewusstsein dafür zu entwickeln, wie sich die unterschiedlichen Gefühle im Körper anfühlen. Wo kann dein Kind zum Beispiel die Wut wahrnehmen und wie fühlt sie sich an? Beschreibt euch gegenseitig, wie ihr die unangenehmen und angenehmen Emotionen wahrnehmt. Das kannst du für dich gedanklich auch tun, wenn du spürst, dass du von unangenehmen Gefühlen bewegt bist. Das neutrale Beobachten aktiviert deinen präfrontalen Cortex und reguliert so deine Gefühle.

Dein Kind provoziert dich

Situationen, in denen Kinder zum Beispiel auf ein „Nein“ wütend reagieren, sind für uns Eltern oft schon sehr herausfordernd. Doch was ist, wenn Kinder außerhalb von Streitsituationen und Verboten scheinbar gezielt frech und aggressiv werden? Die meisten Kinder im Vor- und Grundschulalter können zwar ihre Gefühle in vielen Situationen schon ganz gut benennen. Sie sind allerdings noch nicht in der Lage, die Bedürfnisse oder Konflikte dahinter bewusst zu erkennen und zu benennen. Wenn Kinder scheinbar immer wieder provozieren und zu aggressivem Verhalten neigen, ist es wichtig genau hinzugucken, was in eurer Familie und eurer Beziehung gerade los ist. In vielen Eltern löst das erstmal Anspannung und möglicherweise auch Abwehr, Ärger und inneren Schmerz aus. Wir Eltern fühlen uns oft für viel zu viel im negativen Sinne verantwortlich und laden uns destruktive Schuldgefühle auf. Diese aktivieren übrigens die gleichen Areale im Gehirn, die beteiligt sind, wenn wir körperlichen Schmerz erleben. Offenheit, Entwicklung und Mitgefühl sind dann nur schwer möglich.

NIMM DER VERANTWORTUNG DIE LAST

Wenn der Begriff „Verantwortung“ in dir unangenehme Gefühle und Druck auslöst, kann das englische Wort für Verantwortung hilfreich sein: Responsibility. Es enthält das Verb „respond“, was „antworten“ bedeutet. Wie antwortest du also auf die Situationen, die sich dir im Leben eröffnen? Wie gehst du damit um? Nimm wahr, wie sich in dir Offenheit und das Gefühl von Handlungs- und Gestaltungsmöglichkeiten zeigen.

Wenn sich dein Kind scheinbar unerklärlich provozierend und aggressiv verhält, ist das ein Signal. Es sagt in der Sprache seines

Verhaltens: *„Es geht mir nicht gut, ich brauche deine Hilfe."* Dann liegt es in der Verantwortung von dir als Erwachsener, hinzuschauen und herauszufinden, was dahintersteckt. Denn dein Kind kann dies nicht allein tun. Steckt eure Familie gerade in einer stressigen Phase? Fühlt sich dein Kind nicht gesehen und verstanden? Gibt es Konflikte zwischen dir und deinem Partner? Besteht Verunsicherung durch die Geburt eines Geschwisterkindes? All das können Anhaltspunkte für deine Spurensuche sein.

Vor anderen steigt der Druck

Wie bei Gefühlsstürmen in der Öffentlichkeit, der Angst dein Kind sei nicht höflich genug zu anderen oder Restaurantbesuchen wirkt auch hier die Anwesenheit Dritter auf deine Gedanken, deine Gefühle und dein Nervensystem ein. Es ist dann oft so, als regele jemand das Thermostat für inneren Druck mit einem Ruck nach oben, weil sich die Aufmerksamkeit Außenstehender auf uns richtet. Du spürst vermutlich ganz deutlich, dass ein Satz wie *„Du blöde Kackmama!"* oder *„Du doofer Papa!"* vor anderen gesagt, viel heftigere Gefühle in dir auslösen kann. Das ist verständlich.

Je nach Alter hat dein Kind schon eine ganze Menge an unbewusstem Wissen darüber, wie wir Menschen miteinander umgehen. Vor allem aber weiß dein Kind auch, was du von ihm erwartest. Sicherlich hast du ihm schon gesagt, dass du freundlich behandelt werden möchtest und du dich über Beleidigungen ärgerst. Warum also hält es sich dann nicht daran? Die Antwort ist ganz einfach: weil es nicht kann. Es ärgert sich, es empfindet starke Traurigkeit oder Unsicherheit. Oftmals ist es sogar mit einer Mischung aus mehreren Gefühlen konfrontiert und steht unter riesiger innerer Anspannung, sonst gäbe es dieses Verhalten nicht. Denke an den Baum aus dem ersten Kapitel mit seinen Wurzeln unter der Oberfläche.

BEZIEH DAS VERHALTEN NICHT AUF DICH

Wenn dein Kind dich beschimpft oder haut, kann sich das sehr kränkend anfühlen. Doch will es dich damit nicht verletzen. Es zeigt dir in seiner „Sprache", dass es wütend, traurig oder enttäuscht ist. Es bedarf oftmals einiger tiefer Atemzüge und einer starken inneren Haltung, sich das in stressigen Situationen ins Gedächtnis zu rufen. Bau eine starke Brücke hinüber zu deinem Kind, indem du in dieser Situation dein persönliches Gefühl etwas zur Seite schiebst. Fokussier dich stattdessen darauf, welche Gefühle du bei deinem Kind wahrnimmst. Was fühlst du mit? Wie sieht seine Mimik aus? Dein Mitgefühl gibt ihm Halt. Wenn die Wogen sich geglättet haben, kannst du dein Kind noch einmal freundlich daran erinnern, dass ihr in eurer Familie nicht solche Dinge zueinander sagt.

Ich weiß, es ist nicht ganz leicht, diese innere Veränderung zu vollziehen. Doch was wäre, wenn ich dir sagen würde, dass all das, was dein Kind in solchen Momenten sagt und tut, nicht „schlimm" wäre? Dass es nichts über dich, deine Qualitäten als Mutter oder Vater und eure Familie aussagt? Was wäre, wenn du genau wüsstest, dass alles in Ordnung ist, dass du als Mutter oder Vater gut genug bist und dass euer Umgang miteinander in eurer Familie stimmt? Denn ziemlich sicher ist es so. Kinder werden laut und wütend – das werden ja selbst wir Erwachsenen zuweilen. Oftmals schaffen wir es nur, uns besser anzupassen und schimpfen und fluchen eher in der Abgeschiedenheit unseres Autos oder unserer eigenen vier Wände. Doch haben wir im Vergleich zu unseren Kindern auch einen ausgereiften präfrontalen Cortex – der Teil des menschlichen Gehirns, der unter anderem für Gefühlsregulation und rationale Entscheidungen zuständig ist.

Wenn wir ganz ehrlich sind, gelingt es uns ja selbst damit nicht immer, ruhig und gelassen zu bleiben. Ist dein Kind im Schulkindalter, wirst du sicherlich schon die eine oder andere Situation erlebt haben, in dem es gewisse aggressive Impulse, also etwa laut zu werden oder dich zu hauen, steuern konnte. Das klappt aber eben noch nicht immer zuverlässig. Die empfundenen Gefühle sind nach wie vor sehr intensiv und dein Kind unterscheidet auch nicht mit den gleichen Maßstäben zwischen zu Hause und der Öffentlichkeit wie du. Du kannst dich in solchen Momenten auch mit der Schutzglocken-Übung aus dem Kapitel „Starke Gefühle deines Kindes in der Öffentlichkeit" innerlich abgrenzen.

Dein Kind hört nicht auf dich

In der beziehungsorientierten Erziehung und den ihr verwandten Stilen Kinder zu begleiten, gibt es ein geflügeltes Wort: *„Wenn dein Kind nicht auf dich hört, hört es auf sich."* Es kann hilfreich sein, es dir zu einem Mantra zu machen. In der Regel erwarten wir Erwachsene viel von Kindern – viel zu viel. Sie sollen sich jetzt sofort aus ihrem Spiel und der Beschäftigung, in die sie versunken sind, lösen und mitkommen. Sie sollen gehorchen und funktionieren und sich in unseren schnellen und anforderungsreichen Alltag eingliedern. Sie sollen andere nicht stören und insgeheim soll ihr Verhalten auch ein gutes Licht auf uns werfen.

Wir erwarten von Kindern oft so viel mehr Beherrschung und reibungsloses Funktionieren als von Erwachsenen. In Bezug auf unsere Kinder reist bei uns Eltern eben noch oft die Angst mit: *„Wenn sie das jetzt nicht lernen, dann …" „Wenn du ihnen das einmal durchgehen lässt …"* Wir dürfen uns entspannen. Wir dürfen unseren Kindern authentisch vorleben, was wir uns von ihnen wünschen. Dazu gehören zum Beispiel auch kooperatives Verhalten, Verständnis und

Nachsicht genauso wie das Vertreten eigener Werte und Grenzen. Zu letzteren komme ich an späterer Stelle noch einmal. Lass uns jetzt einmal gemeinsam darauf blicken, was los ist, wenn dein Kind deinen Aufforderungen nicht folgt, nicht stoppt, wenn du es bittest aufzuhören oder kein „Nein“ zu respektieren scheint.

Im Kapitel „Dein Kind macht nicht mit“ habe ich dir aufgezeigt, warum dein Kind möglicherweise nicht kooperiert. Du kannst dir die Fragen, mit denen du eure Situation überprüfen kannst, auch hier stellen: Bedenke, ob der Kooperationsakku erschöpft ist, ob dein Kind sich über dich geärgert hat oder ob es gerade in etwas anderes vertieft ist. Vielleicht folgt es auch gerade einem seiner Bedürfnisse. Das bedeutet im Umkehrschluss nicht, dass du ihm egal bist oder es dir gegenüber respektlos ist. Diese Dimension erhält das Verhalten von Kindern erst durch die Interpretation Erwachsener, die sich ärgern oder gekränkt fühlen.

Öffne dich für das, was deinem Kind wichtig ist

Ich gebe dir ein praktisches Beispiel aus meinem Familienalltag: Mein Büro ist ein magischer Anziehungspunkt für meine Söhne. Es gibt dort allerhand Spannendes zu entdecken – unter anderem eine Schublade mit Postkarten, die ich an meine Klientinnen zur Begrüßung schicke. Eines Samstagmorgens baten sie mich jeweils um eine Postkarte, die sie an Freunde schicken wollten. Sie malten und gestalteten – und einer von ihnen verschrieb sich. Er ärgerte sich so sehr, dass er die Karte nicht mehr weiter beschriften und benutzen wollte. Ich hatte mit meinem erwachsenen Gehirn und der umweltbewussten Prägung durch meine Eltern direkt nachhaltige Ideen und schlug ihm vor, die Stelle zu überkleben und neu zu beschriften. Doch es war nichts zu machen: Mein Sohn warf die Karte durch die Küche und kündigte an, sich eine neue zu holen. Ich war dagegen und doch stapfte er in mein Büro und griff in die Schublade. Ja, ich ärgerte mich darüber. Gleichzeitig atmete ich tief ein und aus und wägte blitzschnell ab: *„Wie wichtig ist es mir wirklich, dass er sich keine weitere Karte nimmt? Wie sehr belastet das tatsächlich meine Ressourcen und die Umwelt? Was könnte seine Absicht dahinter sein und warum ist es ihm so wichtig?“*

Ich beschloss, nichts weiter zu sagen, meine Gedanken, Gefühle und meinen Willen an die Seite zu stellen. Daraufhin malte und beschriftete mein Sohn eine weitere Karte. Sein Freund sollte sie bekommen. Er gab sich Mühe und offensichtlich war ihm das Ergebnis wichtig. Von Ressourcen und Umweltschutz hat er wenig Ahnung. Er hat auf sich und sein Bedürfnis nach Selbstwirksamkeit und nach Verbindung zu seinem Freund gehört – und das ist okay. Denn an vielen anderen Stellen hört mein Kind auf mich. So oft, dass ich es selbst häufig als völlig selbstverständlich empfinde. Das Ergebnis war viel zu schön, als dass es den Kampf wert gewesen wäre, und wer bestimmt eigentlich, wer „mehr recht hat“? In der Regel tun das wir Erwachsenen mit unserer Sicht der Dinge, und die ist oft ziemlich einseitig.

EINE PERSPEKTIVE, DIE DICH STÄRKT

Es ist kein persönlicher Affront, wenn dein Kind nicht auf dich hört. Das Gefühl, respektlos behandelt und nicht ernst genommen zu werden, ist ein Nebenprodukt des Verhaltens unserer Kinder. Dann melden sich die Erfahrungen früherer Grenzüberschreitungen, die wir selbst als Kinder erlebt haben. Sie scheinen laut und empört zu rufen: *„Halt, ich wollte nie wieder der Schwächere und Unterlegene sein, das lasse ich mir nicht bieten!“* Erinnere dich in solchen Momenten daran, dass dein Kind nichts gegen dich tut. Es braucht dich und ist von dir abhängig. Sei froh, dass es sich dir gegenüber so sicher und frei fühlt, für seine eigenen Bedürfnisse loszugehen.

Dein Kind respektiert keine Grenzen

Du wirst ihn bereits oft gehört haben, diesen einen sehr berühmten Satz des Erziehungskosmos: *„Kinder brauchen Grenzen“*. Wie bei allem, was Menschen sagen, können wir auch diese Aussage je nach Stimmlage sehr unterschiedlich mit Bedeutung aufladen. So können wir mit Empörung und einer kämpferischen Entschlossenheit darüber sprechen, dass jedes Kind Grenzen braucht. Doch meinen wir dann eher: Kinder müssen sich unbedingt an Regeln halten. Sie sollen folgsam sein und absolut klar erkennen, wann sie Gefahr laufen, einem anderen Menschen – insbesondere einem Erwachsenen – zu nahe zu treten. Kinder müssen die gesellschaftlichen Regeln so früh wie möglich lernen, sonst ist es zu spät. Mit diesem Blick auf Kinder und Erziehung befinden wir uns pädagogisch in der Zeit des Kaiserreichs vor mehr als hundert Jahren. In dieser Zeit galt es, Kinder zu gehorsamen Untertanen auszubilden. Das Echo dieser Pädagogik hallt noch immer in unserer Gesellschaft nach.

Doch wie können wir den Umgang mit Grenzen dann mit unseren heutigen Werten pflegen und unseren Kindern nahebringen? Ich verstehe den elterlichen Wunsch, es möge nicht anecken. Es möge niemanden belästigen und stören und schon gar nicht kränken, beleidigen oder gar körperlich verletzen. Dem gegenüber stehen unsere Kinder. Sie werden in diese Welt hineingeboren, ausgestattet mit feinsten Antennen für zwischenmenschliche Beziehungen, mit einem Forschergeist, der ihnen hilft, sich im Laufe ihrer Entwicklung in unserer doch sehr unübersichtlichen Welt zurechtzufinden.

WO VERLAUFEN DIE GRENZEN?

Stell dir vor, du gelangst in eine fremde Kultur. Du bist der Sprache nicht mächtig, bist abhängig von den Menschen, die dort leben.

Es wird von dir erwartet, die gesellschaftlichen Gepflogenheiten zu kennen, einzuhalten und zu wissen, welches Bedürfnis nach Nähe und Distanz deine neuen Mitmenschen haben. Darfst du sie berühren, wenn du dich freust? Darfst du laut *„Nein"* sagen, wenn dich etwas stört? Du musst erstmal ziemlich viel beobachten und ausprobieren, bis du dich auskennst. Vermutlich wirst du dabei auch das eine oder andere Mal jemandem zu nahe treten. Ohne böse Absicht. Denn um herauszufinden, wo eine Grenze verläuft, muss man sie erkunden. Außerdem wirst du die sozialen Regeln insbesondere dadurch lernen, indem du sie durch deine Mitmenschen erfährst.

Grenzen sind nicht nur von Kultur zu Kultur etwas sehr unterschiedliches. Auch die Mitglieder einer einzelnen Gesellschaft haben sehr individuelle Grenzen. Sozialwissenschaftler, Entwicklungs- und Hirnforscher haben in den letzten Jahrzehnten viele Erkenntnisse darüber erlangt, wie Kinder sich zu empathischen und respektvollen Mitgliedern einer Gemeinschaft entwickeln. Nämlich indem sie empathisch und respektvoll behandelt werden. Kein Kind kann ein gesundes Gefühl für die eigenen sowie die Grenzen anderer entwickeln, wenn es für sein Verhalten abgewertet, kleingemacht und bestraft wird. Denn das ist grenzüberschreitend und sendet eine doppeldeutige Botschaft: Du darfst keine Grenzen überschreiten, doch wir Erwachsenen dürfen das schon.

Grenzen lernen, ganz praktisch

Die Frage ist weniger, ob wir unseren Kindern den Umgang mit Grenzen beibringen, sondern wie. Denn sie lernen ihn ohnehin. Durch das, was wir Erwachsenen vorleben: Gehe respektvoll und achtsam mit den Grenzen deines Kindes um und es wird ihm möglich, gleiches für dich zu tun – gib ihm Zeit dafür. Lebe vor, dass du respektvoll und achtsam mit den Grenzen anderer umgehst. Gehe außerdem respektvoll und achtsam mit deinen eigenen Grenzen um. Was bedeutet das ganz praktisch?

Erwarte nicht, dass dein Kind von jetzt auf gleich ein Experte für menschliche Grenzen wird. Sei nachsichtig, wenn dein Kind als Nebenprodukt seines Lernens und seiner Entwicklung deine Grenzen berührt und übertritt. Sprich dann außerhalb der Konfliktsituation ruhig und freundlich über dein Erleben, immer und immer wieder. Es bedeutet aber auch insbesondere, dass du mit deinem Verhalten Verantwortung für dich und deine Grenzen übernimmst: Lies kein drittes Buch mehr vor, wenn du zu müde bist. Sag nicht *„Ja, ich backe den Kuchen für das Schulfest“*, obwohl du keine Zeit oder Lust hast. Mache es nicht erst allen anderen recht, bevor du auf dich selbst achtest. Sei freundlich und respektvoll zu dir selbst. Denn diesen Ausdruck der Selbstliebe brauchst du, wenn dein Kind im Zuge seiner Entwicklung und indem es für sich eintritt deine Grenzen berührt. Sage dir immer: Es berührt meine Grenzen, indem es gerade lernt mit seinen eigenen umzugehen. Du musst als Mutter oder Vater keine künstlichen Grenzen erschaffen, damit dein Kind lernt sich gesellschaftskonform zu verhalten.

Wenn du einmal darauf achtest, gibt es in eurem Alltag ganz viele natürliche Grenzen, bei denen du absolut klar bist: Ihr geht nicht über die Straße, wenn ein Auto kommt. Ihr bezahlt im Supermarkt eure Einkäufe. Dein Kind darf keinen Kaffee trinken, auch wenn es darum bittet usw. Das heißt nicht, dass dein Kind nie danach fragt oder nie unachtsam losläuft oder bei einem *„Nein“* stets verständnisvoll nickt und *„Ja, okay …“* sagt. Wenn du für dich Klarheit hast, gibt dir das die Sicherheit, mit dem Gefühlswind oder -sturm deines Kindes umzugehen.

Dein Kind lügt dich an

Im digitalen Raum meiner Mentoringsprechstunde berichtete eine Mutter von ihrem neunjährigen Sohn. Der Junge lüge sie immer und immer wieder an. Er sage zum Beispiel, seine Hausaufgaben bereits gemacht zu haben, obwohl die Seiten im Heft leer seien. Oder er behaupte, gar nichts aufzuhaben, obwohl sie in der Elterngruppe gelesen habe, dass es heute viele Aufgaben gegeben habe. Sie war davon genervt, ärgerte sich und ihr war die Sorge über die Entwicklung ihres Sohns anzusehen. Die anderen Frauen in der Gruppe konnten das gut verstehen und kannten ähnliches Verhalten von ihren eigenen Kindern. Ich komme gleich darauf zurück, worum es in diesen Situationen ging.

Lügen erfordern viele Fähigkeiten

Wenn wir uns die zwischenmenschliche Forscherbrille aufsetzen, dann ist Lügen eine faszinierende Fähigkeit, die viele komplexe Vorgänge im Gehirn erfordert. Dafür müssen Menschen sich zum Beispiel in andere hineinversetzen und planen können. Sie müssen zielsicher zwischen Wahrheit und Unwahrheit unterscheiden können. Nur so können sie vorsätzlich mit einem bestimmten Ziel etwas Falsches zu ihren Gunsten erzählen. Richten wir nun den Blick zurück auf dein Kind. Erinnere dich an die Gehirnregion mit dem schwierigen Namen, die für all diese Fähigkeiten zuständig ist: der präfrontale Cortex. Er reift im menschlichen Gehirn am langsamsten. Forscher haben herausgefunden, dass Kinder ungefähr im Alter von drei bis vier Jahren ganz allmählich zu verstehen beginnen, dass man andere gezielt täuschen kann. Sie beginnen dann damit zu experimentieren, gehen aber meist noch sehr treuherzig und offen mit ihren Flunkereien um.

Ergründe, warum dein Kind lügt

Bevor wir Eltern moralisieren, bewerten und mit Konsequenzen drohen, sollten wir immer erforschen, warum ein Kind, das bewusst dazu in der Lage ist, nicht die Wahrheit sagt.

- Dein Kind lügt, um sich einen kleinen Vorteil zu verschaffen: *„Ich hatte noch kein Eis!“* Jetzt mal Hand aufs Herz: Wenn du mehr Schokolade essen willst, nimmst du sie dir einfach, ohne jemandem Rechenschaft zu schulden. Also sei nachsichtig. Ja, du nimmst die gesundheitliche Verantwortung für dein Kind ernst. Dennoch ist Eis eben lecker und dein Kind kein Gauner, wenn es versucht, mehr davon zu bekommen.
- Dein Kind lügt, um sich stärker zu fühlen oder vor anderen stärker dazustehen: Manchmal erzählen Kita-Kinder ihren Freunden von hanebüchenen Reisen oder Berufen ihrer Eltern. Schulkinder erzählen von Abenteuern, die sie nicht erlebt haben, oder von Spielsachen, die sie nicht besitzen. Vielleicht fühlt sich dein Kind gerade unsicher und möchte gefallen und sich gesehen und angenommen wissen. Tragen wir nicht alle manchmal hier und da ein wenig dicker auf, um gut dazustehen?
- Dein Kind lügt, weil es in der magischen Phase ist: Etwa zwischen zwei und sechs Jahren sind Fantasie und Realität für dein Kind nicht zu unterscheiden. Es bereitet sich unbewusst mithilfe seiner Vorstellungskraft auf das Unterscheiden von wahr und unwahr vor. Außerdem kann es so Einfluss nehmen auf eine Welt, die unübersichtlich ist und in der es sich als stark abhängig erlebt.
- Dein Kind lügt aus Angst oder Scham: Wenn Kinder Ärger bekommen haben, der sie erschreckt oder verletzt hat, wenn sie für ihr Verhalten bestraft und gedemütigt worden sind, werden sie versuchen, diesen Gefühlen zu entgehen. Vielleicht essen sie weiterhin Schokolade auf dem Sofa, weil es dort so gemütlich ist und die Selbststeuerung noch nicht so gut funktioniert. Aus Angst vor Ärger und Strafe lügen sie jedoch. Wenn wir Eltern dann weiter

mit Druck und Konsequenzen reagieren, verhärtet sich dieses Verhalten immer mehr. Kinder werden dann möglicherweise auch in für sie gefährlichen Situationen nicht zu uns gehen. Ihnen fehlt dann das nötige Vertrauen, was fatale Folgen haben kann.

- Dein Kind lügt aus Überforderung: Ähnlich wie beim vorherigen Punkt ist dieses Motiv auch immer eine Liebeserklärung an seine Eltern. Dein Kind spürt und weiß, was dir wichtig ist und was du und andere von ihm erwarten. Es möchte dir gefallen und den Anforderungen der Erwachsenen genügen. Doch vielleicht schafft es das nicht immer. Es sorgt mit der Lüge einerseits für sich selbst, gleichzeitig möchte es aber auch für dich sorgen.

Der Sohn der Frau aus meiner Sprechstunde war überfordert. Er war müde, der Druck in der Schule war groß und er war nachmittags erschöpft. Gleichzeitig wollte er seine Eltern nicht verärgern und griff ohne böse Absicht zu dieser Schutzstrategie. So lang Mutter und Sohn sich nur um das Verhalten drehten und nicht gemeinsam ergründeten, worum es eigentlich ging, drehten sie sich unangenehm im Kreis und entfernten sich immer weiter voneinander.

Auf Lügen reagieren

Du musst weder Polizei noch Richter spielen und dein Kind überführen und verurteilen. Dadurch geratet ihr in Rollen, die für eure Beziehung und euer Vertrauen sehr ungesund sind. Ergründe mit deinem Einfühlungsvermögen und im Gespräch mit deinem Kind offen und unvoreingenommen, worum es an der Wurzel geht.

„Julian, du hast gesagt, du hast keine Hausaufgaben auf. Gleichzeitig sehe ich hier in deinem Heft, dass Aufgaben zu erledigen sind.“ Damit gibst du keinem Aspekt das Gewicht der Wahrheit oder Unwahrheit, beides steht nebeneinander da. So öffnest du deinem Kind die Tür

für ein Gespräch. Bleib gelassen, wenn dein Kind sich rechtfertigt, in deinen Augen Ausreden sucht oder bei seinem Standpunkt bleibt. Du kannst an dieser Stelle vorsichtig und freundlich einbringen, was du vermutest und wahrnimmst: *„Ich habe das Gefühl, du hast Angst, dass du Ärger bekommst. Vielleicht sind dir die Aufgaben gerade zu viel?“* Der Sohn aus meinem Beispiel konnte daraufhin erzählen, dass er nach dem langen Schultag sehr müde ist. Sein Bedürfnis ist dann erstmal Ruhe und Entspannung. Die Mutter hingegen dachte, es sei besser, dann direkt zu lernen und die Aufgaben zu erledigen, damit die Arbeit geschafft ist. So lernt das Kind aber nichts über seinen eigenen Rhythmus und seine Bedürfnisse. Sie fingen daraufhin an, mit anderen Absprachen zu experimentieren. Julian ruhte sich nach der Schule erstmal aus und beschäftigte sich mit anderen Dingen. Für ihn funktionierte es besser, dann aufgetankt an seine Aufgaben zu gehen.

Erinnere dich an deine Fähigkeiten, mit dem Kompass und dem Bedürfnisbaum aus dem ersten Kapitel den wahren Ursachen auf den Grund zu gehen. So beendest du den Kampf, kommst wieder mit deinem Kind in Verbindung und ihr meistert die Herausforderung, anstatt euch an ihr zu entzweien.

Dein Kind teilt nicht

Dir ist Gerechtigkeit wichtig und dass dein Kind freundlich und fair zu anderen ist. Doch leider beobachtest du immer wieder, dass es nicht teilen möchte und anderen nur etwas abgibt, wenn du es dazu drängst. Vielleicht bist du auch schon geneigt, dein Kind zu belehren und ihm aufzuzeigen, dass andere ihm ebenfalls nichts abgeben werden, wenn es nicht teilt. Es könnte unbeliebt werden und andere könnten sich von ihm abwenden.

Vereinfacht gesagt: Kinder teilen, wenn sie bereit dazu sind – altersmäßig und in Bezug auf ihre Bedürfnisse. Wenn sie beginnen, sich in andere hineinversetzen zu können, also etwa ab dem vierten Lebensjahr, teilen Kinder oft schon viel bereitwilliger als zuvor – wenn sie sich sicher und „satt" genug dazu fühlen. Dazu gehört auch, sich gesehen und akzeptiert zu fühlen sowie selbst entscheiden zu können. Dafür braucht es Erfahrungen damit, dass einem Kind auch wirklich etwas gehört, über das es frei bestimmen darf.

Dein Kind ist schon im Schulalter und steckt gerade in einer Phase, in der es weniger großzügig ist? Betrachte das erstmal gelassen als einen Hinweis. Vielleicht fühlt es sich gerade unsicherer und weniger gesehen. Das blockiert gewissermaßen seine Fähigkeit, großzügiger zu sein. Wo fühlt sich dein Kind vielleicht unter Druck, wo muss es sich und seinen Raum verteidigen? Wo erlebt es vielleicht gerade in eurer Beziehung wenig Spielraum und Großzügigkeit? Damit meine ich übrigens nicht, dass du deinem Kind viele Dinge kaufen sollst. Es geht dabei eher um Handlungs- und Entfaltungsspielraum sowie Nähe und Freundlichkeit. Wir Eltern stecken ebenfalls manchmal in stressigen und herausfordernden Phasen, in denen wir selbst unbewusst weniger offen und kooperativ sind.

So lernt dein Kind teilen

Wir fördern die kindliche Fähigkeit zu teilen damit, unser Kind erstmal darin zu unterstützen, zu „bewahren" was ihm gehört. Wenn es etwa sein Spielzeug nicht teilen möchte, ist das in Ordnung. Bevor Besuch kommt, darf das Kind zum Beispiel wegräumen, was das Besucherkind nicht anfassen soll. Ältere Geschwister werden gefragt, bevor sie Kleidung oder Spielzeug an die jüngeren abgeben müssen. Sei selbst konsequent großzügig zu deinem Kind. So wird es das ebenfalls ganz selbstverständlich lernen.

Beim Teilen geht es immer auch um Ressourcen. Diese waren knapp in der Steinzeit und gutes Haushalten damit war überlebenswichtig. Deshalb müssen kleine und große Menschen zunächst einmal das Gefühl haben, selbst genug zu haben. Dass dein Kind das unter Umständen anders empfindet als du, liegt an deiner Fähigkeit, die Welt und Beziehungen in größeren Zusammenhängen betrachten und verstehen zu können. Dein kleines Kind weiß nicht, ob das Kind, das sich auf dem Spielplatz das Laufrad ausleiht, dieses nur kurz benutzt und dann wiederbringt. Es muss diese Erfahrung viele Male machen und du kannst das gelassen begleiten und benennen: *„Möchtest du Mia dein Laufrad ausleihen? Sie fährt damit eine kleine Runde und dann bringt sie es dir und wir nehmen es wieder mit nach Hause.“* Das gibt Orientierung und Sicherheit.

Lass dein Kind trotzdem entscheiden und dränge es nicht. Vielleicht ist es dir vor den anderen Eltern unangenehm, wenn dein Kind *„Nein“* sagt. Mach dir bewusst, dass du es durch deinen respektvollen Umgang damit eher stärkst, ein anderes Mal freigiebiger zu sein.

TRAU DEINEM KIND ETWAS ZU

Wenn es etwa darum geht, Süßigkeiten in einer Kindergruppe zu verteilen, trau deinem Kind etwas zu. Lass es die Aufteilung selbst vornehmen und beobachte, wie die Kinder sehr wahrscheinlich in den meisten Fällen selbst zu Einigungen kommen. Diese müssen nicht aus Sicht der Erwachsenen gerecht, sondern die Kinder damit zufrieden sein.

DANKE

Ganz ehrlich? Danksagungen, so dachte ich früher, schreiben Autorinnen in erhabenen Momenten. Ich aber sitze mit dem Laptop auf den Knien in unserer Diele. Ich bin zerzaust vom Tag und es ist viel zu spät, um früh schlafen zu gehen. Das ist die dritte Danksagung, die ich in einem solchen Format schreibe. Keine von ihnen hatte etwas von der Erhabenheit, die mir einst vorschwebte.

Ich bin dankbar – vor allem für die Zeit in Holland, in der mein Mann, meine Kinder und unsere großartigen Freunde Gwen und Kai mir jeden Morgen Schreibzeit, Croissants und Kaffee ermöglicht haben. Danke!

Danke Luise, du wundervolle Seele, der ich immer vertrauen kann, und bei der ich meine Arbeit in sicheren Händen weiß, wenn mein Kopf zwischen digitalen Buchseiten steckt.

Danke Lisa – für unsere Freundschaft und dass du Leichtigkeit in mein Leben bringst.

Mark, immer wieder danke an dich und für unsere Art, Dinge gemeinsam zu bewegen. Danke für dein Vertrauen und für die immer richtigen Worte in den immer richtigen Momenten. Danke an die gesamte humboldt-Familie, es ist toll, eine von euch zu sein.

Danke an Timo und Sascha – für eure Nachsicht mit mir, für jede Ermutigung und euren uneingeschränkten Support. Ihr seid wahre Mentoren, es ist ein Geschenk, mit euch unterwegs sein zu dürfen.

Von Herzen danke ich den Menschen, die mich ihren Weg mit ihnen gehen lassen: Euch Lesern, Familien, die ich begleiten darf, und Menschen, die mit mir in den sozialen Netzwerken über meine Arbeit im Austausch sind. Es macht mir so viel Freude, mit euch allen so Wichtiges zu bewegen. Danke, dass wir immer mehr werden, die den Blick auf Familie und Kindheit gemeinsam verändern.

Deine Juli

www.momtowow.de

juli_scharnowski

Gelassen Familie leben

LITERATUR

Ennulat, Gertrud: Wenn Kinder lügen. Klett-Cotta 2006.

Gordon, Thomas: Familienkonferenz. Heyne 2012.

Graf, Danielle und Seide, Katja: Das gewünschteste Wunschkind aller Zeiten treibt mich in den Wahnsinn. Der entspannte Weg durch Trotzphasen. Beltz 2019.

Graf, Danielle und Seide, Katja: Das gewünschteste Wunschkind aller Zeiten treibt mich in den Wahnsinn: Gelassen durch die Jahre 5 bis 10. Beltz 2018.

Hüther, Gerald: Was wir sind und was wir sein können. Fischer 2013.

Hauser, Uli und Hüther, Gerald: Jedes Kind ist hochbegabt. btb-Verlag 2014.

Imlau, Nora: So viel Freude, so viel Wut: Gefühlsstarke Kinder verstehen und begleiten. Kösel 2018.

Juul, Jesper: Aggression: Warum sie für uns und unsere Kinder notwendig ist. Fischer 2014.

Kramer, Laurie (2004): Experimental interventions in sibling relations. In R. D. Conger, F. O. Lorenz, & K. A. S. Wickrama (Eds.), Continuity and change in family relations: Theory, methods, and empirical findings (S. 345 – 382).

Lago, Remo H.: Babyjahre. Piper 2012.

Lago, Remo H.: Kinderjahre. Piper 2002.

Renz-Polster, Herbert: Menschenkinder: Artgerechte Erziehung – was unser Nachwuchs wirklich braucht. Kösel 2011.

Saalfrank, Katharina: Du bist okay so wie du bist. GU-Verlag 2020.

Scharnowski, Julia: Einatmen. Ausatmen. Mutter sein – Die stressigsten Situationen im Familienalltag und wie du sie löst. Humboldt-Verlag, 2020.

Shapiro, Shauna: Glückstraining fürs Gehirn. Wie Selbstmitgefühl und Achtsamkeit Ihr Leben transformieren. Irisiana-Verlag 2021.

Solter, Aletha J.: Spielen schafft Nähe – Nähe löst Konflikte. Kusel, 2013.

Empfehlen und gewinnen!

Hat dir dieses Buch gefallen?

Dann empfiehl es bitte weiter und schreib eine aussagekräftige Bewertung in einem Buch-Shop deiner Wahl, auf deinem Blog oder in den Sozialen Medien. Aus der Bewertung sollte hervorgehen, was dir an dem Buch gefallen hat und für wen es besonders geeignet ist.

Als Dankeschön verlosen wir jeden Monat unter allen, die mitmachen, fünf humboldt-Ratgeber – mit etwas Glück bist auch du mit deinem Wunschtitel dabei.

Um an der Verlosung teilzunehmen, schick uns einfach den Link zu deiner Buchbewertung sowie deinen Wunschtitel aus unserem Programm an: presse@humboldt.de.

Bibliografische Information der Deutschen Nationalbibliothek
Die Deutsche Nationalbibliothek verzeichnet diese Publikation in der deutschen Nationalbibliografie; detaillierte bibliografische Daten sind im Internet über https://dnb.de abrufbar.

ISBN 978-3-8426-1711-7 (Print)
ISBN 978-3-8426-1712-4 (PDF)
ISBN 978-3-8426-1713-1 (EPUB)

Originalausgabe

Die Ratgebermarke der Schlütersche Fachmedien GmbH
Hans-Böckler-Allee 7, 30173 Hannover
www.humboldt.de
www.schluetersche.de

Lektorat: Petra Nitsche, Bremen
Korrektorat: Miriam Buchmann, Hannover
Covergestaltung: ZERO, München
Covermotiv: shutterstock.com/NotionPic
Icons: Stock.adobe.com/oksanaoo, supanut, OLYVIA, Rey, Demarck
Satz und Grafiken: PER MEDIEN & MARKETING GmbH, Braunschweig
Druck und Bindung: gutenberg beuys feindruckerei GmbH, Langenhagen